사회통합 프로그램 중간평가

실전 모의고사

시대에듀

머리말

2009년 처음 시행되었던 사회통합프로그램은 해를 거듭하면서 한국에 거주하는 외국인들이 한국어와 한국 문화를 배울 수 있는 기회로 자리매김해 오고 있습니다. 2018년 3월 1일부터 외국인의 국적 취득을 위한 '귀화 필기시험'이 '사회통합프로그램 종합평가'로 대체되면서 사회통합프로그램에 더욱 많은 외국인 수험생이 유입되고 있으며, 2019년 9월 「재외동포법」 시행령 개정으로 동포의 범위를 확대함에 따라 대한민국 체류 자격과 국적 취득의 기회도 더욱 넓어졌습니다. 사회통합프로그램 단계 중 중간평가는 1~4단계 과정의 학습 내용을 평가하는 단계이며, 4단계를 이수해야 5단계로 승급할 수 있습니다.

그만큼 점차 중간평가의 합격에 대한 중요도가 커지고 있으나 여전히 수험생을 위한 학습서는 부족한 상태입니다. 이에 최신 평가 문항을 반영하여 수험생이 중간평가를 효과적으로 대비할 수 있도록 『사회통합프로그램 중간평가 실전 모의고사』를 출간하였습니다. 이 책의 특징은 다음과 같습니다.

첫째 '한국어' 영역의 어휘와 문법, 그리고 3~4단계의 '한국 문화' 영역의 핵심 이론을 숙지하고 연습해 볼 수 있도록 총 32장의 영역별 연습 문제를 체계적으로 구성하였습니다.

둘째 기출 동형 모의고사 6회분을 수록하여 자신의 실력을 점검할 수 있습니다. 모든 문제는 사회통합프로그램 1~4단계의 내용을 반영하여 충실하게 구성하였습니다.

셋째 작문형 시험(100자 쓰기)과 구술시험 문제도 수록하였습니다. 중간평가를 준비하면서 수험생이 가장 어려움을 겪는 작문형 시험과 구술시험을 이 책으로 수월하게, 그리고 자신 있게 준비할 수 있습니다.

넷째 전체 문항에 대한 자세한 해설과 문제를 푸는 데 필요한 어휘와 문법에 관한 내용을 수록하여 수험생 혼자서도 학습할 수 있습니다.

다섯째 작문형 시험에서 어려움이 없도록 원고지 사용법을 자세히 수록하였습니다.

여섯째 구술시험을 잘 준비할 수 있도록 시험에 자주 출제되었던 기출 복원 문제를 수록하였습니다.

마지막으로 이 책으로 중간평가를 준비하는 모든 분이 합격의 기쁨을 맛보고 성공적인 한국 생활을 시작할 수 있기를 기원합니다.

편저자 씀

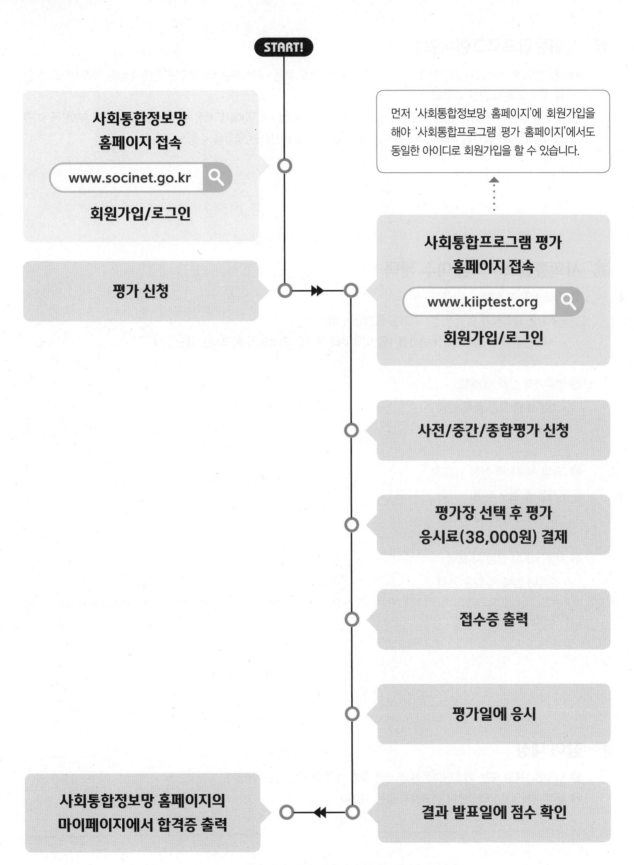

한눈에 보는 사회통합프로그램 평가 신청 방법

START!

사회통합정보망 홈페이지 접속
www.socinet.go.kr
회원가입/로그인

먼저 '사회통합정보망 홈페이지'에 회원가입을 해야 '사회통합프로그램 평가 홈페이지'에서도 동일한 아이디로 회원가입을 할 수 있습니다.

평가 신청

사회통합프로그램 평가 홈페이지 접속
www.kiiptest.org
회원가입/로그인

사전/중간/종합평가 신청

평가장 선택 후 평가 응시료(38,000원) 결제

접수증 출력

평가일에 응시

사회통합정보망 홈페이지의 마이페이지에서 합격증 출력

결과 발표일에 점수 확인

※ 관련 규정과 세부 내용은 변경될 수 있으며, 자세한 사항은 사회통합정보망 홈페이지를 참고하시기 바랍니다.

사회통합프로그램 안내

✤ 사회통합프로그램이란?

❶ 대한민국에 체류하는 이민자가 한국 사회의 구성원으로 적응·자립하는 데 필요한 기본 소양을 체계적으로 함양할 수 있도록 마련한 교육임.

❷ 법무부 장관이 지정한 운영기관에서 소정의 교육을 이수한 이민자에게 체류허가와 영주권·국적 부여 등 이민 정책과 연계한 혜택을 제공하여 이민자 사회통합 정책의 핵심적인 역할을 수행하도록 함.

✤ 사회통합프로그램 이수 혜택

❶ 귀화 신청 시 혜택

- 귀화용 종합평가 합격 인정: 귀화용 종합평가 합격자
- 귀화 면접심사 면제: 2018년 3월 1일 이후부터 귀화용 종합평가 합격자만 해당

❷ 영주자격 신청 시 혜택

- 기본 소양 요건 충족 인정
- 실태조사 면제

❸ 그 외 체류자격 신청 시 혜택

- 가점 등 점수 부여
- 한국어 능력 등 입증 면제

❹ 사증(VISA) 신청 시 혜택

- 한국어 능력 등 입증 면제

※ 이수한 교육 단계 또는 합격한 평가에 따라 혜택의 범위가 다르므로 자세한 사항은 하이코리아 홈페이지 '체류자격별 안내매뉴얼'을 참고하시기 바랍니다.

✤ 참여 대상

❶ 외국인등록증 또는 거소신고증을 소지한 합법 체류 외국인 또는 귀화자

❷ 국적 취득일로부터 3년이 경과하지 않은 귀화자

사회통합프로그램 교육 과정 및 이수 시간

❶ 한국어와 한국 문화(0~4단계)

- 사전평가 결과에 따라 교육 단계 배정, 한국어능력시험(TOPIK) 등급 소지자는 프로그램에서 동일 수준의 단계를 인정받아 교육 단계 배정
- 0단계(기초), 1단계(초급1), 2단계(초급2), 3단계(중급1), 4단계(중급2)로 구성

❷ 한국 사회 이해(5단계)

- 기본 과정, 심화 과정 2단계로 구성
- 각 과정 이수 후 영주용 종합평가, 귀화용 종합평가 응시

단계	한국어와 한국 문화					한국 사회 이해	
	0단계	1단계	2단계	3단계	4단계	5단계	
과정	기초	초급1	초급2	중급1	중급2	기본	심화
이수 시간	15시간	100시간	100시간	100시간	100시간	70시간	30시간
평가	없음	1단계 평가	2단계 평가	3단계 평가	중간평가	영주용 종합평가	귀화용 종합평가
사전 평가 점수	구술시험 3점 미만 (필기점수 무관)	3~20점	21~40점	41~60점	61~80점	81~100점	–

※ 2018년 9월 21일부터 사전평가 85점 이상 득점자는 바로 영주용 종합평가 신청이 가능합니다.(단, 5단계 기본 과정 수료 없이 영주용 종합평가에 합격하더라도 이수 완료로는 인정되지 않음)

※ 2021년 8월 16일부터 이수 시간이 변경되어 위와 같이 진행되며, 변경 이전의 교육 과정과 이수 시간은 사회통합정보망으로 문의하시기 바랍니다.

❸ 그 외 교육

- 시민 교육: 이민자의 사회적응을 위하여 각 분야별 전문기관이 개발한 맞춤형 교육(생활 법률 교육, 마약 예방 교육, 범죄 예방 교육 등 총 7개)이 운영되고 있으며, 법무부 사전 승인을 받아 다양한 시민 교육이 추가될 수 있습니다.
- 지자체 연계 프로그램: 각 지방자치단체의 이민자 대상 문화, 교육, 체험 프로그램 중 사회통합에 기여하는 우수 프로그램을 사회통합프로그램 지자체 연계 프로그램으로 지정하여 참여가 가능합니다.
- 이민자 멘토 교육: 한국에 성공적으로 정착한 이민자가 사회통합프로그램에 참여 중인 이민자의 멘토가 되어 한국 사회 적응을 위한 경험을 공유하는 강연 형식의 상호 소통 교육입니다.

※ 교육은 참여 시 사회통합프로그램 교육 단계의 출석 시간으로 인정됩니다.

🍀 사회통합프로그램 교육 단계별 신청 방법

참여 신청
사회통합정보망(www.socinet.go.kr)에서 로그인 후 사회통합프로그램 신청

▼

단계 배정

❶ 0단계부터 시작
   사회통합정보망 ➡ '단계 배정' 메뉴에서 '0단계부터 시작' 선택하여 신청

❷ 사전평가를 통한 단계 배정
   사회통합정보망 ➡ '단계 배정' 메뉴에서 '사전평가를 통한 단계 배정' 신청 ➡
   사회통합프로그램 평가(www.kiiptest.org)로 자동 연결 ➡ 로그인 ➡
   사전평가 신청 ➡ 평가 응시료 결제 ➡ 접수증 출력 ➡ 평가 응시 ➡ 단계 배정

❸ 연계를 통한 단계 배정
   • 결혼이민사증 연계
   • 한국어 교육 중급 연계
   • TOPIK 등급 보유자 연계

▼

과정 신청
과정 신청 기간 내에 사회통합정보망 '과정 신청' 메뉴에서 배정 단계 수업을 선택하여 수강신청

※ 사회통합프로그램 교육 신청은 온라인으로만 가능합니다.
※ 사회통합프로그램 과정 신청 기간 등 자세한 사항은 사회통합정보망 홈페이지를 참고하시기 바랍니다.

🍀 사회통합프로그램 평가 단계

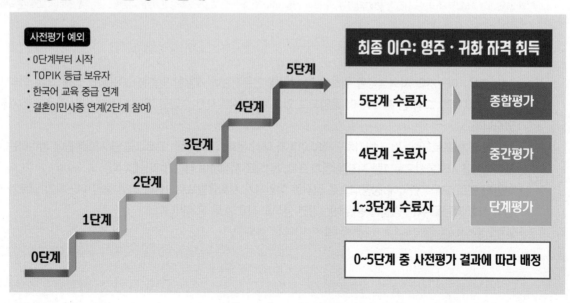

사회통합프로그램 중간평가 안내

중간평가란?

한국어와 한국 문화 4단계 참여자 또는 타 기관의 한국어 교육 중급 연계 과정 참여자를 대상으로 한국어와 한국 문화 이해 능력을 종합적으로 측정하는 시험

평가 대상

❶ 사회통합프로그램 4단계 교육 수료일로부터 2년 이내인 사람

❷ 사회통합프로그램 한국어 교육 중급 연계 과정을 승인받은 사람

평가 시 주의사항

❶ 준비물

- 신분증(외국인등록증, 주민등록증, 여권, 한국 운전면허증 등), 시험 접수증(수험표)
- 컴퓨터용 검은색 사인펜(다른 필기구로 답안 작성 및 응시자 정보 표기 불가능), 수정테이프

❷ 주의사항

- 신분증(외국인등록증, 주민등록증, 여권, 한국 운전면허증 등)을 지참하지 않으면 응시 불가능
  ※ 신분증 사본, 사진 촬영본 등 원본이 아닐 경우 응시 불가능
- 시험 시작 이후에는 시험장 입실이 불가능(지정된 시험 날짜와 시간, 시험 장소 등 확인)
- 시험 중 전자기기(휴대폰, 스마트 워치, 전자사전 등) 소지 및 사용 불가능
- 시험 중 화장실 이용 불가능

🍀 평가 방법

구분 시험 종류	문항 유형	문항 수	배점(총 100점)	답안지
필기시험 (30문항, 50분)	객관식(40분)	28문항	70점(28문항×2.5점)	OMR카드
	작문형(10분)	2문항(통합하여 1문항)	5점(2문항×2.5점)	100자 원고지
구술시험 (5문항, 약 10분)	구술형	5문항	25점(5문항×5점)	구술시험 채점표

🍀 합격 기준 및 평가 결과 확인

❶ 합격 기준: 100점 만점에 60점 이상 득점

❷ 평가 결과 확인: 평가 후 사회통합정보망(마이페이지) 또는 사회통합프로그램 평가(성적조회)에서 점수와 합격 여부 확인

🍀 평가 결과 조치

❶ 합격자는 4단계 이수 처리되어 5단계로 승급

※ 타 기관 한국어 교육 연계 과정으로 중간평가에 응시하여 합격한 경우 4단계 이수로는 미인정

❷ 연계 과정 참여자 등 4단계 교육에 참여하지 않고 중간평가에 응시하여 불합격한 자는 4단계 참여 불가

※ 사전평가 등 정식 참여로는 가능

구술시험, 이렇게 준비하면 합격

구술시험은 응시자의 듣기와 말하기 능력을 평가하기 위한 시험으로 응시자 자신의 생각을 바른 발음으로 능숙하게 표현할 수 있어야 합니다. 필기시험을 치른 후 약 10분 동안 진행되며, 총 5문항의 질문과 그에 대한 대답이 이루어집니다. 읽기, 이해하기, 대화하기, 듣고 말하기 등으로 구성되며 구술시험관 2명이 평가합니다. 구술시험은 단기간에 좋은 점수를 받기 힘듭니다. 따라서 말하기 연습 시간이 부족한 분들을 위해 구술시험에서 좋은 점수를 받을 수 있는 방법을 소개합니다. 아래 방법대로 연습해 보세요.

1 소리 내어 말하기

말하기 연습을 할 때 질문을 보고 머릿속으로만 생각하거나 글로 쓰는 분이 많습니다.

'아, 이 질문은 이렇게 대답하면 되겠구나!'
'이 내용은 교재 ○○과에 나왔던 내용이니까 종이에 적어 놔야겠다.'

이렇게 생각하는 대부분의 사람은 실제로 말하기 연습을 하지 않는 경우가 많습니다. 이런 경우 입을 움직여서 말하는 것이 아니기 때문에 말하기 연습을 했다고 볼 수 없습니다. 머릿속으로만 생각하거나 손으로 쓰는 시간을 줄이고, 말하기 연습에 집중해야 합니다. 여기서 중요한 것은 '소리를 내어' 말하는 것입니다.

2 모범 답안 확인하기

단어는 생각이 나는데 하나의 문장으로 말하기 어려운 경우가 있습니다. 그럴 경우에는 먼저 질문을 보고 생각나는 단어를 모두 말해 본 후 교재의 모범 답안을 봅니다. 자신이 생각하고 있는 단어와 표현이 질문에 적절하다면 모범 답안의 문장을 암기하여 대답하는 연습을 해 봅시다. 익숙해지면 모범 답안을 자신의 생각에 맞게 조금씩 변형하여 암기해도 좋습니다. 처음에는 어렵겠지만 모범 답안을 암기해서 말하는 연습을 꾸준히 하여 한국어 단어와 표현을 많이 접한다면 나중에는 책을 보지 않고도 자연스러운 대답을 할 수 있을 것입니다.

3 함께 공부하기

구술시험 연습하기

같이 공부하는 친구 또는 가족에게 면접관 역할을 부탁해 봅시다. 면접관과 응시자 역할을 번갈아 가면서 해 보는 방법을 추천합니다. 면접관의 입장에서 질문에 대답하는 모습을 보면 어떤 점에 주의해 대답해야 하는지 깨달을 수 있기 때문입니다. 이때 실제 시험을 보는 것처럼 질문하고 대답해 본다면 실제 시험장에서도 좋은 결과를 얻을 수 있을 것입니다. 또한 자신의 답변이 부족하다고 생각한다면 한국 사람들의 답변을 들어 보는 것도 좋습니다.

녹음하기 또는 동영상 촬영하기

말한 내용을 녹음하거나 촬영하는 것은 자신의 장단점을 확인하는 데 도움이 됩니다. 대답한 내용뿐만 아니라 발음, 억양, 전달력을 한번에 확인할 수 있기 때문입니다. 또한 같이 공부하는 친구가 있다면 그 친구의 목소리를 녹음하거나 모습을 촬영하는 것도 좋습니다. 다른 사람의 말하기 연습을 보는 것도 연습이 되기 때문입니다.

구성과 특징

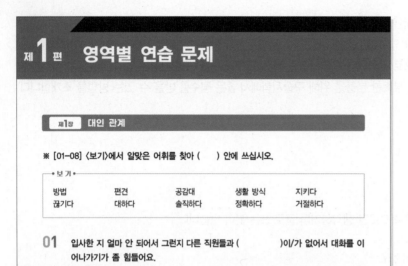

영역별 연습 문제

변경된 공인 교재를 반영하여 한국어와 한국 문화에서 꼭 알아두어야 할 32가지 내용을 영역별로 나누어 연습 문제를 구성하였습니다. 실전 모의고사를 풀기 전 영역별 연습 문제를 풀어 보면서 자신의 실력을 다져 봅시다.

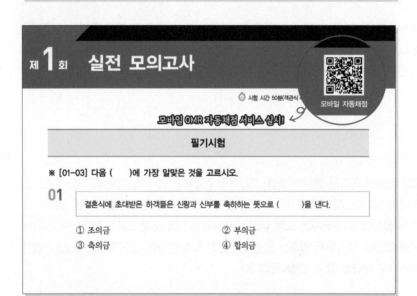

실전 모의고사

기출 동형의 실전 모의고사 6회분을 수록하였습니다. 실제 시험처럼 시간을 재면서 문제를 풀어 봅시다. 작문형 필기시험은 직접 답안지에 써 보고, 구술시험은 반드시 소리 내어 말하는 연습도 하며 실전에 대비해 봅시다.

정답 및 해설

친절하고 자세한 해설로 아는 내용은 한 번 더 확인하고, 모르는 내용은 다시 공부해 봅시다. 또한 관련 어휘와 문법 설명을 예시와 함께 볼 수 있어 확실하게 내 것으로 만들 수 있습니다.

제1회 정답 및 해설

실전 모의고사 p.101

※ 작문형과 구술시험은 별도 표기하였습니다.

필기시험

객관식 (01~28번)

01	02	03	04	05	06	07	08	09	10
③	④	④	③	②	③	③	②	④	②
11	12	13	14	15	16	17	18	19	20
①	②	④	①	①	④	④	③	③	①
21	22	23	24	25	26	27	28		
②	④	①	①	③	②	③	②		

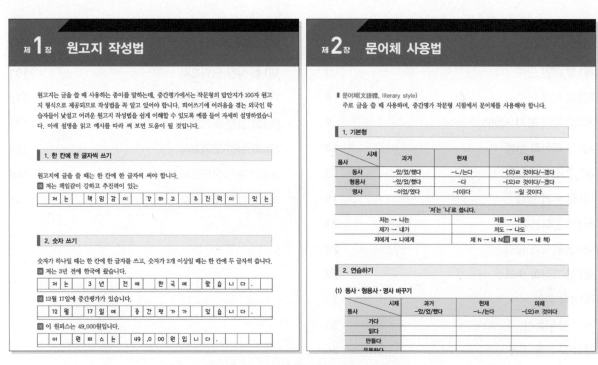

원고지 작성법과 문어체 사용법

작문형 문제에 대비하기 위하여 원고지 작성법과 문어체 사용법을 정리하여 수록하였습니다.

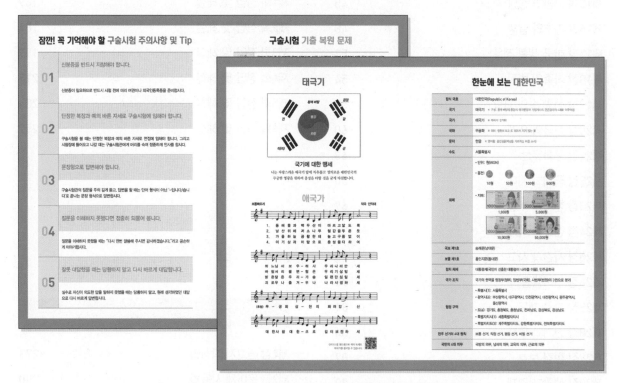

'한눈에 보는 대한민국'과 구술시험 기출 복원 문제

꼭 알아야 할 대한민국의 정보를 한눈에 볼 수 있게 정리하였습니다. 또한 최신 구술시험 기출문제를 복원·수록하여 구술시험이 어떻게 출제되는지 미리 살펴볼 수 있습니다.

이 책의 차례

한눈에 보는 대한민국

정식 국호	대한민국(Republic of Korea)
국기	태극기　※ 구성: 흰색 바탕에 중앙의 태극문양과 가장자리의 건곤감리의 4괘로 이루어짐
국가	애국가　※ 작곡가: 안익태
국화	무궁화　※ 의미: 영원히 피고 또 피어서 지지 않는 꽃
문자	한글　※ 옛이름: 훈민정음(백성을 가르치는 바른 소리)
수도	서울특별시
화폐	• 단위: 원(WON) • 동전: 　10원　　50원　　100원　　500원 • 지폐: 　1,000원　　5,000원 　10,000원　　50,000원
국보 제1호	숭례문(남대문)
보물 제1호	흥인지문(동대문)
정치 체제	대통령제(국민이 선출한 대통령이 나라를 이끎), 민주공화국
국가 조직	국가의 권력을 행정부(정부), 입법부(국회), 사법부(법원)의 3권으로 분리
행정 구역	• 특별시(1): 서울특별시 • 광역시(6): 부산광역시, 대구광역시, 인천광역시, 대전광역시, 광주광역시, 울산광역시 • 도(6): 경기도, 충청북도, 충청남도, 전라남도, 경상북도, 경상남도 • 특별자치시(1): 세종특별자치시 • 특별자치도(3): 제주특별자치도, 강원특별자치도, 전북특별자치도
민주 선거의 4대 원칙	보통 선거, 직접 선거, 평등 선거, 비밀 선거
국민의 4대 의무	국방의 의무, 납세의 의무, 교육의 의무, 근로의 의무

잠깐! 꼭 기억해야 할 구술시험 주의사항 및 Tip

01 신분증을 반드시 지참해야 합니다.

신분증이 필요하므로 반드시 시험 전에 미리 여권이나 외국인등록증을 준비합시다.

02 단정한 복장과 예의 바른 자세로 구술시험에 임해야 합니다.

구술시험을 볼 때는 단정한 복장과 예의 바른 자세로 면접에 임해야 합니다. 그리고 시험장에 들어오고 나갈 때는 구술시험관에게 머리를 숙여 정중하게 인사를 합시다.

03 문장형으로 답변해야 합니다.

구술시험관의 질문을 주의 깊게 듣고, 답변을 할 때는 단어 형식이 아닌 '-입니다/습니다'로 끝나는 문장 형식으로 답변합시다.

04 질문을 이해하지 못했다면 정중히 되물어 봅니다.

질문을 이해하지 못했을 때는 "다시 한번 말씀해 주시면 감사하겠습니다."라고 공손하게 이야기합시다.

05 잘못 대답했을 때는 당황하지 말고 다시 바르게 대답합니다.

실수로 자신이 의도한 답을 말하지 못했을 때는 당황하지 말고, 원래 생각했던 대답으로 다시 바르게 답변합시다.

구술시험 기출 복원 문제

01	한글의 특징에 대해 설명해 보세요.
02	사회복지제도의 유형을 말해 보세요.
03	대중교통을 이용할 때 지켜야 하는 규칙에 대해 말해 보세요.
04	고향의 사교육과 한국의 사교육은 어떻게 다른지 말해 보세요.
05	근로자를 보호하기 위한 제도에는 무엇이 있는지 말해 보세요.
06	한국의 출산 장려 정책으로는 어떤 것들이 있는지 말해 보세요.
07	한국의 무형 문화재와 유형 문화재를 각각 하나씩 설명해 보세요.
08	○○ 씨는 성격이 어떻습니까? 성격의 장점과 단점을 말해 보세요.
09	고향의 친구들에게 소개하고 싶은 한국의 관광지 두 군데를 말해 보세요.
10	한국의 절기에는 춘분, 하지, 추분, 동지가 있습니다. 각각의 의미는 무엇인지 말해 보세요.
11	입법부, 사법부, 행정부의 역할은 무엇이며, 이렇게 나누어진 원인은 무엇인지 말해 보세요.
12	회식이나 모임에 가 보았습니까? 어떤 모임이었는지, 분위기나 느낌은 어땠는지 말해 보세요.
13	한국에서 면접을 볼 때는 어떤 자세와 복장이 좋습니까? 한국의 면접 문화에 대해 말해 보세요.
14	국민의 권리 중 한 가지를 골라 설명하고, 이를 실생활에 어떻게 적용할지 예를 들어 말해 보세요.
15	한국의 농촌에는 어떤 문제점이 있고, 그 문제를 해결하기 위한 방법에는 어떤 것이 있는지 말해 보세요.
16	한국에서는 학원에 많이 다니는데 ○○ 씨의 고향에서는 어떻습니까? 한국의 의무교육에 대해 설명해 보세요.
17	한국은 투표권을 행사할 수 있는 나이를 19세에서 18세로 낮추었습니다. 나이를 낮추면 어떤 점이 좋은지 말해 보세요.
18	○○ 씨는 주로 어디에서 장을 봅니까? 왜 거기에서 장을 봅니까? 어떤 방식으로 장을 보는지, 어떤 점이 좋은지 말해 보세요.
19	한국에서 대통령 선거, 국회의원 선거는 몇 년에 한 번씩 합니까? 대통령이나 국회의원을 이어서 계속 할 수 있는지 말해 보세요.
20	환경오염을 줄이기 위해 어떤 노력이 필요합니까? ○○ 씨가 환경오염 예방을 위해 일상생활에서 실시하고 있는 것을 말해 보세요.

태극기

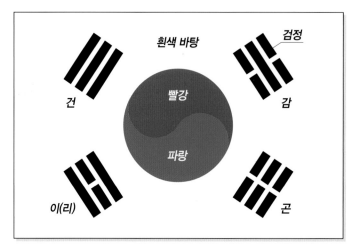

국기에 대한 맹세

나는 자랑스러운 태극기 앞에 자유롭고 정의로운 대한민국의
무궁한 영광을 위하여 충성을 다할 것을 굳게 다짐합니다.

애국가

보통빠르게

작곡 안익태

1. 동해물과 백두산이 마르고닳도록
2. 남산위에 저소나무 철갑을두른 듯
3. 가을하늘 공활한데 높고구름없이
4. 이기상과 이맘으로 충성을다하여

하느님이 보우-하사 우리나라만 세
바람서리 불변-함은 우리기상일 세
밝은달은 우리-가슴 일편단심일 세
괴로우나 즐거-우나 나라사랑하 세

(후렴) 무 - 궁화 삼 - 천리 화려강 - 산

대한사람 대한 - 으로 길이보전하 세

QR코드를 핸드폰으로 찍어 보세요.
애국가를 들으실 수 있습니다.

제1편
영역별 연습 문제

※ [01~08] 〈보기〉에서 알맞은 어휘를 찾아 (   ) 안에 쓰십시오.

┌─ • 보 기 • ──────────────────────────────────┐
│   │
│ 방법   편견   공감대   생활 방식   지키다   │
│ 끊기다   대하다   솔직하다   정확하다   거절하다   │
│   │
└──┘

01 입사한 지 얼마 안 되어서 그런지 다른 직원들과 (   )이/가 없어서 대화를 이어나가기가 좀 힘들어요.

02 좋은 인간관계를 맺으려면 예의를 (   ) 것이 중요하다.

03 한국에서 친하게 지내던 친구가 고향에 돌아간 후 연락이 (   ) 걱정이 된다.

04 아직 한국어가 서툴러서 내 의도를 (   ) 표현하기가 어렵다.

05 가: 한국에 와서 어떤 점이 가장 힘들었어요?

나: 고향에서는 의자를 많이 사용했는데 한국은 고향과 (   )이/가 달라서 바닥에 앉아야 하는 게 힘들었어요.

정답

01 공감대   02 지키는   03 끊겨서   04 정확하게   05 생활 방식

06　가: 새로운 회사에 잘 적응했어요?

　　　나: 아직 일하는 (　　　　　　)을/를 잘 몰라서 당황할 때가 많아요.

07　가: 지난번에 말한 동아리에 가입했어?

　　　나: 응, 가입해서 활동하고 있는데 선배들을 (　　　　　) 어려워.

08　가: 룸메이트가 밤늦게까지 불을 켜고 게임을 해서 너무 화가 나.

　　　나: 룸메이트에게 너의 의견을 (　　　　　) 말해 보는 게 어때?

※ [09-10] 〈보기〉에서 알맞은 문법을 찾아 문장을 완성하십시오.

┌─ 보기 ───┐
│　　　　　　-고 해서　　　　　　　　　-(으)면 되다　　　　　　　│
└──┘

09　가: 왜 한국어를 배워요?

　　　나: 한국 노래도 많이 듣고 한국 문화에 관심도 ＿＿＿＿＿＿ 한국어를 배워요. (많다)

10　가: 여자친구가 속상해할 때 어떻게 하면 좋을까요?

　　　나: 이야기도 잘 들어 주고 공감해 ＿＿＿＿＿＿＿. (주다)

11 다음 중 밑줄 친 부분이 틀린 것은?

① 이 약은 식사 후에 <u>드시면</u> 돼요.

② 인터넷으로 수업을 <u>듣으면</u> 돼요.

③ 자료를 내일 아침까지 <u>만들면</u> 돼요.

④ 택배는 우체국에 가서 <u>보내면</u> 돼요.

> **해설** 앞의 내용이 어떤 일을 충족하는 조건임을 나타낼 때 '동사·형용사 + -(으)면 되다'를 사용한다. ②의 '듣다'가 '-(으)면'과 결합하면 '들으면'으로 활용되므로, ②의 '듣으면'은 틀린 표현이다.

12 한국인의 친목 활동에 대한 설명으로 옳지 <u>않은</u> 것은?

① 동창회는 같은 학교를 졸업한 사람들의 모임이다.

② 동호회는 같은 취미를 가지고 함께 즐기는 사람들의 모임이다.

③ 동호회는 보통 직접 만나고 온라인에서 만나거나 어울리지 않는다.

④ 사람들은 동호회를 통해 취미 활동을 하고 새로운 사람들을 사귄다.

> **해설** 동호회는 보통 온라인에서 모임을 만들어 정보를 공유하고 직접 만나는 실제 모임으로 발전한다.

※ [01-08] 〈보기〉에서 알맞은 어휘를 찾아 (   ) 안에 쓰십시오.

┌─ 보 기 ───┐
│   │
│ 책임감   호기심   유머 감각   예민하다   다정하다   │
│ 꼼꼼하다   느긋하다   소극적이다   적극적이다   보수적이다   │
│   │
└──┘

01 저는 성격이 급해서 뭐든지 빨리 해야 하지만 제 동생은 성격이 (   ) 뭐든지
     천천히 해요.

02 (   ) 사람은 문제가 생기면 지켜보기만 하고 해결하려고 하지 않는다.

03 후엔 씨는 (   ) 성격이어서 모든 일을 메모하고 여러 번 확인한다.

04 민수 씨는 성격이 (   ) 퇴근한 후에 아이들과 잘 놀아 준다.

05 가: 제이슨 씨, 많이 피곤해요?

     나: 네, 어제 위층이 시끄러워서 잠을 못 잤어요. 저는 (   ) 성격이라서 작은
        소리에도 잘 깨요.

┌─ 정답 ──┐
│   │
│ 01 느긋해서   02 소극적인   03 꼼꼼한   │
│ 04 다정해서   05 예민한   │
│   │
└──┘

06 가: 민수 씨는 인기가 많은 것 같아요. 항상 주위에 친구들이 많아요.

  나: 네, 민수 씨는 (   )이/가 있어서 사람들이 모두 좋아해요.

07 가: 사회복지사가 되려면 어떤 성격이 좋을까요?

  나: 사회복지사는 주변의 어려운 사람들을 도와줘야 하니까 정이 많고 (   )이/가 강하면 좋을 것 같아요.

08 가: 아버지는 어떤 분이세요?

  나: 우리 아버지는 (   ) 활발하신 편이라서 모임에 참석하는 것도 좋아하시고 주변에 아는 사람도 많으세요.

※ [09-10] 〈보기〉에서 알맞은 문법을 찾아 문장을 완성하십시오.

┌─ 보기 ──┐
│   -아/어지다   -(으)ㄴ/는 대신에   │
└──┘

09 가: 한국 생활이 어때요?

  나: 처음에는 모든 것이 낯설었는데 요즘은 많이 _____. (익숙하다)

10 가: 어머, 휴대 전화 바꿨어요? 이거 많이 비싸죠?

  나: _____ 품질이 좋아요. (비싸다)

> **정답**
>
> 06 유머 감각   07 책임감   08 적극적이시고
> 09 익숙해졌어요   10 비싼 대신에

11 다음 중 밑줄 친 부분이 틀린 것은?

① 일이 <u>힘든 대신에</u> 월급을 많이 받아요.

② <u>커피 대신에</u> 물을 자주 마시면 건강에 좋아요.

③ 이 가게의 과일은 <u>비싼 대신에</u> 신선하고 맛있어요.

④ 저는 보통 토요일에 <u>근무한 대신에</u> 월요일에 쉬어요.

> **해설** 앞선 내용에 대한 보상이나 대체 또는 앞선 내용과 반대임을 나타낼 때 '동사 + -는 대신에, 형용사 + -(으)ㄴ 대신에, 명사 + 대신에'를 사용한다. ④의 '근무하다'는 동사이므로 '근무하는 대신에'로 활용한다. 그러므로 ④의 '근무한 대신에'는 틀린 표현이다.

12 워크넷(www.work.go.kr)의 직업심리검사에 대한 설명으로 옳지 <u>않은</u> 것은?

① 현실형의 사람은 현실적이고 신중하지만 고집이 센 편이다.

② 탐구형의 사람은 분석적이고 독립적이지만 내성적인 편이다.

③ 워크넷에서 자신의 성격에 맞는 직업이 무엇인지 알아볼 수 있다.

④ 워크넷은 좋아하는 직업을 통해서 자신의 성격을 알아볼 수 있다.

> **해설** 워크넷은 구인 · 구직 정보와 직업 · 진로 정보를 제공하는 사이트이다. 또한 성격 검사를 통해 자신에게 맞는 직업을 추천받을 수 있는데, 워크넷에서는 구직자를 현실형, 탐구형, 예술형, 사회형, 진취형, 관습형의 여섯 가지 유형으로 분석하여 각 성격에 맞는 직업을 추천해 준다.

정답

11 ④ 12 ④

※ [01-08] 〈보기〉에서 알맞은 어휘를 찾아 (   ) 안에 쓰십시오.

• 보 기 •

노인	아이	상담	교육	구직
예방 접종	건강 검진	맡기다	돌보다	대여하다

01 일하는 직장에서 두 달 동안 월급을 받지 못해서 외국인노동자지원센터를 통해 임금 체불 (   )을/를 받았다.

02 요즘은 반려동물을 대신 (   ) 주는 호텔이 생겨서 해외여행 등으로 집을 비우는 사람들에게 편의를 제공하고 있습니다.

03 과거와 달리 요즘에는 자녀와 따로 사는 (   )들이 증가하고 있다.

04 요즘은 맞벌이 부부가 많아서 어린이집에 아이를 (   ) 부모들이 많아요.

05 가: 어디에서 장난감을 (   ) 수 있어요?

나: 육아종합지원센터에 가 보세요. 거기에서 빌릴 수 있어요.

정답

01 상담	02 돌봐(돌보아)	03 노인
04 맡기는	05 대여할	

06 가: 지난달에 회사가 문을 닫아서 다시 일자리를 알아보고 있어요.

　　나: 외국인노동자지원센터에 가서 (　　　　　　) 상담을 받아 보세요. 저도 거기서 상담을 받다가 얼마 전에 취직했어요.

07 가: 이번 주 토요일에 센터에서 외국인 근로자를 대상으로 (　　　　　　)을/를 하는데 같이 갈래요?

　　나: 어, 정말요? 요즘 자주 피곤해서 병원에 가서 해 보려고 했는데 잘 됐네요. 같이 가요.

08 가: 독감 (　　　　　　)은/는 비용이 얼마예요?

　　나: 어린이, 임산부, 어르신들은 무료인데 가까운 병원에 한번 문의해 보세요.

※ [09-10] 〈보기〉에서 알맞은 문법을 찾아 문장을 완성하십시오.

┌─● 보 기 ●─────────────────────────────────┐
│　　　　-(으)ㄴ/는지 알다/모르다　　　　　　　　-다가　　　　　│
└───┘

09 가: 히엔 씨가 어디에 ＿＿＿＿＿＿＿? (살다)

　　나: 히엔 씨는 부천역 근처에 살아요.

10 가: 어제 본 영화가 어땠어요?

　　나: 지루했어요. 영화를 ＿＿＿＿＿＿＿ 잠이 들었어요. (보다)

정답

06 구직	07 건강 검진	08 예방 접종
09 사는지 알아요	10 보다가	

11 다음 중 밑줄 친 부분이 틀린 것은?

① 이 노트북이 <u>얼마인지</u> 알아요?

② 보쌈을 어떻게 <u>만드는지</u> 알아요?

③ 두엔 씨가 어제 어디에 <u>갔는지</u> 알아요?

④ 아이들이 무슨 선물을 <u>좋아한지</u> 알아요?

> **해설** 어떠한 정보에 대해 알거나 모르고 있음을 말할 때 '동사 + -는지 알다/모르다', '형용사 + -(으)ㄴ지 알다/모르다', '명사 + 인지 알다/모르다'를 사용한다. '좋아하다'는 동사이므로 ④의 '아이들이 무슨 선물을 좋아한지 알아요?'는 틀린 표현이고, '아이들이 무슨 선물을 좋아하는지 알아요?'가 옳은 표현이다.

12 다문화이주민플러스센터에서 받을 수 있는 서비스에 대한 설명으로 옳지 <u>않은</u> 것은?

① 법무부의 외국인 등록

② 고용노동부의 고용 허가

③ 법무부의 체류 기간 연장

④ 여성가족부의 고향 방문 지원

> **해설** 다문화이주민플러스센터는 한국에 거주하는 외국인 또는 다문화 가족을 대상으로 각 지자체, 법무부, 행정안전부, 고용노동부 등 여러 부처에서 따로 제공하던 서비스를 통합하여 제공하는 복합 서비스 기관으로 국내 체류 외국인에게 필요한 행정과 관련된 서비스를 제공하고 있다.

정답

11 ④ 12 ④

※ [01-08] 〈보기〉에서 알맞은 어휘를 찾아 (　　) 안에 쓰십시오.

┌─ 보 기 ───┐
│ 얼룩　　　　　색상　　　　　사이즈　　　　　개봉하다　　　　　헐렁하다　│
│ 교환하다　　　환불하다　　　문의하다　　　가능하다　　　　　훼손하다　│
└───┘

01 인터넷에서 사진으로 본 것보다 (　　　　　)이/가 어두워서 밝은 것으로 바꿔야 할 것 같아요.

02 눈으로 볼 때 맞을 것 같아서 사 왔는데 집에 와서 입어 보니까 (　　　　　). 다시 가서 작은 바지로 바꿔야겠어요.

03 택배가 오자마자 그 자리에서 (　　　　　) 제품에 문제가 없는지 확인했다.

04 구입 후 7일 이내에 영수증을 가지고 오시면 교환이나 환불이 (　　　　　).

05 가: 제품을 사용하다가 문제가 생기면 어떻게 해야 돼요?

　　나: 고객 센터에 (　　　　　). 그러면 고객 센터에서 해결 방법을 안내해 줄 거예요.

┌─ **정답** ───┐
│ 01 색상　　　　　　　　02 헐렁하네요　　　　　　03 개봉해　│
│ 04 가능합니다　　　　　05 문의하세요　　　　　　　　　　│
└───┘

06 가: 티셔츠가 좀 끼는 것 같지 않아?

나: 그런 것 같네. 좀 큰 (   )(으)로 사야겠어.

07 가: 여기 바느질이 잘못되었네요. 다른 옷으로 (   ) 주세요.

나: 그러네요. 다른 제품으로 바꿔 드리겠습니다.

08 가: 어제 산 옷을 환불하고 싶은데요.

나: 환불하시려면 가격표를 (   ) 마시고 영수증과 같이 제품을 가지고 방문해 주십시오.

※ [09-10] 〈보기〉에서 알맞은 문법을 찾아 문장을 완성하십시오.

┌─ • 보 기 • ───┐
│   │
│   -(으)ㄹ 만하다   -아/어 가지고   │
│   │
└──┘

09 가: 왜 지난주 회식에 안 왔어요?

나: 미안해요. 가족 모임이 _____ 집에 일찍 가야 했어요. (있다)

10 가: 김치를 처음 먹어 보니까 어땠어요?

나: 조금 맵기는 했지만 _____. (먹다)

정답

06 사이즈	07 교환해	08 훼손하지
09 있어 가지고	10 먹을 만했어요	

11 다음 중 밑줄 친 부분이 틀린 것은?

① <u>읽을 만한</u> 책 좀 추천해 주세요.

② 3단계가 2단계보다 많이 어렵지만 <u>공부할 만해요</u>.

③ 작년에 사서 아직 <u>신을 만한데</u> 새 신발을 사고 싶어요.

④ 집 앞에 있는 공원이 크지 않아서 아이와 <u>걷을 만했어요</u>.

해설 어떤 행동을 하는 것이 가능하거나 그 행동이 가치가 있음을 나타낼 때 '동사·형용사 + -(으)ㄹ 만하다'를 사용한다. '걷다'는 ㄷ 불규칙 동사이므로 ④의 '집 앞에 있는 공원이 크지 않아서 아이와 걷을 만했어요'는 틀린 표현이고, '집 앞에 있는 공원이 크지 않아서 아이와 걸을 만했어요'가 옳은 표현이다.

12 소비자상담센터에 대한 설명으로 옳지 <u>않은</u> 것은?

① 소비자가 피해를 구제받을 수 있도록 도와준다.

② 소비자의 고충을 들어 주고 해결 방법을 찾아 준다.

③ 상담을 받고 싶은 소비자는 국번 없이 1345로 전화하면 된다.

④ 한국소비자원에 소비자를 대신하여 피해 구제 신청을 해 준다.

해설 소비자상담센터에서 상담을 받으려면 국번 없이 1372로 전화를 하거나 인터넷 홈페이지(www.ccn.go.kr)에 들어가면 된다. 1345는 외국인종합안내센터이다.

※ [01-08] 〈보기〉에서 알맞은 어휘를 찾아 ( ) 안에 쓰십시오.

┌─ 보 기 ───┐
│ 교육비   공과금   가계부   충동구매   경조사비 │
│ 공동 구매   결제하다   적립하다   부담되다   메모하다 │
└───┘

01 ( )을/를 하지 않으려면 마트에 가기 전에 살 것을 미리 메모해 두는 게 좋다.

02 요즘은 결혼해도 자녀를 많이 낳지 않는데 다른 것보다 ( )이/가 부담스러워서 그렇다고 한다.

03 요즘 마트에서는 할인 카드로 ( ) 10% 정도 할인을 받을 수 있어서 좋습니다.

04 ( )을/를 쓰면 어디에 얼마나 돈을 쓰는지 알 수 있어서 생활비를 절약할 수 있어요.

05 가: 겨울에 입을 패딩 점퍼를 사야 하는데 어디에 가면 싸게 살 수 있어요?

나: ( )을/를 이용해 보세요. 여러 사람이 함께 사니까 가격이 훨씬 저렴해요.

┌─ 정답 ──┐
│ 01 충동구매   02 교육비   03 결제하면 │
│ 04 가계부   05 공동 구매   │
└───┘

06 가: 이사를 해야 되는데 전세 보증금이 많이 올라서 (   ).

나: 저도 내년에 이사해야 하는데 걱정이네요.

07 가: 이 커피숍 커피가 맛있네요.

나: 커피도 맛있고 포인트를 (   ) 주기 때문에 자주 오는 곳이에요.

08 가: 이번 달에도 생활비가 부족해요. 외식을 많이 해서 그런 것 같아요.

나: 저도 마찬가지예요. 결혼하는 친구가 많아서 (   )이/가 많이 나갔어요.

※ [09-10] 〈보기〉에서 알맞은 문법을 찾아 문장을 완성하십시오.

┌─• 보 기 •───┐
│   │
│   (이)나/밖에   -(ㄴ/는)다고 하다   │
│   │
└──┘

09 가: 하루에 커피를 얼마나 마셔요?

나: 저는 ＿＿＿＿＿＿ 마셔요. (여섯 잔)

10 가: 어디에 가면 장난감을 싸게 살 수 있어요?

나: 중고 매장에 가면 장난감을 싸게 살 수 ＿＿＿＿＿＿. (있다)

11 다음 중 밑줄 친 부분이 **틀린** 것은?

① 시장에서 사면 물건값이 <u>저렴하다고 했어요</u>.

② 안젤라 씨는 저녁마다 한국어 책을 <u>읽는다고 했어요</u>.

③ 후엔 씨는 회사에서 집까지 걸어서 <u>다닌다고 했어요</u>.

④ 토픽 시험을 보려면 외국인 등록증이 <u>필요한다고 했어요</u>.

> **해설** 다른 사람에게 들은 내용을 전달하며 평서문을 간접화법으로 나타낼 때는 '동사 + -ㄴ/는다고 하다', '형용사 + -다고 하다', '명사 + (이)라고 하다' 형태로 쓰인다. 그러므로 ④의 '토픽 시험을 보려면 외국인 등록증이 필요한다고 했어요'에서 '필요하다'는 형용사이므로 '토픽 시험을 보려면 외국인 등록증이 필요하다고 했어요'가 옳은 표현이다.

12 적금에 대한 설명으로 옳지 **않은** 것은?

① 적금에는 정기 적금과 자유 적금이 있다.

② 자유 적금은 정해진 날짜에 정해진 금액을 넣는 것이다.

③ 적금 이율은 보통 2% 정도인데 은행마다 조금씩 다르다.

④ 적금이란 일정 기간 동안 정해진 금액을 은행에 적립하는 것이다.

> **해설** 적금은 정기 적금과 자유 적금이 있는데 정기 적금은 정해진 날짜에 정해진 금액을 넣는 금융 상품이고 자유 적금은 넣고 싶을 때 넣고 싶은 금액을 넣는 금융 상품이다.

정답

11 ④ 12 ②

※ [01-08] 〈보기〉에서 알맞은 어휘를 찾아 (   ) 안에 쓰십시오.

┌─ **보 기** ───┐
하천   소음   산책로   빌딩 숲   산업 단지
문화 시설   탁하다   한적하다   농사짓다   안전하다
└──┘

01 우리 아파트는 대중교통을 이용하기 쉽고 도서관과 영화관 같은 (   )이/가 갖추
어져 있어서 편리합니다.

02 도심의 수많은 자동차들이 (   ) 사이를 오가는 모습이 서울의 풍경이다.

03 회사 근처에 공원이 있는데 공원에 예쁜 (   )이/가 있어서 커피 한잔 마시면서
걷기에 참 좋다.

04 아파트의 위층과 아래층 사이에 층간 (   ) 문제로 마음이 상하는 경우가 많다.

05 가: 농촌에서는 주로 어떤 일을 해요?

나: 논이나 밭에서 (   ) 사람들이 많아요.

정답

01 문화 시설	02 빌딩 숲	03 산책로
04 소음	05 농사짓는	

06 가: 농촌에서는 밤에 별을 볼 수 있는데 도시에서는 별이 안 보이네요.

나: 아마 공기가 (　　　　　　) 그럴 거예요. 농촌은 공기가 맑으니까 별이 잘 보이지요.

07 가: 엄마, 공원에서 자전거 타도 돼요?

나: 넘어지면 위험하니까 (　　　　　　) 헬멧을 쓰고 타.

08 가: 정년퇴직을 하면 어떻게 살고 싶으세요?

나: 정년퇴직을 하면 복잡한 도시를 떠나 (　　　　　　) 시골에서 남은 인생을 보내고 싶습니다.

※ [09-10] 〈보기〉에서 알맞은 문법을 찾아 문장을 완성하십시오.

┌─ • 보 기 • ─────────────────────────────────┐
│　　　-이/히/리/기- (피동)　　　　　　　-자고 하다　　│
└───┘

09 가: 어디로 이사할 계획이에요?

나: 아이가 내년에 초등학교에 입학해야 하니까 남편이 학교 근처로 _____.
(이사 가다)

10 가: 엄마, 제 한국어 책 못 봤어요?

나: 네 방 책상 위에 _____ 있었어. (놓다)

정답

06 탁해서	07 안전하게	08 한적한
09 이사 가자고 했어요	10 놓여	

11 다음 중 밑줄 친 부분이 틀린 것은?

① 아기가 엄마에게 <u>안고 있어요</u>.

② 엘리베이터 문이 <u>열린 다음에</u> 바로 탔어요.

③ 휴대 전화를 바꾸면서 전화번호가 <u>바뀌었어요</u>.

④ 밤새 눈이 내려서 나무 위에 눈이 많이 <u>쌓였어요</u>.

해설 주어가 남이 하는 동작에 의해 영향을 받는 것을 피동이라고 한다. 이때 동사에 '-이/히/리/기-'를 붙여서 피동사를 만들 수 있다. ①~④는 모두 피동 표현을 사용해야 옳은 문장이 된다. 그런데 ①은 엄마가 아기를 안고 있는 상황이기 때문에 아기가 엄마에게 '안다 + -고 있어요'라고 쓰면 틀린 문장이 된다. [엄마가 아기를 안고 있다. (○)] 바르게 고친 문장은 '아기가 엄마에게 안겨 있어요'가 된다.

'-아/어 있다'는 어떤 행동이나 변화가 끝난 후에 그 상태가 계속되거나 그 결과가 지속되는 것을 나타내는 표현으로, 목적어를 필요로 하지 않는 동사와만 결합할 수 있다.

예 시계가 벽에 걸려 있어요. (○) (시계를 벽에 거는 행위가 끝난 후 그 상태가 지속된다.)
　　엄마가 아기를 안아 있어요. (X) (목적어를 필요로 하는 동사에는 사용할 수 없다.)

참고 **피동사 더 알아보기**

-이-		-히-		-리-		-기-	
놓다	놓이다	닫다	닫히다	걸다	걸리다	감다	감기다
보다	보이다	막다	막히다	듣다	들리다	안다	안기다
쌓다	쌓이다	업다	업히다	열다	열리다	끊다	끊기다
쓰다	쓰이다	잡다	잡히다	팔다	팔리다	쫓다	쫓기다
바꾸다	바뀌다	뽑다	뽑히다	풀다	풀리다	잠그다	잠기다

12 과거와 현대의 명당에 대한 설명으로 옳지 <u>않은</u> 것은?

① 과거뿐만 아니라 현대에도 남향집이 인기가 있다.

② 최근에는 명당의 조건에 학군과 교통이 추가되었다.

③ 과거의 명당은 앞에 산이 있고 뒤에 물이 흐르는 곳이다.

④ 과거에는 집의 위치와 방향이 사람의 행복을 결정한다고 믿었다.

해설 한국 사람들은 옛날부터 집의 주변 환경을 중요하게 생각했다. 그래서 전통적으로 집 뒤에 산이 있고 집 앞에 물이 흐르면 좋은 곳이라고 생각했다. 특히 남향을 선호했는데 이는 해가 잘 들어오고, 바람이 잘 통하는 방향이기 때문이다. 그리고 한국의 겨울이 길고 추우므로 집의 활동 공간을 남쪽으로 하면 생활하기도 편리했다.

정답

11 ① 　12 ③

※ [01-08] 〈보기〉에서 알맞은 어휘를 찾아 (   ) 안에 쓰십시오.

┌─ • 보 기 • ──┐
│   │
│ 공연   좌석   소감   감동   수령하다   │
│ 검색하다   예매하다   관람하다   기대하다   인상적이다   │
│   │
└───┘

01 친구가 한국어 말하기 대회에서 1등을 해서 (   )을/를 말하는데 나도 모르게 눈물이 났다.

02 이번 공연은 정말 훌륭했는데 특히 제일 마지막에 배우들이 모두 같이 춤을 추는 장면이 가장 (   ). 오래 기억에 남을 것 같아요.

03 이번 사진 전시회는 인기가 많아서 (   ) 않으면 표를 구할 수 없습니다.

04 공연장이 너무 넓고 어두워서 우리 (   )을/를 못 찾고 헤매고 있었는데 직원이 도와줘서 공연 시작 전에 겨우 앉을 수 있었다.

05 가: 어떤 (   )을/를 즐겨 보세요?

나: 저는 시간이 있으면 뮤지컬을 봐요. 배우의 춤과 노래가 정말 환상적이에요.

┌──────┐
│ 정답 │
└──────┘
| 01 소감 | 02 인상적이었어요 | 03 예매하지 |
| 04 좌석 | 05 공연 | |

06 가: 요즘 상영하는 영화는 뭐가 있어요?

나: 글쎄요. 인터넷 홈페이지에서 영화 정보를 (   ) 보세요.

07 가: 인터넷에서 표를 예매했다고 했지요?

나: 네, 저기 안내 데스크에서 티켓을 (   ) 되겠네요.

08 가: 오늘 공연 어땠어요?

나: 제가 너무 (   ) 것 같아요. 생각보다 별로였어요.

※ [09~10] 〈보기〉에서 알맞은 문법을 찾아 문장을 완성하십시오.

┌─ 보기 ─────────────────────────────────────┐

  -(으)라고/냐고 하다   만큼

└──┘

09 가: 한국 사람들을 처음 만나면 어떤 질문을 자주 해요?

나: 어디에서 _____. (오다)

10 가: 하노이는 교통이 어때요?

나: _____ 복잡해요. (서울)

11 다음 중 밑줄 친 부분이 틀린 것은?

① 직원이 관객들에게 지금 휴대 전화를 <u>끄라고 했어요</u>.

② 엄마가 아이에게 하루에 책을 두 권 <u>읽으라고 했어요</u>.

③ 친구들이 저에게 언제부터 한국어를 <u>공부했냐고 했어요</u>.

④ 부모님께서 저에게 한국에 가면 자주 <u>연락하냐고 했어요</u>.

> **해설** 다른 사람에게 들은 명령의 내용을 전달할 때는 '동사 + -(으)라고 하다'를, 다른 사람에게 들은 질문의 내용을 전달할 때는 '동사·형용사 + -냐고 하다'를 사용한다. ④는 부모님께서 저에게 "한국에 가면 자주 연락해라."라고 말씀하셨다는 뜻을 나타내야 하므로, '부모님께서 저에게 한국에 가면 자주 연락하라고 했어요'라고 해야 옳은 문장이 된다.

12 문화포털(www.culture.go.kr)에 대한 설명으로 옳지 <u>않은</u> 것은?

① 전시나 공연의 정보를 쉽게 검색할 수 있다.

② 문화 정보는 제공하지만 도서 정보는 제공하지 않는다.

③ 이용자들의 후기가 있어서 공연을 선택할 때 참고할 수 있다.

④ 회원 가입을 하면 새로운 문화 정보를 더 편리하게 찾아볼 수 있다.

> **해설** 문화포털에서는 문화 정보뿐만 아니라 국내외의 문화 관련 영상과 도서 정보도 제공하고 있다.

정답

11 ④ 12 ②

※ [01-08] 〈보기〉에서 알맞은 어휘를 찾아 (   ) 안에 쓰십시오.

┌─ • 보 기 •──┐
│   │
│ 썰다   삶다   찌다   다지다   무치다   │
│ 데치다   벗기다   뿌리다   절이다   맞추다   │
│   │
└──┘

01 한국 사람들이 먹는 반찬에는 채소를 물에 살짝 (   ) 반찬이 많다.

02 음식을 접시에 담아서 식탁에 내놓기 전에 깨를 (   ) 더 맛있어 보여요.

03 오이, 마늘, 양파를 썰어서 식초에 (   ) 먹으면 건강에도 좋고 맛도 좋아요.

04 요즘에는 다이어트를 하려고 물에 (   ) 감자나 고구마를 점심으로 먹는 사람도 있다.

05 가: 한국 사람들은 마늘을 많이 먹는 것 같아요.

나: 맞아요. 음식을 만들 때 (   ) 마늘을 많이 넣어요.

┌─ 정답 ───┐
│   │
│ 01 데친   02 뿌리면   03 절여서   │
│ 04 삶은   05 다진   │
│   │
└──┘

06 가: 뭘 도와 드릴까요?

나: 양파하고 감자의 껍질을 (　　　　　) 주세요.

07 가: 한번 먹어 봐. 좀 싱거운 것 같아.

나: 음, 조금 싱겁네. 간장으로 간을 (　　　　　) 될 것 같아. 간장 한 숟가락만 넣어.

08 가: 살짝 배고픈데 냉동실에 뭐 있어?

나: 냉동실에 만두 있는데 (　　　　　) 먹을까?

※ [09–10] 〈보기〉에서 알맞은 문법을 찾아 문장을 완성하십시오.

┌─ • 보 기 • ──────────────────────────────────┐
│   │
│   -이/히/리/기/우/추- (사동)   │
│   │
└──┘

09 가: 아기랑 산책하러 갈까요?

나: 바람이 부니까 아기에게 모자를 ＿＿＿＿＿＿＿＿. (쓰다)

10 가: 배부르면 억지로 먹지 말고 ＿＿＿＿＿＿＿＿. (남다)

나: 배가 부르지만 맛있어서 멈출 수가 없어요.

정답

06 벗겨	07 맞추면	08 쪄
09 씌우세요	10 남기세요	

11 다음 중 밑줄 친 부분이 틀린 것은?

① 집에 오면서 세탁소에 <u>맡긴</u> 옷 좀 찾아 오세요.

② 저는 앞으로 환자를 <u>살리는</u> 의사가 되고 싶어요.

③ 아이를 자동차에 <u>탈 때는</u> 카시트를 이용해야 돼요.

④ 교실이 너무 더워서 에어컨 온도를 23℃로 <u>낮췄어요</u>.

> **해설** 다른 사람이나 동물에게 어떤 작용이나 행동을 하게 함을 나타낼 때 사동 표현을 쓴다. 이때 사동 표현은 동사나 형용사에 '-이/히/리/기/우/추-'를 붙여서 만들 수 있다. ①~④는 모두 사동 표현을 사용해야 맞는 문장이 된다. ③의 '타다'는 '-우-'와 결합해 '태우다'로 써야 하기 때문에 '아이를 자동차에 태울 때는 카시트를 이용해야 돼요'라고 써야 옳은 문장이 된다.

> **참고** **사동사 더 알아보기**

-이-		-히-		-리-	
먹다	먹이다	읽다	읽히다	알다	알리다
죽다	죽이다	입다	입히다	울다	울리다
끓다	끓이다	앉다	앉히다	살다	살리다
보다	보이다	눕다	눕히다	날다	날리다
붙다	붙이다	맞다	맞히다	돌다	돌리다
높다	높이다	넓다	넓히다	마르다	말리다
-기-		-우-		-추-	
벗다	벗기다	자다	재우다	늦다	늦추다
신다	신기다	서다	세우다	낮다	낮추다
씻다	씻기다	타다	태우다	맞다	맞추다
남다	남기다	쓰다	씌우다		
웃다	웃기다	깨다	깨우다		
맡다	맡기다	크다	키우다		

12 식품의 유통 기한에 대한 설명으로 옳지 <u>않은</u> 것은?

① 소비자가 식품을 먹을 수 있는 날짜를 의미한다.

② 이 날짜가 지나면 상하지 않은 식품도 판매하면 안 된다.

③ 판매자가 소비자에게 식품을 판매할 수 있는 날짜를 말한다.

④ 보통 년, 월, 일로 표시하지만 시간까지 표시하는 경우도 있다.

> **해설** 유통 기한이 지난 후에도 소비자가 식품을 먹을 수 있는 날짜를 소비 기한이라고 하는데 제품에 따라서 18개월 이상까지 가능하기 때문에 보관 방법을 잘 지켜야 한다. 유통 기한이 지난 음식도 소비 기한 안에는 먹을 수 있다.

정답

11 ③ 12 ①

※ [01-08] 〈보기〉에서 알맞은 어휘를 찾아 (   ) 안에 쓰십시오.

• 보 기 •

전원	냉동	액정	부팅	플러그
꽂다	낮추다	막히다	수리하다	방문하다

---

01 어젯밤에 휴대 전화를 바닥에 떨어뜨려서 (   )이/가 깨졌어요. 그래서 서비스 센터에 가려고 해요.

02 실내가 너무 더울 때는 온도를 2~3℃ 정도 (   ) 훨씬 쾌적하게 생활할 수 있다.

03 머리카락이 들어가서 그런지 하수구가 (   ) 것 같아요. 물이 내려가지 않아요.

04 노트북 (   )이/가 안 돼서 수리 비용을 내고 유상 수리를 받았다.

05 가: 노트북 화면이 안 나와요. 어떻게 해야 해요?

　　나: 화면이 안 나오면 (   )을/를 껐다가 켜 보세요.

정답

01 액정	02 낮추면	03 막힌
04 부팅	05 전원	

06 가: 냉장고 안의 아이스크림이 다 녹아서 엉망이 되었어요.

나: (   )이/가 안 되는 것 같네요. 출장 서비스를 신청해야겠어요.

07 가: 어, 이상하네. 텔레비전 전원이 안 켜져.

나: 플러그를 잘 (   ) 확인해 봐.

08 가: 노트북이 고장이 나서 서비스 센터에 (   ) 하는데 어떻게 해야 돼요?

나: 먼저 전화를 해서 예약을 하고 가는 게 좋을 것 같아요.

※ [09-10] 〈보기〉에서 알맞은 문법을 찾아 문장을 완성하십시오.

┌─ •보기•───┐
│   │
│   -아/어서 그런지   -(으)ㄴ가요/나요   │
│   │
└──┘

09 가: 공연은 언제 _____? (시작하다)

나: 10분 후에 시작할 예정입니다. 들어가셔서 자리에 앉아 주세요.

10 가: 음식이 맛이 없어요? 왜 이렇게 못 먹어요?

나: 아침을 늦게 _____ 입맛이 없네요. (먹다)

정답

06 냉동	07 꽂았는지	08 방문하려고
09 시작하나요	10 먹어서 그런지	

11 다음 중 밑줄 친 부분이 틀린 것은?

① 지금 <u>몇 시인가요</u>?

② 시험이 <u>어려웠나요</u>?

③ 이 선물이 마음에 <u>드나요</u>?

④ 이 행사 입장료가 <u>비싸나요</u>?

> **해설** 상대방에게 부드럽고 친근한 느낌을 주면서 질문할 때 또는 상대방에게 필요한 정보를 물을 때 '동사 + −나요?', '형용사 + −(으)ㄴ가요?', '명사 + 인가요?'를 사용한다. 과거를 말할 때는 '동사·형용사 + −았/었나요?'를 사용한다. '비싸다'는 형용사이므로, ④의 '이 행사 입장료가 비싸나요?'는 틀린 표현이고, '이 행사 입장료가 비싼가요?'라고 써야 옳다.

12 전자 제품 보증 기간에 대한 설명으로 옳지 <u>않은</u> 것은?

① 보증 기간은 구입 일자를 기준으로 하며 영수증으로 확인할 수 있다.

② 보증서가 있으면 보증 기간 내에 언제나 무상으로 수리받을 수 있다.

③ 일반 전자 제품은 1년, 계절 제품은 2년으로 제품에 따라 보증 기간이 다르다.

④ 제품 보증 기간은 제조사나 판매자가 소비자에게 무상 수리를 약속하는 기간이다.

> **해설** 보증서가 있고 보증 기간이 지나지 않았다고 해서 언제나 무상 수리가 가능한 것은 아니다. 보증 기간이 지나지 않았어도 사용 설명서의 주의 사항을 안 지켰거나 고객의 잘못으로 고장이 났을 때는 수리 비용을 지불해야 한다.

정답

11 ④   12 ②

※ [01-08] 〈보기〉에서 알맞은 어휘를 찾아 (   ) 안에 쓰십시오.

•보기•

시간제	전문성	합격 통보	방문 접수	온라인 접수
차리다	작성하다	제출하다	사업하다	안정적이다

01 최근에는 경제가 안 좋아져서 그런지 오랫동안 계속 근무할 수 있는 (   ) 직장을 선호하는 것 같다.

02 저는 한국어를 열심히 공부해서 한국어 통역이나 번역과 같이 (   )이/가 있는 일을 하고 싶습니다.

03 지난주에 면접을 봤는데 오늘 (   ) 문자를 받고 너무 기뻤다. 다음 주 월요일부터 출근하기로 했다.

04 우리 회사에 입사하기를 희망하시는 분은 서류를 준비하셔서 (   )을/를 해 주시기 바랍니다. 회사 이메일은 홈페이지의 공지사항을 참고해 주십시오.

05 가: 그 회사에 지원하기 위해서 (   ) 하는 서류는 뭐가 있나요?

나: 이력서, 자기소개서, 졸업증명서, 여권 사본을 내야 돼요.

정답

01 안정적인	02 전문성	03 합격 통보
04 온라인 접수	05 제출해야	

06   가: 엘레나 씨는 한국에서 앞으로 어떤 일을 하고 싶어요?

　　　나: 저는 돈을 모아서 작은 식당을 하나 (　　　　　　　) 게 꿈이에요.

07   가: 어떤 일을 구하고 있어요?

　　　나: 아직 아이가 어려서 (　　　　　　)(으)로 할 수 있는 일을 구하고 있어요. 아이가 어
　　　　 린이집에 가 있는 동안 4시간 정도만 일하면 좋겠어요.

08   가: 뭐 하고 있어요?

　　　나: 무역 회사에 지원하려고 이력서를 (　　　　　　) 있어요.

※ [09-10] 〈보기〉에서 알맞은 문법을 찾아 문장을 완성하십시오.

┌─ • 보 기 • ──────────────────────────────────────┐
│   │
│   −기 위해서   −아/어 놓다   │
│   │
└──┘

09   가: 환경 오염이 심각한데 쓰레기를 ＿＿＿＿＿＿＿＿ 어떤 노력을 해야 할까요? (줄이다)

　　　나: 일회용 종이컵 대신에 개인 물병을 이용하는 게 좋을 것 같아요.

10   가: 다음 주 발표 준비는 잘되어 가요?

　　　나: 발표 준비를 미리 ＿＿＿＿＿＿＿＿＿＿ 마음이 편안해졌어요. (하다)

11 다음 중 밑줄 친 부분이 틀린 것은?

① 회사에 <u>취직하기 위해서</u> 컴퓨터 자격증을 땄어요.

② 국적을 <u>취득하기 위해서</u> 한국어를 공부하고 있어요.

③ 요즘 살이 쪄서 <u>날씬하기 위해서</u> 매일 한 시간씩 운동해요.

④ 등록금을 <u>모으기 위해서</u> 편의점에서 아르바이트를 하고 있어요.

> **해설** 앞의 내용이 뒤 행동의 목적이나 의도임을 나타낼 때 '동사 + -기 위해서'를 사용한다. '날씬하다'는 형용사
> 이므로 '-기 위해서'와 결합할 수 없다. 형용사인 '날씬하다'는 변화를 나타내는 '-아/어지다'와 결합하여
> '날씬해지기 위해서'라고 써야 하기 때문에 ③의 '요즘 살이 쪄서 날씬하기 위해서 매일 한 시간씩 운동해
> 요'는 틀린 표현이다.

12 급여와 세금에 대한 설명으로 옳지 않은 것은?

① 급여는 보통 은행 계좌를 통해서 받는다.

② 한국의 직장인들은 보통 한 달에 한 번씩 급여를 받는다.

③ 계좌에 입금되는 돈과 회사에서 지급하는 월급은 동일하다.

④ 급여의 액수가 많으면 많을수록 세금을 내는 비율도 높아진다.

> **해설** 한국의 직장인들은 한 달에 한 번 은행 계좌를 통해 월급을 받는데, 지급되는 월급과 계좌에 입금되는 돈은
> 차이가 있다. 월급에서 세금이나 건강 보험료 등을 공제한 만큼 계좌에 입금되기 때문이다.

정답

11 ③   12 ③

※ [01-08] 〈보기〉에서 알맞은 어휘를 찾아 (   ) 안에 쓰십시오.

┌─ 보 기 ───┐
│   │
│ 전망   월세   전세   교육 환경   편의 시설   │
│ 구하다   계약하다   이사하다   선호하다   이용하다   │
│   │
└───┘

01   과거에는 주택에 사는 사람이 많았지만 요즘은 아파트를 (   ) 사람이 많아졌다.

02   새로 이사한 집 근처에는 마트, 은행, 시장, 병원 등 (   )이/가 있어서 살기에 좋다.

03   이 오피스텔은 근처에 지하철역과 버스 정류장이 있어서 대중교통을 (   ) 편리하다.

04   마음에 드는 집을 찾으면 집을 (   ) 전에 먼저 등기부 등본을 확인해야 한다.

05   가: 라민 씨는 집을 구할 때 어떤 조건이 중요해요?
        나: 저는 딸이 하나 있어서 학교나 학원 등 (   )이/가 좋은 곳에서 살고 싶어요.

┌─ 정답 ──┐
│ 01 선호하는   02 편의 시설   03 이용하기 │
│ 04 계약하기   05 교육 환경   │
└───┘

06   가: 어서 오세요. 어떤 집을 찾으세요?

　　나: 방이 세 개인 빌라를 (　　　　　　　)(으)로 찾고 있어요. 한 달에 50만 원이 넘지 않
　　　　으면 좋겠어요.

07   가: 한국에서 집을 (　　　　　　) 어떻게 해야 돼요?

　　나: 부동산 중개소에 가 보세요. 부동산 중개인이 집을 소개해 줄 거예요.

08   가: 어떤 집에서 살고 싶어요?

　　나: 저는 집 주변에 공원이나 산책로가 있고 (　　　　　　)이/가 좋은 집에 살고 싶어요.

※ [09-10] 〈보기〉에서 알맞은 문법을 찾아 문장을 완성하십시오.

┌─ 보 기 ──┐

　　　　　　-(으)ㄴ/는 데다가　　　　　　　　-ㄴ/는다

└──┘

09   가: 친구는 어떤 사람이에요?

　　나: 성격이 ＿＿＿＿＿＿＿＿ 유머가 있는 친구예요. (활발하다)

10   나는 비가 올 때 혼자서 책을 읽는 것을 ＿＿＿＿＿＿＿. (좋아하다)

정답

06 월세	07 구하려면	08 전망
09 활발한 데다가	10 좋아한다	

11 다음 중 밑줄 친 부분이 **틀린** 것은?

① 우리 집 근처에는 예쁜 공원이 <u>있는다</u>.

② 나는 주차장과 테라스가 있는 집이 <u>좋다</u>.

③ 우리 엄마는 어떤 음식이든지 맛있게 <u>만든다</u>.

④ 한국에서 가장 많이 볼 수 있는 집의 형태는 <u>아파트다</u>.

> **해설** 주로 신문이나 책 등 객관적인 글에서 현재의 사실을 서술할 때 '동사 + -ㄴ/는다', '형용사 + -다', '명사 + (이)다'의 형태로 사용한다. '있다'는 형용사이므로, '우리 집 근처에는 예쁜 공원이 있다'라고 해야 옳은 표현이다. 그러므로 ①의 '우리 집 근처에는 예쁜 공원이 있는다'가 틀린 표현이다.

12 공유 주택에 대한 설명으로 옳지 **않은** 것은?

① 공유 주택은 공유 공간과 각자의 독립된 공간으로 나누어져 있다.

② 공유 주택은 두 명 이상의 사람들과 집을 공유하는 임대 주택을 말한다.

③ 월세는 주변 집세와 비슷하지만 다양한 인간관계를 맺을 수 있어서 좋다.

④ 퇴근 후에 함께 거주하는 사람들과 대화도 하고 식사도 하면서 시간을 보낼 수 있다.

> **해설** 공유 주택의 월세는 주변의 집세보다 싸다. 집세가 싸고 계약 기간이 최소 1개월이므로 사회생활을 막 시작하는 사람들에게 인기가 많다.

정답

11 ① 12 ③

※ [01-08] 〈보기〉에서 알맞은 어휘를 찾아 (　　　) 안에 쓰십시오.

┌─ • 보 기 • ───┐
│ 설날　　　　　추석　　　　　팥죽　　　　　덕담　　　　　윷놀이 │
│ 빌다　　　　　즐기다　　　　지내다　　　　세배하다　　　기원하다 │
└──┘

01 추석날 밤에 한국 사람들은 보통 보름달을 보면서 소원을 (　　　　　　).

02 한국 사람들은 동지에 (　　　　　　)을/를 먹습니다. 이 음식의 붉은색이 나쁜 것을 쫓 아낸다고 믿었습니다.

03 한국에는 음력 1월 1일에 아랫사람이 윗사람에게 세배를 하면 윗사람은 아랫사람에게 (　　　　　　)을/를 해 주고, 아이들에게는 세뱃돈을 주는 풍습이 있다.

04 (　　　　　　)에는 송편을 먹는데 송편에는 1년 농사가 잘된 것을 감사하는 마음이 담겨 있다.

05 가: 한국 사람들은 추석날 아침에 무엇을 해요?

　　나: 한 해 농사지은 햇곡식과 햇과일로 차례를 (　　　　　　).

┌─ 정답 ──┐
│ 01 빈다　　　　　　　02 팥죽　　　　　　　03 덕담 │
│ 04 추석　　　　　　　05 지내요 │
└──┘

06 가: 한국 사람들은 명절에 어떤 놀이를 해요?

나: 가족과 친척들이 모두 모여서 (   )을/를 해요.

07 가: 떡국에는 어떤 의미가 담겨 있어요?

나: 한국 사람들은 설날에 건강하게 오래 살기를 (   ) 의미로 떡국을 먹어요.

08 가: 요즘은 인터넷이 발달해서 게임을 많이 하는데 인터넷이 없던 옛날에는 아이들이 어떤 놀이를 좋아했어요?

나: 예전에는 제기차기나 연날리기와 같은 놀이를 (   ).

※ [09-10] 〈보기〉에서 알맞은 문법을 찾아 문장을 완성하십시오.

┌─ • 보 기 • ───┐
│   │
│   -아/어도   -게 되다   │
│   │
└──┘

09 가: 전염병이 유행해서 그런지 요즘 경제가 많이 어려워졌다고 해요.

나: 맞아요. 제 친구도 음식점을 하는데 장사가 안 돼서 식당 문을 _____ 해요. (닫다)

10 가: 빙빙 씨, 아침마다 운동을 하세요?

나: 네, 저는 아무리 늦게 _____ 6시에 꼭 일어나서 운동을 해요. (자다)

정답

06 윷놀이	07 기원하는	08 즐겼어요
09 닫게 되었다고	10 자도	

11 다음 중 밑줄 친 부분이 틀린 것은?

① 아무리 <u>노력해도</u> 성격을 바꾸는 것은 어려워요.

② 한국에 살면 <u>외국인여도</u> 질서를 잘 지켜야 해요.

③ 아무리 화가 <u>나도</u> 말도 없이 가 버리면 안 돼요.

④ <u>바빠도</u> 건강을 위해서 아침 식사를 꼭 해야 돼요.

해설 앞의 행위나 상태와 관계없이 뒤의 상황이 있음을 나타낼 때 '동사·형용사 + −아/어도'를 '명사 + 이어도/여도'를 사용한다. 명사의 경우 마지막 글자에 받침이 있으면 '이어도'를 사용해야 하므로 '한국에 살면 외국인이어도 질서를 잘 지켜야 해요'가 옳은 표현이다. 그러므로 ②의 '한국에 살면 외국인여도 질서를 잘 지켜야 해요'가 틀린 표현이다.

12 단오에 대한 설명으로 옳지 <u>않은</u> 것은?

① 1년 중 만물의 기운이 가장 강한 날이다.

② 단오는 양력 5월 5일로 한국의 명절이다.

③ 남자들은 씨름을 하고 여자들은 그네를 탔다.

④ 단오 때 창포물에 머리를 감는 풍습이 있었다.

해설 단오는 양력이 아닌 음력 5월 5일로 1년 중 만물의 기운이 가장 강한 날이다. 한국에서는 이날 수리취떡을 먹고 창포물에 머리를 감는 풍습이 있다. 또한 남자들은 씨름을 하고 여자들은 그네를 탔다. 단오에서 유래되어 강릉에서는 강릉 단오제라는 축제가 매년 열리고 있다.

※ [01-08] 〈보기〉에서 알맞은 어휘를 찾아 (   ) 안에 쓰십시오.

> ●보기●
>
> | 회의 | 공구 | 결재 | 자재 | 급여 |
> | --- | --- | --- | --- | --- |
> | 제출 | 정리하다 | 보고하다 | 작성하다 | 정비하다 |

01   저는 오늘 작업을 시작하기 전에 먼저 작업에 사용할 (   )을/를 빠짐없이 준비했습니다.

02   회사 창고에 있는 재고를 파악해서 부족한 (   )을/를 주문했습니다.

03   우리 회사는 월요일 오전 10시에 부서별로 직원들이 모여 주간 업무에 대해 계획을 세우고 의견을 나누는 (   )을/를 한다.

04   (   )은/는 회사에 따라 월급으로 주기도 하고 주급이나 일당으로 주기도 한다.

05   가: 작업을 마친 후에는 공구들을 제자리에 (   ) 주변을 깨끗이 청소하세요.
　　나: 네, 알겠습니다.

---

01 공구	02 자재	03 회의
04 급여	05 정리하고	

06 가: 어디 다녀오세요?

　　나: 어제 작성한 서류의 (　　　　　)을/를 받으려고 부장님께 다녀오는 길이에요.

07 가: 부서별로 시장조사 결과를 금요일까지 각 부서장님께 (　　　　　) 주세요.

　　나: 네, 알겠습니다.

08 가: 라흐만 씨는 어떤 일을 하세요?

　　나: 저는 기계가 고장이 난 곳은 없는지 (　　　　　) 잘 작동되는지 확인하는 일을 해요.

※ [09-10] 〈보기〉에서 알맞은 문법을 찾아 문장을 완성하십시오.

┌─ •보기• ──┐
│　　　　　　-게 하다　　　　　　　　　　-아/어 가다　　　　　　　　　　│
└──┘

09 가: 요즘 우리 아이가 깨워도 잘 일어나지 못해서 걱정이에요.

　　나: 밤에 늦게 자서 그래요. 밤에 일찍 _____. 그러면 아침에 일어나기 쉬울 거예요. (자다)

10 가: 회사 생활은 할 만해요?

　　나: 입사한 지 얼마 안 돼서 아직 업무를 _____ 있어요. (파악하다)

11 다음 중 밑줄 친 부분이 **틀린** 것은?

① 아이가 감기에 자주 걸리면 <u>운동하게 하세요</u>.

② 그 음악회에서는 공연 사진을 <u>못 찍게 합니다</u>.

③ 엄마가 아들에게 휴대 전화로 <u>못 게임하게 했어요</u>.

④ 선생님께서 학생들에게 과자를 <u>먹지 못하게 했어요</u>.

> **해설** 다른 사람에게 스스로 어떤 일을 하도록 시키는 것을 표현할 때 '동사 + -게 하다'를 사용한다. 금지의 의미를 나타내는 경우에는 '못 + 동사 + -게 하다'나 '동사 + -지 못하게 하다'를 사용한다. 이때 '명사 + -하다'의 형태로 이루어진 동사는 '명사(을/를) + 못하게 하다'나 '명사(을/를) + -하지 못하게 하다'의 형태로 사용한다. 그러므로 ③의 '엄마가 아들에게 휴대 전화로 못 게임하게 했어요'는 틀린 문장이고, '엄마가 아들에게 휴대 전화로 게임(을) 못하게 했어요'로 바꾸어 써야 옳은 문장이다.

12 워라밸(work-life balance)에 대한 설명으로 옳지 **않은** 것은?

① 워라밸이란 일과 개인 생활의 균형을 의미한다.

② 최근에는 사회적인 성공보다 개인의 행복을 중시한다.

③ 정부도 근로자의 주당 근무 시간을 최대 40시간으로 줄였다.

④ 직장인들은 정시에 퇴근해 '저녁이 있는 삶'을 살기를 원한다.

> **해설** 정부는 근로자의 주당 근무 시간을 최대 52시간으로 정해 놓았다. 주 5일 근무제로 일주일 중 5일 동안, 하루에 8시간씩 일하고 시간 외 근무는 한 주에 12시간까지 가능하다. 그러므로 한 주에 최대 52시간까지만 근무할 수 있다.

정답

11 ③ 12 ③

※ [01~08] 〈보기〉에서 알맞은 어휘를 찾아 (   ) 안에 쓰십시오.

┌─ 보기 ───┐
│   │
│   정보   뱅킹   댓글   문자   강의   │
│   보내다   남기다   설치하다   검색하다   감상하다 │
│   │
└──┘

01 예전에는 송금을 하려면 은행에 직접 가야 했는데 요즘에는 집에서 인터넷 (   )
(으)로 할 수 있어서 편리하다.

02 인터넷으로 쇼핑을 하면 제품이 사진과 다른 경우가 있어서 먼저 그 제품을 구입한 사람
들의 (   )을/를 확인하고 상품을 구매해요.

03 친구가 전화를 안 받아서 (   )을/를 남겼어요.

04 부모님께서 아이를 보고 싶어 하셔서 아이의 사진을 찍어서 부모님께 (   ) 드
렸다.

05 가: 요즘 쓰레기 문제가 심각하다고 해요.

나: 저도 뉴스에서 봤어요. 그래서 저도 요즘 음식물 쓰레기를 줄이기 위해 먹을 만큼만
요리해서 음식을 (   ) 않으려고 노력하고 있어요.

┌─ 정답 ───┐
│   │
│   01 뱅킹   02 댓글   03 문자   │
│   04 보내   05 남기지   │
│   │
└───┘

06 가: 인터넷으로 송금을 하고 싶은데 어떻게 해야 돼요?

나: 먼저 휴대 전화에 은행 앱(App)을 ( ) 돼요.

07 가: 취미가 뭐예요?

나: 저는 영화를 ( ) 것을 좋아해요. 시간이 있으면 인터넷으로 영화를 봐요.

08 가: 휴대 전화로 무엇을 많이 하세요?

나: 저는 인터넷 쇼핑도 하고 고향에 있는 친구와 영상 통화도 하고 영어를 배우기 위해 인터넷 ( )도 듣고 있어요.

※ [09-10] 〈보기〉에서 알맞은 문법을 찾아 문장을 완성하십시오.

┌─ • 보 기 •──┐
│   -잖아요   -아/어야 │
└──┘

09 가: 샌드위치를 자주 드시네요.

나: 바쁠 때 간편하게 _____. (먹을 수 있다)

10 가: 한국에서 취직하고 싶은데 어떻게 해야 돼요?

나: 아무래도 한국어가 _____ 취직하기 쉬울 거예요. (유창하다)

※ [11-12] 다음 물음에 답하십시오.

11 다음 중 밑줄 친 부분이 틀린 것은?

① 소고기는 살짝 <u>구워야</u> 부드럽고 맛있다.

② 여권과 비자가 <u>있어야</u> 해외여행을 할 수 있다.

③ 초등학생은 보호자가 <u>있어야</u> 출입이 가능하다.

④ 아이디와 비밀번호를 <u>입력해야</u> 시험 점수를 확인하십시오.

> **해설** 앞의 내용이 뒤 내용의 필수 조건이 될 때 '동사 · 형용사 + -아/어야'를 사용한다. '-아/어야'의 뒤에는 '-(으)ㄹ 수 있다', '가능하다'가 자주 온다. '-아/어야'의 뒤에는 명령문이나 청유문이 올 수 없기 때문에 ④의 '아이디와 비밀번호를 입력해야 시험 점수를 확인하십시오'는 틀린 표현이고, '아이디와 비밀번호를 입력하고 시험 점수를 확인하십시오'가 옳은 표현이다.

12 휴대 전화 개통 방법에 대한 설명으로 옳지 <u>않은</u> 것은?

① 유심(USIM) 카드가 있으면 챙겨 가는 것이 좋다.

② 휴대 전화를 개통하려면 신분증이 꼭 있어야 한다.

③ 한국의 대표적인 통신사로는 SKT, KT, LG U⁺가 있다.

④ 외국인 등록을 하지 않아도 휴대 전화를 개통할 수 있다.

> **해설** 외국인의 경우 외국인 등록을 하지 않으면 본인의 이름으로 휴대 전화를 개통할 수 없다.

정답

11 ④ 12 ④

※ [01-08] 〈보기〉에서 알맞은 어휘를 찾아 (   ) 안에 쓰십시오.

┌─ 보 기 ───┐
│   │
│ 갈등   조언   진로   불면증   제자리걸음   │
│ 쓰이다   병행하다   털어놓다   불투명하다   되풀이하다   │
│   │
└──┘

01 문제가 생겼을 때 가까운 친구에게 고민을 (   ) 것만으로도 마음이 편해질 수 있다.

02 아무리 한국어를 공부해도 한국어 실력이 늘지 않고 (   )(이)라서 고민이다.

03 이링 씨는 문화 차이 때문에 시어머니와 고부 (   )이/가 있다.

04 직장 생활과 육아를 (   ) 여성들을 위한 제도가 절실하다.

05 가: 왜 이렇게 피곤해 보여?

나: (   ) 때문에 밤에 잠을 잘 수가 없어. 어제도 한숨도 못 잤어.

┌───┐
│ 정답   │
│ 01 털어놓는   02 제자리걸음   03 갈등   │
│ 04 병행하는   05 불면증   │
└───┘

06 가: 무슨 생각을 하고 있어요?

나: 아까 민수 씨 표정이 안 좋았는데 내가 실수한 게 있나 해서 신경이 (   ).

07 가: 요즘 무슨 고민 있어? 밥도 잘 안 먹고 우울해 보이네.

나: 내년이면 4학년인데 아직도 졸업 후에 무엇을 해야 할지 진로가 (   ) 고민
이야.

08 가: 새로 입사한 회사에 잘 적응하고 있어?

나: 아니, 들어가는 회사마다 마음에 안 드는 게 있어서 퇴직과 이직을 (   )
있어. 그래서 걱정이야.

※ [09-10] 〈보기〉에서 알맞은 문법을 찾아 문장을 완성하십시오.

┌─ 보 기 ──┐
│   │
│   -(으)려던 참이다   -자마자   │
│   │
└──┘

09 가: 학교 끝나고 바로 집으로 와. 맛있는 간식 만들어 놓을게.

나: 네, 알겠어요. 학교가 _____ 집으로 올게요. (끝나다)

10 가: 메이 씨, 제가 커피 사 왔어요. 같이 마셔요.

나: 고마워요. 그렇지 않아도 지금 커피를 _____. (마시다)

11 다음 중 밑줄 친 부분이 **틀린** 것은?

① 감기에 걸려서 약을 <u>먹으려던</u> 참이에요.

② 비가 그쳐서 날씨가 <u>좋으려던</u> 참이에요.

③ 배가 고파서 라면을 <u>끓이려던</u> 참이에요.

④ 아들 생일이라서 선물을 <u>사려던</u> 참이에요.

> **해설** 말하는 사람이 가까운 미래에 어떤 일을 하려는 생각을 하고 있었음을 나타낼 때 '동사 + −(으)려던 참이다'
> 를 사용한다. '−(으)려던 참이다'는 동사와만 결합하기 때문에 ②의 '비가 그쳐서 날씨가 좋으려던 참이에
> 요'는 틀린 표현이고, '비가 그쳐서 날씨가 좋아졌어요' 등으로 쓰는 것이 옳다.

12 이민자 대상 상담 센터에 대한 설명으로 옳지 **않은** 것은?

① '서울글로벌센터'에서는 생활과 취업에 관한 문제를 상담해 준다.

② '다문화가족지원센터'에서는 결혼 이민자를 대상으로 가족 상담을 받을 수 있다.

③ '외국인노동자지원센터'에서는 외국인 노동자 문제에 대한 상담을 한국어로 진행한다.

④ '이민자 상담 센터'에서는 한국 생활의 어려움에 대해 상담을 받을 수 있고 구체적인
해결 방안을 얻을 수 있다.

> **해설** 이민자 대상 상담 센터는 지역별로 여러 기관이 있지만 대표적으로 '외국인노동자지원센터'가 있다. '외국
> 인노동자지원센터'에서는 한국에 거주하는 외국인 노동자들의 문제를 그들의 모국어로 상담해 준다.

※ [01-08] 〈보기〉에서 알맞은 어휘를 찾아 (   ) 안에 쓰십시오.

• 보 기 •

| 최저 | 최고 | 영하 | 폭염 | 미세 먼지 |
| 그치다 | 느끼다 | 나른하다 | 대피하다 | 떨어지다 |

01 봄철에는 (   )이/가 심하니까 외출할 때 마스크를 써야 한다.

02 강력한 태풍으로 인해 많은 비가 내릴 것으로 예상됩니다. 하천 주변에 계신 분들은
(   ) 바랍니다.

03 오전에는 꽤 많은 비가 내리다가 오후에는 비가 (   ) 맑은 하늘을 볼 수 있겠습
니다.

04 기온이 35℃까지 올라서 (   ) 주의보가 발령되었대요. 오늘은 가능하면 밖에
나가지 말고 물을 많이 드세요.

05 가: 눈이 많이 오네요.

나: 밤에는 기온이 (   )(으)로 떨어진대요. 내일 아침에 길이 미끄러울 것 같으
니까 차를 두고 가는 게 좋겠어요.

정답

| 01 미세 먼지 | 02 대피하시기 | 03 그치고 |
| 04 폭염 | 05 영하 | |

06 가: 봄만 되면 몸이 (　　　　　) 피로를 많이 느껴요.

나: 아마 춘곤증 때문일 거예요.

07 가: 내일도 오늘처럼 추울까요?

나: 내일 낮 (　　　　　) 기온이 –5°C라고 해요. 내일도 추울 테니까 따뜻하게 입고
나가세요.

08 가: 뭘 사셨어요?

나: 홍삼이요. 우리 아이가 장시간 공부하다 보니 집중력이 (　　　　) 기운도 없는
것 같아서 아이에게 주려고 샀어요.

※ [09–10] 〈보기〉에서 알맞은 문법을 찾아 문장을 완성하십시오.

┌─ ● 보 기 ●───┐
│　　　　　　–(으)ㄹ 텐데　　　　　　　　–아/어 있다　　　　　　　　　　│
└───┘

09 가: 아이의 돌을 축하합니다.

나: ＿＿＿＿＿＿＿＿ 시간을 내 주셔서 정말 감사드려요. (바쁘시다)

10 가: 누가 고천 씨예요?

나: 저기 민수 씨 옆에 초록 치마를 입고 ＿＿＿＿＿＿＿ 사람이에요. (앉다)

정답

06 나른하고	07 최고	08 떨어지고
09 바쁘실 텐데	10 앉아 있는	

11 다음 중 밑줄 친 부분이 <u>틀린</u> 것은?

① 창문이 <u>열어</u> 있어요.

② 공원에 꽃이 <u>피어</u> 있어요.

③ 저기 <u>서</u> 있는 사람이에요.

④ 전원이 <u>꺼져</u> 있어서 몰랐어요.

> **해설** 어떤 일이 끝난 후에 그 상태가 지속됨을 나타낼 때 '동사 + -아/어 있다'를 사용한다. '-아/어 있다'는 문장을 구성할 때 목적어가 필요 없는 동사와 결합한다. 따라서 문장의 구조는 '명사 + 이/가 + 동사 + -아/어 있다'의 형태를 이루게 된다. 그러므로 ①의 '창문이 열어 있어요'는 틀린 표현이고 목적어를 필요로 하지 않는 동사인 '창문이 열려 있어요'가 옳다.

12 한국의 절기에 대한 설명으로 옳은 것은?

① 춘분은 봄의 시작을 알리는 절기이다.

② 하지는 낮과 밤의 길이가 같은 날이다.

③ 동지는 1년 중에 밤의 길이가 가장 긴 날이다.

④ 입춘은 1년 중 낮의 길이가 가장 긴 날을 말한다.

> **해설** 동지는 1년 중 밤의 길이가 가장 긴 날이고, 팥죽을 만들어 먹으며 나쁜 일이 생기지 않기를 빌었다.
> ① 춘분은 낮과 밤의 길이가 같은 날이다.
> ② 하지는 1년 중에 낮의 길이가 가장 긴 날이다.
> ④ 입춘은 봄의 시작을 알리는 절기이며, 입춘이 되면 대문에 '입춘대길(立春大吉)'이라고 써서 붙이고 행복을 빌었다.

정답

11 ① 12 ③

※ [01-08] 〈보기〉에서 알맞은 어휘를 찾아 (   ) 안에 쓰십시오.

┌─ •보기• ───┐
│   │
│ 계기   번역가   낯설다   감싸다   설레다   │
│ 그립다   적응하다   서투르다   다가서다   당연하다   │
│   │
└──┘

01 나는 언어에 대한 관심을 (   )(으)로 한국에 이주하게 되었다.

02 자녀가 부모를 따라 하는 것은 (   ) 것이다.

03 다른 나라의 문화를 배우겠다는 마음으로 (   ) 누구와도 친구가 될 수 있다.

04 길에서 만난 (   ) 사람이 나에게 인사를 해서 당황했다.

05 가: 내일 고향에 돌아가지요? 기분이 어때요?

   나: 너무 (   ) 어젯밤에 잠도 제대로 못 잤어요. 빨리 부모님을 만나고 싶어요.

┌─ 정답 ───┐
│   │
│ 01 계기   02 당연한   03 다가서면   │
│ 04 낯선   05 설레서   │
│   │
└──┘

06 가: 처음 한국에 와서 언제 제일 힘들었어요?

나: 가족들이 너무 (   ) 향수병에 걸린 적이 있어요. 그때가 제일 힘들었어요.

07 가: 요즘 한국 생활이 어때요?

나: 아직도 한국어가 (   ) 힘들 때가 있어요.

08 가: 한국 문화 중에 아직도 힘든 것이 있어요?

나: 처음에는 바닥에 앉는 것이 힘들었는데 이제는 (   ).

※ [09–10] 〈보기〉에서 알맞은 문법을 찾아 문장을 완성하십시오.

┌─ • 보 기 • ────────────────────────────────┐
│   │
│   –느라고   –(으)ㄹ수록   │
│   │
└──┘

09 가: 라면을 좋아해요? 라면을 자주 먹는 것 같아요.

나: 적은 월급으로 ＿＿＿＿＿＿＿ 비싼 고향 음식을 먹을 수가 없어요. (살다)

10 가: 한국어 공부가 어때요?

나: 단계가 ＿＿＿＿＿＿ 공부가 어렵지만 한국 문화에 대해 더 알 수 있어서 좋아요.
(높아지다)

┌───┐
│ 정답   │
├───┤
│ 06 그리워서   07 서툴러서   08 적응했어요   │
│ 09 사느라고   10 높아질수록   │
└───┘

11 다음 중 밑줄 친 부분이 틀린 것은?

① 한국에서 고생이 <u>많느라고</u> 힘들었다.

② 샤워를 <u>하느라고</u> 전화를 받지 못했다.

③ 어제 <u>이사하느라고</u> 수업에 올 수 없었다.

④ 직장을 <u>구하느라고</u> 가족에게 연락할 시간이 없다.

> **해설** 앞 내용이 뒤 내용의 이유나 원인이 됨을 나타낼 때 '동사 + −느라고'를 사용한다. '−느라고'는 동사와만
> 결합하므로, ①의 '많느라고'는 틀린 표현이다.

12 이민자 정착 프로그램에 대한 설명으로 옳은 것은?

① '조기적응프로그램'은 모든 이민자에게 똑같은 교육을 한다.

② '사회통합프로그램'은 이민자의 조건에 따라 참여할 수 있다.

③ '다문화 가족 방문교육 서비스'는 학생이 교육 센터를 방문한다.

④ 이민자 정착 프로그램에 관한 안내는 '사회통합정보망' 홈페이지에서 확인할 수 있다.

> **해설** ① '조기적응프로그램'은 이민자 체류 유형에 따라 필요한 교육을 한다.
> ② 이민자라면 누구든지 '사회통합프로그램'에 참여할 수 있다.
> ③ '다문화 가족 방문교육 서비스'는 교사가 다문화 가정을 방문한다.

정답

11 ① 12 ④

※ [01-08] 〈보기〉에서 알맞은 어휘를 찾아 (   ) 안에 쓰십시오.

┌─ 보기 ──┐
│ 고령화   1인 가구   입양하다   중시하다   분담하다 │
│ 차지하다   분가하다   등장하다   개선하다   시급하다 │
└──┘

01 민수 씨를 다섯 살 때 (   ) 부모님은 사랑과 정성으로 민수 씨를 키웠다.

02 예전에 비해 요즘은 혼자 사는 (   )(이)나 한부모 가정이 증가하고 있다.

03 우리 회사 직원들은 서로 협조하면서 일을 (   ) 진행한다.

04 최근 조사에 따르면 한부모 가정이 전체 가구의 약 10%를 (   ) 한다.

05 가: 건강을 유지하려면 어떻게 해야 할까요?

나: 꾸준히 운동을 하고 잘못된 식습관을 (   ) 합니다.

┌─ 정답 ──┐
│ 01 입양한   02 1인 가구   03 분담해서 │
│ 04 차지한다고   05 개선해야 │
└──┘

06 가: 환경 오염 문제를 해결하기 위해 가장 (   ) 해결해야 할 것은 무엇입니까?

나: 무엇보다도 쓰레기 분리수거를 더욱 철저히 해야 합니다.

07 가: 요즘 담배를 끊는 사람들이 늘고 있다고 해요.

나: 맞아요. 건강을 (   ) 사람들이 늘어나면서 가장 먼저 담배를 끊는 사람들이 많대요.

08 가: 요즘 외국에서도 한국 가수들의 인기가 높대요.

나: 한국에 멋있는 가수가 많이 (   ) 한국 가수를 좋아하는 외국인이 많아요.

※ [09-10] 〈보기〉에서 알맞은 문법을 찾아 문장을 완성하십시오.

┌─ • 보 기 • ───┐
│   │
│   -(으)ㄹ 뿐만 아니라   -(으)ㄹ 수밖에 없다 │
│   │
└──┘

09 가: 지금 살고 있는 집은 어때요?

나: 지금 사는 집은 지하철역이 _____ 버스 정류장도 집 앞에 있어서 좋아요. (가깝다)

10 가: 왜 지난주 수업에 안 왔어요?

나: 갑자기 회사에 일이 생겨서 수업에 _____. (빠지다)

정답

06 시급하게	07 중시하는	08 등장해서
09 가까울 뿐만 아니라	10 빠질 수밖에 없었어요	

※ [11-12] 다음 물음에 답하십시오.

11 다음 중 밑줄 친 부분이 틀린 것은?

① 혼자 살기 때문에 소포장 식품을 <u>살 수밖에 없다</u>.

② 회사가 부산에 있어서 주말부부로 <u>지낼 수밖에 없다</u>.

③ 이 식당은 음식이 <u>맛있을 뿐만 아니라</u> 가격이 비싸다.

④ 여름에는 비가 많이 <u>올 뿐만 아니라</u> 태풍이 오기도 한다.

> **해설** 다른 방법이나 다른 가능성이 없음을 나타낼 때 '동사·형용사 + -(으)ㄹ 수밖에 없다'를 사용한다. 그리고 '-(으)ㄹ 뿐만 아니라'는 동사·형용사와 결합하여 어떤 사실에 더하여 다른 상황도 있음을 나타낼 때 사용하는데, 장점과 장점을 연결하거나 단점과 단점을 연결하는 역할을 한다. 그러므로 ③의 '이 식당은 음식이 맛있을 뿐만 아니라 가격이 비싸다'는 장점과 단점이 연결된 것이므로 틀린 표현이다. '이 식당은 음식이 맛있지만 가격이 비싸다' 또는 '이 식당은 음식이 맛있을 뿐만 아니라 가격도 싸다'로 해야 옳은 문장이 된다.

12 출산 장려 정책으로 옳지 <u>않은</u> 것은?

① 출산 장려 정책으로 제공되는 혜택은 전국적으로 동일하다.

② 출산 휴가, 출산 축하금 지급 등은 대표적인 출산 장려 정책이다.

③ '정부24' 홈페이지에서 출산 장려 정책과 관련된 서비스를 안내 받을 수 있다.

④ 출산 장려 정책으로 제공되는 혜택이 다양하기 때문에 자신에게 맞는 것을 선택할 수 있다.

> **해설** 출산 장려 정책은 지방 자치 단체마다 차이가 있으므로 살고 있는 지역의 혜택을 잘 확인해야 한다.

※ [01-08] 〈보기〉에서 알맞은 어휘를 찾아 (   ) 안에 쓰십시오.

┌─ 보기 ──┐

인공 지능   무인 편의점   끊임없다   발전하다   체험하다

조종하다   치료하다   수집하다   주목받다   기대하다

└──┘

01   오늘의 날씨나 일정을 물어보면 (   ) 스피커가 알아서 대답을 해 준다.

02   이링 씨는 이번에 회사에서 과장으로 승진할 거라고 (   ) 있다.

03   우리 아버지는 동생의 병을 (   ) 위해서 무슨 일이든지 다 하셨다.

04   오늘날 과학 기술은 어떤 분야보다도 더 빨리 (   ) 있다.

05   가: 어머니는 어떤 성격이세요?

　　　나: 우리 어머니는 깔끔한 성격이라서 (   ) 집안을 정리하고 청소하세요.

┌─ 정답 ──┐

01 인공 지능   02 기대하고   03 치료하기

04 발전하고   05 끊임없이

└──┘

06 가: 요즘 민수 씨 얼굴을 볼 수 없네요. 많이 바쁜가 봐요.

나: 네, 요즘 민수 씨는 대학원 논문을 쓰기 위해 자료를 (   ) 무척 바쁘대요.

07 가: 왜 이 드라마가 화제가 되고 있나요?

나: 드라마의 주연 배우보다 조연 배우들이 연기를 잘해서 (   ) 있어요.

08 가: (   )에 가 본 적이 있어요?

나: 아니요, 아직 안 가 봤는데 직원이 없어도 계산할 수 있어서 좋다고 해요.

※ [09-10] 〈보기〉에서 알맞은 문법을 찾아 문장을 완성하십시오.

┌─ • 보기 •
│   -(으)ㄴ/는 줄 알다   -곤 하다
└

09 가: 라민 씨는 매운 음식을 잘 먹어요?

나: 라민 씨가 매운 음식을 못 _____. 그런데 잘 먹어서 깜짝 놀랐어요. (먹다)

10 가: 스트레스를 받을 때 어떻게 해요?

나: 저는 스트레스를 받을 때 밖에 나가서 _____. 그럼 스트레스가 풀려요.
(산책하다)

정답

06 수집하느라고   07 주목받고   08 무인 편의점
09 먹는 줄 알았어요   10 산책하곤 해요

11 다음 중 밑줄 친 부분이 틀린 것은?

① 일하다가 피곤하면 커피를 <u>마시곤 한다</u>.

② 로봇 청소기가 없을 때는 힘들게 <u>청소하곤 했다</u>.

③ 이 드라마는 처음에 <u>재미있곤 했는데</u> 요즘은 재미가 없다.

④ 예전에는 부모님께 <u>전화하곤 했는데</u> 지금은 메시지를 보낸다.

> **해설** 같은 상황이나 행위가 반복이 될 때 '동사 + -곤 하다'를 사용한다. 현재의 반복되는 상황을 나타낼 때는 '동사 + -곤 한다'를 사용하고, 과거의 반복된 상황을 나타낼 때는 '동사 + -곤 했다'를 사용한다. '-곤 하다'는 동사와만 결합하므로 ③의 '재미있곤 했는데'는 틀린 표현이다.

12 온돌에 대한 설명으로 옳은 것은?

① 온돌은 난방과 요리를 같이 할 수 없다.

② 온돌의 구들은 오랫동안 따뜻함이 유지된다.

③ 온돌은 방을 따뜻하게 하는 현대적인 난방 방법이다.

④ 온돌은 불을 때는 굴뚝과 연기가 빠지는 아궁이로 되어 있다.

> **해설** 온돌은 한국의 전통적인 난방 방법으로 아궁이에 불을 때면 온기가 방을 따뜻하게 해 주고, 연기가 굴뚝으로 빠져나간다. 온돌이 구들을 오랫동안 따뜻하게 유지하기 때문에 추운 겨울을 따뜻하게 보낼 수 있다. 그리고 불을 때는 아궁이에 솥을 걸어 놓고 요리도 함께 할 수 있어서 난방과 요리를 함께 할 수 있다.

정답

11 ③ 12 ②

※ [01-08] 〈보기〉에서 알맞은 어휘를 찾아 (   ) 안에 쓰십시오.

┌─ 보 기 ───┐
│ 조문객   축의금   정겹다   치르다   별세하다 │
│ 감격하다   과로하다   분주하다   승진하다   촬영하다 │
└──┘

01 한국이 월드컵에서 4강에 진출했을 때 온 국민이 (   ).

02 장례식에 가는 (   )이/가 너무 화려한 옷을 입는 것은 예의에 어긋나는 행동이다.

03 감기에 걸렸을 때는 절대로 (   ) 말고 집에서 푹 쉬어야 한다.

04 친구 결혼식에 갈 때 (   )(으)로 얼마를 내야 할지 항상 고민한다.

05 가: 이 사진 속의 두 분은 부모님이세요?

　　　나: 네, 두 분이 사이가 좋으셔서 항상 (   ) 손을 잡고 사진을 찍으세요.

정답

01 감격했다	02 조문객	03 과로하지
04 축의금	05 정겹게	

06 가: 요즘 결혼 준비로 바쁘지요?

나: 네, 너무 (   ) 정신이 없어요. 어제는 밥 먹을 시간도 없었어요.

07 가: 민수 씨는 미국에 출장을 갔다가 왜 급하게 돌아온 거예요?

나: 민수 씨 할아버지께서 갑자기 (   ) 돌아올 수밖에 없었대요.

08 가: 지난주에는 큰 생일잔치를 세 번이나 (   ) 너무 힘들었어요.

나: 그래요? 힘들었겠네요. 이번 주에는 무리하지 마세요.

※ [09~10] 〈보기〉에서 알맞은 문법을 찾아 문장을 완성하십시오.

┌─ • 보 기 • ───┐
│   │
│   -더니   -(으)ㄴ 나머지   │
│   │
└──┘

09 가: 요즘 날씨가 시원하지요?

나: 지난주에는 날씨가 _____ 이번 주에는 시원해졌어요. 이제 가을인가 봐요.
   (덥다)

10 가: 시험 합격 축하해요.

나: 고마워요. 시험에 합격해서 너무 _____ 눈물이 났어요. (기쁘다)

정답

06 분주하고	07 별세하셔서	08 치러서
09 덥더니	10 기쁜 나머지	

11 다음 중 밑줄 친 부분이 틀린 것은?

① 영화 촬영으로 <u>바쁜 나머지</u> 결국 병이 나고 말았다.

② 요즘 저녁을 너무 많이 <u>먹는 나머지</u> 살이 많이 쪘다.

③ 어제 잠을 못 <u>잔 나머지</u> 오늘 수업 시간에 계속 졸았다.

④ 한국 생활이 너무 <u>힘든 나머지</u> 고향에 돌아갈까 생각했다.

> **해설** '–(으)ㄴ 나머지'는 동사·형용사와 결합하여 앞의 행동이나 상태의 결과로 뒤의 내용이 일어났다는 뜻을 표현할 때 사용한다. 항상 '–(으)ㄴ 나머지'의 형태를 사용하기 때문에 ②의 '먹는 나머지'는 틀린 표현이다. 이때는 '요즘 저녁을 너무 많이 먹은 나머지 살이 많이 쪘다'라고 해야 옳다.

12 성년의 날에 대한 설명으로 옳지 <u>않은</u> 것은?

① 한국에서는 매년 5월 셋째 주 월요일이 성년의 날이다.

② 예전에는 '관례', '계례'라는 의식을 통해 성인으로 인정받았다.

③ 한국에서는 만 20세가 되면 성인으로서 권리, 의무, 책임을 가지게 된다.

④ 친구들끼리 선물을 주고받거나 가족, 주변의 어른에게 선물을 받으며 성년이 된 것을 축하한다.

> **해설** 한국에서는 만 19세가 되면 성인으로서 권리, 의무, 책임을 가지게 된다. 이때부터 음주와 흡연이 가능하고 부모의 동의 없이 결혼할 수 있다. 자신의 이름으로 된 휴대 전화와 신용카드도 가질 수 있고, 사업자 등록도 할 수 있다.

정답

11 ② 12 ③

※ [01-08] 〈보기〉에서 알맞은 어휘를 찾아 (   ) 안에 쓰십시오.

┌─**보 기**─────────────────────────────────┐
│   │
│ 문화재   유적지   우수성   절대적   묻히다   │
│ 본뜨다   웅장하다   진지하다   섭취하다   인정받다 │
│   │
└───┘

01   어머니는 어떤 상황에서도 나를 (   )(으)로 믿어주는 분이시다.

02   밤새 내린 눈 때문에 모든 산과 집이 눈에 (   ).

03   사람들은 음식물을 (   ) 생활에 필요한 에너지를 얻는다.

04   다른 사람의 작품을 몰래 (   ) 그린 그림은 예술적인 가치가 없다.

05   가: 한글은 외국인이 배우기 쉬운 문자인 것 같아요.

　　　나: 맞아요. 한글은 전 세계에서 과학적인 문자로 (   ).

정답

01 절대적	02 묻혔다	03 섭취해서
04 본떠서	05 인정받았어요	

06 가: 사장님께 휴가를 늘려 달라고 이야기해 봤어요?

나: 네, 사장님께서 직원들의 의견을 (　　　　　　) 생각해 보고 결정해서 알려 주신다고 했어요.

07 가: 이번 휴가에 어디로 여행을 갈 거예요?

나: 역사 (　　　　　　)을/를 탐방해 보고 싶어서 경주로 가려고 해요.

08 가: 이곳은 (　　　　　　)(으)로 지정된 곳이라서 여기에서 담배를 피우면 안 됩니다.

나: 죄송합니다.

※ [09-10] 〈보기〉에서 알맞은 문법을 찾아 문장을 완성하십시오.

┌─● 보 기 ●─────────────────────────────────────┐
│   │
│   얼마나 -(으)ㄴ/는지 모르다   -든지   │
│   │
└──┘

09 가: 요즘 경복궁에 외국인 관광객이 많아요?

나: 네, 외국인 관광객이 ＿＿＿＿＿＿＿. (많다)

10 가: 한국 역사에 대해 공부해 보고 싶어요.

나: 인터넷으로 ＿＿＿＿＿＿ 책으로 ＿＿＿＿＿＿ 해 보세요. (공부하다)

정답

06 진지하게	07 유적지	08 문화재
09 얼마나 많은지 몰라요	10 공부하든지, 공부하든지	

11 다음 중 밑줄 친 부분이 틀린 것은?

① <u>먹든지 말든지</u> 마음대로 하세요.

② 저는 <u>주말이든지 평일이든지</u> 다 좋아요.

③ 남산 타워 야경이 <u>얼마나 아름다운지 몰라요</u>.

④ 어제 새로 산 신발이 <u>얼마나 편하는지 몰라요</u>.

해설 어떤 것을 선택해도 관계없다는 것을 나타낼 때 '동사·형용사 + -든지'를 사용하며 보통 '동사·형용사 + -든지 동사·형용사 + -든지'의 형태로 표현한다. '얼마나 + -(으)ㄴ/는지 모르다'는 어떤 사실이나 생각, 느낌이 매우 그렇다고 강조해서 말할 때 사용하며 동사와는 '얼마나 + 동사 + -는지 모르다', 형용사와는 '얼마나 + 형용사 + -(으)ㄴ지 모르다'의 형태로 결합한다. ④의 '편하다'는 형용사이므로 '얼마나 편한지 몰라요'로 사용해야 옳은 표현이다.

12 아리랑에 대한 설명으로 옳은 것은?

① 아리랑은 원래 즐거운 일이 있을 때 부르던 노래다.

② 아리랑의 노랫말은 한국인의 정서와 한을 표현하고 있다.

③ 아리랑은 옛날부터 불리어 왔지만 지금은 거의 부르지 않는다.

④ 아리랑은 지역에 관계없이 모두 같아서 한국인의 동질성을 표현한다.

해설 아리랑은 지역과 시기에 따라서 다양하게 불리고 있으며 현대에 와서는 한국인뿐만 아니라 전 세계인에게 친근하게 다가가고 있다. 아리랑은 일을 하면서 힘든 것을 이겨 내기 위해 부르는 노동요였으며, 노랫말에는 한국인의 사랑, 이별, 시집살이와 같은 한국인의 정서와 한이 담겨 있다.

정답

11 ④　12 ②

※ [01-08] 〈보기〉에서 알맞은 어휘를 찾아 (   ) 안에 쓰십시오.

┌─ • 보 기 • ───┐
│   │
│ 비중   인력   갈등   배려   추진하다   │
│ 체류하다   우려하다   정신없다   파견하다   가입하다   │
│   │
└──┘

01 안젤라 씨는 한국 회사에 취직해서 건강 보험에 (   ).

02 (   )와/과 기술이 풍부한 나라는 빠른 경제 발전을 이룰 수 있다.

03 민수 씨는 회사일 때문에 일본에서 3일간 (   ) 후에 미국으로 갈 예정이다.

04 지하철이나 버스와 같은 공공장소에서는 임산부에 대한 (   )이/가 필요하다.

05 가: 한국에 거주하고 있는 외국인이 얼마나 됩니까?

　　 나: 190만 명을 넘어서 외국인이 차지하는 (   )이/가 커졌습니다.

정답

01 가입했다	02 인력	03 체류한
04 배려	05 비중	

06 가: 요즘은 다양한 국적의 외국 학생이 많아진 것 같아요.

　　나: 정부에서 세계 여러 나라와 문화 교류를 (　　　　　　) 있어서 앞으로 외국 학생은 더 늘어날 거예요.

07 가: 이번에 누가 중국 지사로 가게 되었나요?

　　나: 라흐만 씨를 중국으로 (　　　　　　) 되었습니다.

08 가: 부모님께서는 항상 자식들의 건강을 (　　　　　　).

　　나: 맞아요. 저희 부모님도 항상 그 걱정뿐이세요.

※ [09-10] 〈보기〉에서 알맞은 문법을 찾아 문장을 완성하십시오.

```
┌─ 보기 ─────────────────────────────────────────────────┐
│                                                          │
│          -던                    -(으)ㄹ 정도로            │
│                                                          │
└──────────────────────────────────────────────────────────┘
```

09 가: 오늘 쉬는 날이에요? 왜 집에 있어요?

　　나: 5년 동안 ＿＿＿＿＿＿＿ 회사를 그만두었어요. (다니다)

10 가: 해외에서 일하는 친구는 잘 지내고 있어요?

　　나: 힘든 점도 있지만 새로운 일을 찾아서 ＿＿＿＿＿＿＿ 재미있대요. (하다)

11 다음 중 밑줄 친 부분이 <u>틀린</u> 것은?

① 요즘 아침에 못 <u>일어날 정도로</u> 피곤해요.

② 앞이 안 <u>보일 정도로</u> 비가 와서 걱정이에요.

③ 오랜만에 고향 음식을 배가 <u>터질 정도로</u> 먹었어요.

④ 민수 씨는 영화관에 <u>살을 정도로</u> 영화 보는 것을 좋아해요.

> 해설 뒤에 오는 행동이나 상태가 앞말과 비슷한 정도임을 나타낼 때 '동사·형용사 + -(으)ㄹ 정도로'를 사용한다. '살다'는 ㄹ 탈락 동사이므로 ④의 '살을 정도로'는 틀린 표현이다. '민수 씨는 영화관에서 살 정도로 영화 보는 것을 좋아해요'라고 해야 옳다.

12 국제기구에 대한 설명으로 옳지 <u>않은</u> 것은?

① 국제기구 중에서 가장 대표적인 것은 국제연합(UN)이다.

② 현대 사회에서 국제기구의 역할이 점점 더 중요해지고 있다.

③ 동남아국가연합(ASEAN), 세계무역기구(WTO)도 국제기구이다.

④ 국제기구는 강대국이 국제 사회의 문제를 해결하기 위해 만들어졌다.

> 해설 국제기구는 국제 사회에서 활동할 목적으로 둘 이상의 국가가 모여서 만든 단체를 말하며, 여러 나라가 협력하여 국제 사회의 문제를 해결하고 발전을 도모하기 위해서 만들어졌다.

정답

11 ④ 12 ④

※ [01-08] 〈보기〉에서 알맞은 어휘를 찾아 (   ) 안에 쓰십시오.

┌─ • 보 기 • ──┐
│ 급성   성인병   권하다   밀접하다   과도하다   │
│ 어지럽다   시달리다   금연하다   전염되다   더부룩하다   │
└──┘

01 배가 고파서 음식을 너무 많이 먹었더니 배가 (   ) 답답하다.

02 30대 이후에는 채소를 많이 먹고 운동을 하는 등 (   ) 예방에 신경 써야 한다.

03 현대인의 질병은 잘못된 생활 습관과 (   ) 관련이 있다.

04 민수 씨는 새해에 (   ) 결심했으나 끝내 실패하고 말았다.

05 가: 자전거를 살까 생각 중이에요.

나: 좋은 생각이에요. 회사에서도 자전거로 출퇴근하는 것을 (   ) 있으니까 이 번 기회에 사는 것도 좋겠어요.

정답

| 01 더부룩하고 | 02 성인병 | 03 밀접한 |
| 04 금연하려고 | 05 권하고 | |

06 가: 민수 씨는 왜 병원에 입원했어요?

나: 최근에 스트레스를 많이 받아서 (   ) 위염으로 입원했대요.

07 가: 주말에 잘 쉬었어요?

나: 쉬기는요. 조카들에게 (   ) 조금도 못 쉬었어요.

08 가: 남편이 독감에 걸린 것 같아요.

나: 히엔 씨에게 (   ) 수 있으니까 빨리 병원에 가 보라고 하세요.

※ [09-10] 〈보기〉에서 알맞은 문법을 찾아 문장을 완성하십시오.

```
• 보 기 •
          -되                    -았/었더니
```

09 가: 이제 한국어를 잘하시네요.

나: 드라마를 자주 _____ 한국어 실력이 조금 좋아진 것 같아요. (보다)

10 가: 며칠 전부터 목이 아프고 기침을 해요.

나: 물을 많이 _____ 찬물을 마시지 말고 따뜻한 물을 마셔야 합니다. (마시다)

정답

| 06 급성 | 07 시달려서 | 08 전염될 |
| 09 봤더니 | 10 마시되 | |

11 다음 중 밑줄 친 부분이 **틀린** 것은?

① 노래방에서 노래를 많이 <u>불렀더니</u> 목이 아프다.

② 엄마와 쇼핑을 많이 <u>했더니</u> 다리도 아프고 힘들다.

③ 친구에게 전화를 <u>했더니</u> 바쁘다고 전화를 끊어 버렸다.

④ 라민 씨는 아까 밥을 급하게 <u>먹었더니</u> 소화가 안 되나 보네요.

> 해설 ┃ 과거에 직접 관찰하거나 경험한 사실에 대한 결과를 나타낼 때 '동사 + -았/었더니'를 사용한다. 주어가 1인칭(나)일 때 '-았/었더니'를 사용하고 주어가 다른 사람일 때는 '-더니'를 사용한다. 그러므로 ④의 '먹었더니'는 틀린 표현이고 '라민 씨는 아까 밥을 급하게 먹더니 소화가 안 되나 보네요'라고 해야 옳다.

12 한국의 국민 건강 보험 제도에 대한 설명으로 옳은 것은?

① 보험료는 소득이나 재산에 관계없이 모두 동일하다.

② 국민 건강 보험은 재외 동포와 외국인도 가입할 수 있다.

③ 대체로 한국에 3개월 이상 거주하는 경우 가입할 수 있다.

④ 국민 건강 보험은 개인의 의사에 따라 선택해서 가입할 수 있다.

> 해설 ┃ ① 보험료는 소득이나 재산 등에 따라 달라지지만 보험 서비스는 동일하다.
> ③ 체류 자격에 따라 다르기는 하지만 한국에 6개월 이상 거주하는 경우 의무적으로 국민 건강 보험에 가입해야 한다.
> ④ 국민 건강 보험은 개인의 의사에 관계없이 국민 모두가 가입해야 한다.

※ [01-08] 〈보기〉에서 알맞은 어휘를 찾아 (   ) 안에 쓰십시오.

┌─ • 보 기 • ─────────────────────────────────┐
│   │
│ 입력하다   동의하다   악용되다   판단하다   노출되다 │
│ 지나치다   유용하다   단절되다   소홀하다   저하되다 │
│   │
└──┘

01 요즘은 스마트폰으로만 대화를 하기 때문에 가족과의 대화가 (   ) 수밖에 없다.

02 김 선생님은 시험이 끝난 후에 학생들의 시험 성적을 컴퓨터에 (   ).

03 부상으로 운동을 하지 못한 그 선수는 체력이 (   ) 걱정하고 있다.

04 이번 회의에서 내 의견에 (   ) 준 직원들에게 진심으로 고맙게 생각한다.

05 가: 2박 3일 여행인데 왜 이렇게 옷을 많이 가지고 가요?

　　나: 제주도는 비가 자주 온다고 해서요. 여벌 옷을 가져가면 (   ) 것 같아요.

정답

01 단절될	02 입력했다	03 저하돼서
04 동의해	05 유용할	

06 가: 인터넷을 사용할 때 비밀번호를 자주 바꾸는 게 좋지요?

나: 네, 안 그러면 개인정보가 유출되어 범죄에 (   ) 수 있어요.

07 가: 김 회장님께서 회장직에서 물러나신다면서요?

나: 그동안 건강이 안 좋으셔서 회사 일에 (   ). 그것 때문에 그만두신대요.

08 가: 요즘 인터넷에 가짜 뉴스가 너무 많은 것 같아요.

나: 맞아요. 그래서 어떤 정보가 옳은 정보인지 잘 (   ) 필요가 있어요.

※ [09~10] 〈보기〉에서 알맞은 문법을 찾아 문장을 완성하십시오.

┌─ • 보 기 • ───┐
│   │
│   -ㄴ/는다면서요   -(으)ㄹ 겸 -(으)ㄹ 겸   │
│   │
└──┘

09 가: 시간이 있을 때 뭐해요?

나: _____ 공원에서 산책해요. (운동을 하다, 스트레스를 풀다)

10 가: 민수 씨, _____? (이사하다)

나: 네, 갑자기 회사를 옮기게 돼서 회사 근처로 이사하게 됐어요.

정답

06 악용될	07 소홀하셨대요	08 판단할
09 운동도 할 겸 스트레스도 풀 겸		10 이사한다면서요

※ [11-12] 다음 물음에 답하십시오.

11 다음 중 밑줄 친 부분이 틀린 것은?

① 주말에 옷도 <u>살 겸</u> 친구도 <u>만날 겸</u> 명동에 가려고 한다.

② 친구도 <u>만날 겸</u> 고향 음식도 <u>먹을 겸</u> 식당에 가기로 했다.

③ 한국 가수도 <u>좋아할 겸</u> 한국 음식도 <u>좋아할 겸</u> 한국에 왔다.

④ 한국어도 <u>배울 겸</u> 한국 문화도 <u>배울 겸</u> 매일 한국 드라마를 본다.

해설 어떤 행동을 하는 목적이 두 가지 이상일 때 '동사 + -(으)ㄹ 겸 동사 + -(으)ㄹ 겸'을 사용한다. ③은 한국에 온 이유를 말하는 것이므로 '한국 가수도 좋아할 겸 한국 음식도 좋아할 겸 한국에 왔다'라고 쓰면 틀린 표현이다. 이때는 '한국 가수도 좋아하고 한국 음식도 좋아하고 해서 한국에 왔다'라고 사용해야 옳다.

12 스마트폰과 애플리케이션에 대한 설명으로 옳지 않은 것은?

① 스마트폰에 애플리케이션을 설치해서 많은 일을 할 수 있다.

② 스마트폰보다는 컴퓨터를 사용해서 메시지, 사진, 동영상을 보낸다.

③ 동영상 재생 애플리케이션을 사용해서 여러 가지 영상을 볼 수 있다.

④ 카카오톡, 위챗, 라인 등이 가장 많이 사용되는 채팅 애플리케이션이다.

해설 요즘에는 전화를 하거나 컴퓨터로 이메일을 보내기보다는 스마트폰의 카카오톡, 위챗, 라인, 밴드와 같은 채팅 애플리케이션을 이용하는 경우가 많다. 통신기술의 발달로 스마트폰 앱으로 간단하게 안부를 묻는 메시지를 보낼 수 있으며 사진이나 동영상을 전송하기도 한다.

정답

11 ③　12 ②

※ [01-08] 〈보기〉에서 알맞은 어휘를 찾아 ( ) 안에 쓰십시오.

● 보 기 ●

| 방화 | 데다 | 번지다 | 치이다 | 부딪히다 |
| 끈질기다 | 운행되다 | 지연되다 | 잇따르다 | 하마터면 |

01 나는 어렸을 때 뜨거운 국에 손을 ( ) 지금도 뜨거운 것을 잘 만지지 못한다.

02 새로 나온 휴대 전화의 고장이 ( ) 것을 보면 제품 자체에 문제가 있는 것 같다.

03 휴대 전화를 보며 걷다가 ( ) 넘어질 뻔했다.

04 쇼핑몰에서 ( )(으)로 화재가 발생하여 많은 사람이 대피했다.

05 가: 어젯밤 상가에서 불이 나서 많은 사람이 다쳤대요.

나: 바람 때문에 불이 금방 ( ) 피해가 더 컸다고 해요.

정답

| 01 데서 | 02 잇따르는 | 03 하마터면 |
| 04 방화 | 05 번져서 | |

06 가: 부모님은 공항에 도착하셨어요?

　　　나: 아니요, 안개로 비행기가 (　　　　　　　　) 아직 도착하지 못하셨어요.

07 가: 일하다가 다쳤다면서요?

　　　나: 네, 급하게 뛰어가다가 앞에 있는 사람을 못 보고 (　　　　　　) 많이 다치지는 않았어요.

08 가: 민수 씨가 교통사고로 병원에 입원했다면서요?

　　　나: 네, 차에 (　　　　　) 많이 다쳤대요.

※ [09~10] 〈보기〉에서 알맞은 문법을 찾아 문장을 완성하십시오.

┌─● 보 기 ●──────────────────────────────────┐
│　　　　　－(으)ㄹ 뻔하다　　　　　　　　　(으)로 인해　　　　　　　│
└──┘

09 가: 오늘 중요한 뉴스는 무엇입니까?

　　　나: 지하철 ＿＿＿＿＿＿＿＿ 서울역에서 지하철을 탈 수 없다고 합니다. (공사)

10 가: 학교에 오다가 길이 너무 미끄러워서 ＿＿＿＿＿＿＿＿. (넘어지다)

　　　나: 눈이 많이 와서 길이 미끄러우니까 조심하세요.

정답

06 지연돼서	07 부딪혔는데	08 치여서
09 공사로 인해	10 넘어질 뻔했어요	

11 다음 중 밑줄 친 부분이 틀린 것은?

① 주말에 새로 산 옷을 입어서 <u>예쁠 뻔했다</u>.

② 아침에 늦게 일어나서 회사에 <u>지각할 뻔했다</u>.

③ 매운 <u>음식으로 인해</u> 위염 환자가 많아지고 있다.

④ 여름에는 에어컨 <u>사용으로 인해</u> 에너지를 많이 소비한다.

> **해설** '명사 + (으)로 인해'는 뒤에 나오는 일의 원인을 비교적 격식적으로 나타낼 때 사용한다. 그리고 그 일이 일어나지 않았지만 거의 일어날 것 같은 상황까지 갔다는 의미로 '동사 + -(으)ㄹ 뻔하다'를 사용한다. '-(으)ㄹ 뻔하다'는 동사와만 결합하므로 ①의 '예쁠 뻔했다'는 틀린 표현이다.

12 사고와 예방에 대한 설명으로 옳은 것은?

① 최근에 휴대 전화로 인한 교통사고가 줄고 있다.

② 한국에서는 교통사고가 전체 사고의 50%를 차지한다.

③ 교통사고 예방을 위해 항상 안전거리를 유지해야 한다.

④ 대부분의 사고는 갑자기 발생하기 때문에 예방할 수 없다.

> **해설** ① 최근에 휴대 전화로 인한 교통사고가 늘고 있는데 운전 중에 휴대 전화를 사용하는 것은 매우 위험하다.
> ② 한국에서는 교통사고가 전체 사고의 70% 이상을 차지한다.
> ④ 많은 사고는 우리가 조금만 주의하면 예방할 수 있다.

정답

11 ① 12 ③

※ [01-08] 〈보기〉에서 알맞은 어휘를 찾아 (   ) 안에 쓰십시오.

┌─ **보기** ───────────────────────────────────┐

맞춤법	의사소통	동문서답	띄어쓰기	언어 예절
반영하다	인정하다	급변하다	적절하다	지양하다

└──┘

01 (   )은/는 다른 사람과 대화할 때 꼭 지켜야 하는 중요한 예절이다.

02 지구 온난화로 인해 전 세계의 기후가 (   ) 있다.

03 가족의 사랑을 주제로 한 그 영화는 온 가족이 보기에 (   ) 영화이다.

04 (   )은/는 질문과 전혀 상관없는 대답을 한다는 뜻이다.

05 가: 이번 회식도 한식당에서 하나요? 다른 곳에도 가 보고 싶은데요.

　　나: 이번에는 직원들의 의견을 (   ) 중국 음식을 먹으러 간대요.

정답

01 언어 예절	02 급변하고	03 적절한
04 동문서답	05 반영해서	

06 가: 요즘 젊은 사람들이 하는 말은 이해하기 어려워요.

나: 신조어가 많아서 그래요. 공식적인 자리에서는 신조어 사용을 (   ) 좋겠어요.

07 가: 저는 아직도 한국어 맞춤법을 많이 틀려서 걱정이에요.

나: 저는 (   )이/가 더 어려운 것 같아요. 특히 긴 문장을 쓸 때는 너무 헷갈려요.

08 가: 어떻게 하면 세대 차이를 줄일 수 있을까요?

나: 서로의 생각을 (   ) 존중해 주면 좋을 것 같아요.

※ [09–10] 〈보기〉에서 알맞은 문법을 찾아 문장을 완성하십시오.

┌─ 보기 ───┐
│　　　　　　-고 말다　　　　　　　　-(으)ㄴ/는 척하다　　　　　│
└───┘

09 가: 회사에서 실수한 적 있어요?

나: 높임말이 생각나지 않아서 부장님께 반말을 _____. 너무 죄송하고 부끄러웠
어요. (하다)

10 가: 받기 싫은 전화가 와서 안 바쁜데 _____. (바쁘다)

나: 저도 가끔 그렇게 해요.

정답

06 지양하면	07 띄어쓰기	08 인정하고
09 하고 말았어요	10 바쁜 척했어요	

11 다음 중 밑줄 친 부분이 틀린 것은?

① 모임에 나가기 싫어서 감기에 <u>걸린 척했다</u>.

② 친구의 이야기가 재미없지만 <u>재미있는 척했다</u>.

③ 다음 주에 시험이 있어서 열심히 <u>공부하고 말았다</u>.

④ 다이어트를 하려고 결심했지만 결국 <u>포기하고 말았다</u>.

> **해설** '-(으)ㄴ/는 척하다'는 '형용사 + -(으)ㄴ 척하다', 현재의 경우 '동사 + -는 척하다', 과거의 경우 '동사
> + -(으)ㄴ 척하다'의 형태로 쓰여 앞의 행동이나 상태를 거짓으로 그럴듯하게 꾸밀 때 사용한다. 그리고
> '동사 + -고 말다'는 의도하지 않은 어떤 일이 결국 일어났을 때 사용하는 표현이므로 ③의 '공부하고 말았
> 다'는 틀린 표현이다. '다음 주에 시험이 있어서 열심히 공부했다'로 쓰는 것이 옳다.

12 말과 관련된 한국 속담에 대한 설명으로 옳지 <u>않은</u> 것은?

① '발 없는 말이 천 리 간다'는 말을 할 때 조심해서 하라는 뜻이 있다.

② '낮말은 새가 듣고 밤말은 쥐가 듣는다'는 동물도 말을 이해한다는 뜻이다.

③ '말이 씨가 된다'는 속담에서 말을 중시하는 한국인의 사고방식을 알 수 있다.

④ '입은 삐뚤어져도 말은 바로 해라'는 어떤 상황에서도 말을 바르게 하라는 뜻이다.

> **해설** '낮말은 새가 듣고 밤말은 쥐가 듣는다'는 말을 할 때 언제나 조심해야 한다는 뜻을 가진 속담이다.
> ① · ② 비슷한 의미를 가진 속담으로는 '호랑이도 제 말하면 온다' 등이 있다.
> ③ 비슷한 속담으로는 '말 한마디에 천 냥 빚도 갚는다', '가는 말이 고와야 오는 말이 곱다' 등이 있다.

※ [01-08] 〈보기〉에서 알맞은 어휘를 찾아 (   ) 안에 쓰십시오.

┌─ **보기** ───┐

진학률   습득력   사교육   인성 교육   대안 학교

치열하다   구성되다   중시하다   유창하다   무분별하다

└───┘

01   내 친구는 (   ) 돈을 쓰는 습관이 있어서 돈을 모으기 힘들어 한다.

02   공교육에서는 특히 학생들의 (   )에 더욱 신경 써야 한다.

03   이번 선거로 (   ) 국회는 국민을 위한 정치를 하기 바란다.

04   요즘 학교 교육은 입시 위주여서 상급 학교 (   )이/가 가장 중요하다.

05   가: 이번 서울시장 선거에서 누가 당선될까요?

나: 후보들 간의 경쟁이 (   ) 누가 될지 아직 잘 모르겠어요.

정답		
01 무분별하게	02 인성 교육	03 구성된
04 진학률	05 치열해서	

06   가: 요즘 공교육의 문제점을 극복하기 위한 (   )이/가 많이 생기고 있대요.

나: 성민 씨 아들도 입학했다고 들었는데 잘 적응하면 좋겠네요.

07   가: 어릴 때 외국어를 배우는 게 좋을까요?

나: 어리면 (   )이/가 좋아서 외국어를 빨리 배울 수 있대요.

08   가: 한국어를 (   ) 아주 잘 하시네요.

나: 잘하기는요. 한국 사람처럼 말하려면 더 연습해야 해요.

※ [09-10] 〈보기〉에서 알맞은 문법을 찾아 문장을 완성하십시오.

```
● 보기 ●
          조차              -기 마련이다
```

09   가: 예전에는 김치를 먹는 것이 힘들었는데, 지금은 김치가 없으면 밥을 못 먹어요.

나: 한국에서 오래 살면 _____. (익숙해지다)

10   가: 몸은 좀 어때요?

나: 아직 너무 아파서 일어나는 _____ 힘들어요. (것)

정답

06 대안 학교	07 습득력	08 유창하게
09 익숙해지기 마련이에요	10 것조차	

※ [11–12] 다음 물음에 답하십시오.

11 다음 중 밑줄 친 부분이 **틀린** 것은?

① 때가 되면 스스로 <u>노력하기 마련이다</u>.

② 사람들은 누구나 나이가 들면 <u>늙기 마련이다</u>.

③ 내 동생은 찬 음식을 먹으면 배가 <u>아프기 마련이다</u>.

④ 결혼해서 살다 보면 부모님의 마음을 <u>이해하기 마련이다</u>.

> **해설** 그러한 일이 있는 것이 당연함을 나타낼 때 '동사·형용사 + -기 마련이다'를 사용한다. '-기 마련이다'는 모든 사람이 당연하게 생각하고 있는 것을 나타낼 때 사용하기 때문에 '-기 마련이다'의 주어로는 '누구나, 사람들은'과 같은 일반적인 사람들을 사용해야 한다. ③은 특정한 사람을 주어로 사용했기 때문에 '내 동생은 찬 음식을 먹으면 배가 아프기 마련이다'는 틀린 표현이다. 이때는 '누구나 찬 음식을 먹으면 배가 아프기 마련이다'라고 해야 옳다.

12 평생교육에 대한 설명으로 옳은 것은?

① 가정주부와 직장인만 원격으로 평생교육을 받을 수 있다.

② 평생교육에서 인기 있는 분야는 초등학교 과정과 대학교 과정이다.

③ 평생교육 과정은 학위 과정과 자격증이나 수료증을 받는 과정이 있다.

④ 평생교육을 담당하는 기관은 대학교이며 직접 방문하여 원하는 교육 내용을 신청해야 한다.

> **해설** ① 가정주부와 직장인뿐만 아니라 모든 사람이 평생교육을 받을 수 있다.
> ② 평생교육에서는 사회복지, 피부미용, 보육, 레크리에이션, 외국어, 상담 등의 실용 기술이나 실무 기술 분야의 인기가 높다.
> ④ 민간 평생교육 기관과 대학 기관에서 평생교육 강좌가 이루어지고 있다.

정답

11 ③   12 ③

※ [01-08] 〈보기〉에서 알맞은 어휘를 찾아 (   ) 안에 쓰십시오.

┌─ • 보기 • ───┐
│   │
│ 공약   개표   지지율   유권자   투표권   │
│ 훌륭하다   존경하다   소중하다   분주하다   지정되다   │
│   │
└──┘

01 우리 동네에 있는 오래된 건물이 문화재로 (   ) 주민들이 모두 기뻐했다.

02 한국 국민은 재산에 관계없이 동등한 (   )을/를 가지고 있다.

03 경제 위기를 극복하면서 대통령에 대한 (   )이/가 급격히 상승하였다.

04 언니는 요즘 결혼 준비로 정신없이 (   ) 날을 보내고 있다.

05 가: 선거에 나온 후보자들의 (   )을/를 비교해 봤어요?

　　　나: 네, 그런데 모두 실현 불가능할 것 같아요.

┌─ 정답 ──┐
│ 01 지정되어   02 투표권   03 지지율   │
│ 04 분주한   05 공약   │
└──┘

06 가: 세종대왕은 어떤 왕이에요?

나: 우리나라 사람이라면 누구나 (   ) 만한 왕이에요.

07 가: 잠시드 씨는 첫사랑이 기억나요?

나: 그럼요, 저는 아직도 첫사랑이 준 편지를 (   ) 간직하고 있어요.

08 가: (   ) 방송은 몇 시부터 시작해요?

나: 8시에 시작해요. 누가 당선될지 너무 궁금해요.

※ [09~10] 〈보기〉에서 알맞은 문법을 찾아 문장을 완성하십시오.

• 보 기 •

　　　　-(으)ㄴ가/는가/나 보다　　　　　　　　(이)야말로

---

09 가: 결혼할 때 가장 중요한 것은 뭘까요?

나: _____ 결혼할 때 가장 중요한 것 같아요. (사랑)

10 가: 민수 씨는 벌써 집에 갔어요?

나: 네, 집에 안 좋은 일이 _____. (있다)

정답

06 존경할	07 소중하게	08 개표
09 사랑이야말로	10 있나 봐요	

11 다음 중 밑줄 친 부분이 **틀린** 것은?

① 아기가 계속 웃는 걸 보니 기분이 <u>좋나 봐요</u>.

② 엄마가 전화를 안 받는 걸 보니 <u>주무시나 봐요</u>.

③ 교실이 조용한 것을 보니 모두 집에 <u>갔나 봐요</u>.

④ 민수 씨가 서점에 자주 가는 걸 보니 책을 <u>좋아하나 봐요</u>.

> **해설** 말하는 사람의 추측을 나타낼 때 '동사 + -나 보다', '형용사 + -(으)ㄴ가 보다', '명사 + 인가 보다'를 사용하며, 과거 표현은 '동사·형용사 + -았/었나 보다'를 사용한다. 그러므로 ①의 '좋나 봐요'는 틀린 표현이다. 이럴 때는 '아기가 계속 웃는 걸 보니 기분이 좋은가 봐요'라고 해야 옳은 표현이다.

12 한국의 선거에 대한 설명으로 옳지 **않은** 것은?

① 한국에서는 크게 3번의 선거가 실시된다.

② 대통령과 국회 의원의 임기는 모두 4년이다.

③ 선거는 민주주의를 유지하고 발전시키는 가장 중요한 요소이다.

④ 보통 선거, 평등 선거, 직접 선거, 비밀 선거라는 선거의 4대 원칙이 있다.

> **해설** 대통령의 임기는 5년이며, 국회 의원, 지방 자치 단체장, 지방 의회 의원의 임기는 4년이다.

정답

11 ① 12 ②

※ [01-08] 〈보기〉에서 알맞은 어휘를 찾아 (   ) 안에 쓰십시오.

┌─ • 보 기 • ───┐
│   │
│   이재민   친환경   늘리다   상하다   힘쓰다   │
│   실시하다   오염되다   헷갈리다   메모하다   아껴 쓰다 │
│   │
└──┘

01   한번 (   ) 자연은 다시 깨끗해지기 쉽지 않다.

02   이상한 냄새가 나는 것을 보니 이 우유는 (   ) 보다.

03   아나이스 씨는 아주 사소한 일도 (   ) 습관이 있다.

04   석유 에너지를 대신하여 (   ) 에너지로 수소가 관심을 받고 있다.

05   가: 이번 태풍으로 많은 (   )이/가 생겼대요.

　　　　나: 정부가 빨리 지원해야겠네요.

정답

01 오염된	02 상했나	03 메모하는
04 친환경	05 이재민	

06　가: 서울의 길은 너무 복잡한 것 같아요.

　　　나: 맞아요. 저도 길이 너무 (　　　　　　) 길을 잃어버릴 때가 종종 있어요.

07　가: 평소에 건강에 신경을 많이 쓰고 있어요?

　　　나: 네, 산책도 하고 식습관도 바꾸면서 건강을 지키려고 (　　　　　) 있어요.

08　가: 한국은 쓰레기를 줄이기 위해 어떤 노력을 하고 있나요?

　　　나: 쓰레기 종량제와 분리수거를 (　　　　　) 있습니다.

※ [09~10] 〈보기〉에서 알맞은 문법을 찾아 문장을 완성하십시오.

┌─● 보 기 ●──────────────────────────────────┐
│　　　　　　　－는 한　　　　　　　　－도록　　　　　　　　│
└──────────────────────────────────────┘

09　가: 남은 음식은 어떻게 할까요?

　　　나: 내일 다시 ＿＿＿＿＿＿＿＿ 냉장고에 넣어 주세요. (먹을 수 있다)

10　가: 사람들이 분리수거를 제대로 하지 않는 것 같아요.

　　　나: 분리수거를 제대로 ＿＿＿＿＿＿＿＿ 쓰레기는 줄지 않을 거예요. (하지 않다)

정답

06 헷갈려서	07 힘쓰고	08 실시하고
09 먹을 수 있도록	10 하지 않는 한	

11 다음 중 밑줄 친 부분이 **틀린** 것은?

① 열심히 <u>공부하는</u> 한 이번 시험에 합격할 거예요.

② 특별한 일이 <u>있는</u> 한 야구 경기는 계속될 거예요.

③ 일회용품 사용을 <u>줄이도록</u> 개인 컵을 사용하세요.

④ 독감에 걸리지 <u>않도록</u> 마스크를 꼭 쓰고 나가야 해요.

> **해설** 뒤에 나오는 행동의 목적을 나타낼 때 '동사 + −도록'을 사용하며 앞에 오는 말이 뒤의 행동이나 상태에 대한 조건을 나타낼 때 '동사 + −는 한'을 사용한다. ②는 특별한 일이 없다는 조건에서 야구 경기가 계속된다는 의미여야 자연스러우므로 '있는 한'은 틀린 표현이다. 이럴 때는 '특별한 일이 없는 한 야구 경기는 계속될 거예요'라고 사용해야 옳다.

12 환경 보전 운동에 대한 설명으로 옳은 것은?

① 유엔환경계획(UNEP)이라는 국제기구가 설립될 예정이다.

② 현재 환경 문제는 매우 심각한 수준으로, 해결하기 어렵다.

③ 환경 문제는 전 세계가 안고 있는 가장 큰 문제 중 하나이다.

④ 개인의 노력과 상관없이 정부의 노력으로 환경 문제를 해결할 수 있다.

> **해설** ① 유엔환경계획(UNEP)은 1972년에 창립된 국제기구로서 매년 환경 문제를 하나씩 정하여 해결하기 위해 노력하고 있다.
> ② 현재 환경 문제는 심각한 수준이지만 여러 나라가 협력하여 이 문제를 해결하기 위해 노력하고 있다.
> ④ 환경 문제를 해결하기 위해서는 정부의 노력과 함께 개개인의 관심과 노력도 중요하다.

정답

11 ② 12 ③

※ [01-08] 〈보기〉에서 알맞은 어휘를 찾아 (   ) 안에 쓰십시오.

┌─ 보 기 ───┐
│   │
│ 보수적   옷차림   신뢰감   실업률   비수기   │
│ 숨기다   자제하다   유리하다   단정하다   상승하다   │
│   │
└──┘

01 물가는 계속 (   ) 근로자의 임금은 오르지 않아서 생활하기가 어려워지고 있다.

02 경기가 호황이 되어서 (   )이/가 감소하고 있다.

03 민수 씨는 체격이 좋아서 운동하기에 (   ) 조건을 갖추고 있다.

04 아기에게 많은 관심을 가지면 아기와 부모 사이에는 깊은 (   )이/가 쌓인다.

05 가: 우리 부모님은 너무 (   )(이)라서 젊은 사람들을 잘 이해하지 못할 때가 있어요.

　　나: 부모님들은 보통 새로운 것보다는 전통적인 것을 유지하시려는 것 같아요.

┌─ 정답 ──┐
│ 01 상승하는데   02 실업률   03 유리한   │
│ 04 신뢰감   05 보수적   │
└──┘

06 가: 면접을 보러 가야 하는데, 어떤 옷이 좋을까요?

　　나: 깨끗하고 (　　　　　　) 옷을 입으면 돼요.

07 가: 에너지를 절약하려면 어떻게 해야 해요?

　　나: 에어컨 사용을 (　　　　　) 선풍기를 사용하면 좋을 것 같아요.

08 가: 누가 쓴 글인지 (　　　　　) 없도록 인터넷 실명제를 하면 좋겠어요.

　　나: 그렇게 되면 표현의 자유가 없어지지 않을까요?

※ [09~10] 〈보기〉에서 알맞은 문법을 찾아 문장을 완성하십시오.

┌─ • 보 기 • ─────────────────────────────┐
│
│　　　　　　－(으)므로　　　　　　　은/는커녕
│
└───────────────────────────────────┘

09 가: 회사에서 여름휴가 보너스를 받았어요?

　　나: 받기는요. ＿＿＿＿＿＿＿ 이번 달 월급조차 못 받았어요. (보너스)

10 가: 올해 실업률에 대해서 말씀해 주시겠습니까?

　　나: 올해는 경기가 좋아지고 ＿＿＿＿＿ 실업률이 감소할 것으로 예상하고 있습니다.
　　　　(있다)

정답

06 단정한	07 자제하고	08 숨길 수
09 보너스는커녕	10 있으므로	

11 다음 중 밑줄 친 부분이 틀린 것은?

① 저는 <u>제주도는커녕</u> 해외여행도 못 가 봤습니다.

② 저축할 <u>돈은커녕</u> 식비도 없어서 생활하기가 힘듭니다.

③ 내일은 중요한 회의가 <u>있으므로</u> 일찍 오시기 바랍니다.

④ 일교차가 <u>크므로</u> 감기에 걸리지 않도록 조심해야 합니다.

> **해설** 앞 내용에 대한 근거, 이유를 나타낼 때 '동사·형용사 + -(으)므로'를 사용하며 이 표현은 주로 뉴스, 회의, 발표 등의 공식적인 상황에서 사용된다. '은/는커녕'은 명사와 결합하여 앞의 내용은 물론이고 그것보다 못한 것이나 쉬운 것도 못했음을 나타내는 표현이다. 그러므로 ①의 '저는 제주도는커녕 해외여행도 못 가 봤습니다'는 틀린 표현이다. 이때는 '저는 해외여행은커녕 제주도도 못 가 봤습니다'로 사용해야 옳은 표현 이다.

12 국민연금에 대한 설명으로 옳지 <u>않은</u> 것은?

① 국민연금은 대표적인 사회 보장 제도 중 하나이다.

② 한국에 살고 있는 외국인도 국민연금에 가입해야 한다.

③ 국민연금공단 홈페이지에서 가입 대상을 확인할 수 있다.

④ 소득이 있을 때 매달 보험료를 내고 아플 때 도움을 받는다.

> **해설** 국민연금은 소득이 있을 때 매달 보험료를 내고 나이가 들거나 질병 등으로 소득이 끊겼을 때 연금을 받는 제도이다.

정답

11 ① 12 ④

※ [01-08] 〈보기〉에서 알맞은 어휘를 찾아 (   ) 안에 쓰십시오.

┌─ • 보기 • ───┐
│   │
│ 미처   모욕죄   응급실   지속적   시민 의식   │
│ 저지르다   성숙하다   당황하다   짐작하다   위반하다   │
│   │
└──┘

01 한국인의 높은 (   )(으)로 월드컵을 성공적으로 마무리할 수 있었다.

02 교통사고로 다친 사람들이 인근 병원 (   )(으)로 이송됐다.

03 범죄를 (   ) 사람들은 그에 따른 처벌을 받아야 한다.

04 인터넷에 연예인에 대한 욕이나 나쁜 글을 함부로 올리면 (   )이/가 될 수 있다.

05 가: 요즘은 봄이 정말 짧아진 것 같아요.

　　 나: 맞아요. 봄이 왔다는 것을 (   ) 느낄 새도 없이 날씨가 더워졌어요.

정답

01 시민 의식	02 응급실	03 저지른
04 모욕죄	05 미처	

06 가: 이번에 범칙금을 내게 됐어요.

나: 민수 씨처럼 질서를 잘 지키는 사람도 법규를 (   ) 때가 있네요.

07 가: 제이슨 씨는 성격이 느긋해 보이는데 실제로는 급한 성격이래요.

나: 사람의 겉모습으로 성격을 (   ) 수는 없어요.

08 가: 다른 사람을 (   )(으)로 따라다니면서 힘들게 하는 것도 범죄가 될 수 있어요.

나: 그런 행동을 하면 경범죄로 처벌을 받을 수 있다고 해요.

※ [09-10] 〈보기〉에서 알맞은 문법을 찾아 문장을 완성하십시오.

┌─ • 보 기 • ─────────────────────────────────────┐
│   │
│   -다시피   -는 법이다   │
│   │
└──┘

09 가: 후엔 씨가 이번에 시험에 합격했대요.

나: 최선을 다해서 노력하면 누구나 좋은 결과를 ＿＿＿＿＿＿＿. (얻다)

10 가: ＿＿＿＿＿＿＿ 버스 정류장에서는 금연입니다. (보다)

나: 몰랐습니다. 죄송합니다.

정답

06 위반할	07 짐작할	08 지속적
09 얻는 법이에요	10 보시다시피	

※ [11~12] 다음 물음에 답하십시오.

11 다음 중 밑줄 친 부분이 틀린 것은?

① 지금 <u>보시다시피</u> 제주도 지역에 많은 비가 내리고 있습니다.

② 요즘 <u>느끼다시피</u> 경기가 좋지 않아 실업률이 증가하고 있습니다.

③ 고천 씨도 <u>아시다시피</u> 제가 요즘 시간이 없어서 도와드릴 수 없습니다.

④ 아까 <u>말하다시피</u> 백화점 영업시간이 끝나서 지금은 교환을 할 수 없습니다.

> **해설** '동사 + -다시피'를 사용하여 듣는 사람이 이미 알거나 지각하고 있는 과거의 사실을 나타낸다. ④의 문장은 아까 말해서 알고 있다는 의미이므로 '말하다시피'가 아닌 '말했다시피'를 사용해 '아까 말했다시피 백화점 영업시간이 끝나서 지금은 교환을 할 수 없습니다'라고 해야 옳은 표현이다.

12 '찾기 쉬운 생활법령정보'에 대한 설명으로 옳은 것은?

① '찾기 쉬운 생활법령정보'는 모든 언어로 제공된다.

② 법무부나 경찰청 등의 기관에서는 법과 관련된 정보를 얻을 수 없다.

③ 국민들이 법령 정보를 얻을 수 있도록 홈페이지를 통해 정보를 제공한다.

④ 주제에 따른 법을 찾을 수는 있지만 이해하기 어려워 정보를 활용하기 어렵다.

> **해설** 정부는 국민들이 법을 쉽게 찾아보고 관련된 정보를 얻을 수 있도록 '찾기 쉬운 생활 법령 정보' 홈페이지와 '스마트 생활법률' 애플리케이션을 제공하고 있다.
> ① 외국인을 위해 12개 언어로 정보를 제공하고 있다.
> ② 법무부나 경찰청에서도 유튜브와 같은 SNS를 활용해 대중들에게 쉽고 재미있게 법과 관련된 정보를 소개하고 있다.
> ④ '찾기 쉬운 생활법령정보' 홈페이지에서는 가정, 금융, 교통, 근로, 사회 안정, 범죄 등 여러 가지 주제의 법을 쉽게 설명하고 있다.

정답

11 ④ 12 ③

※ [01-08] 〈보기〉에서 알맞은 어휘를 찾아 (   ) 안에 쓰십시오.

┌─ • 보 기 • ───┐
│   │
│ 비결   직후   신입   수료식   모시다   │
│ 호소하다   타협하다   마음먹다   멸종하다   극복하다   │
│   │
└──┘

01 이 동물은 오래전에 (   ) 사진으로만 볼 수 있다.

02 김영호 씨는 이번에 입사한 (   ) 사원으로 모두의 관심을 받고 있다.

03 억울한 일을 당했을 때 법에 (   ) 문제를 해결할 수 있다.

04 어머니가 김치를 맛있게 만드는 (   )은/는 아무도 알 수 없다.

05 가: 에릭 씨가 정말 용기 있는 선택을 한 것 같아요.

　　　 나: 맞아요. 불의에 (   ) 않는 것은 쉬운 일이 아닌데 에릭 씨는 정말 대단한
　　　　　것 같아요.

┌─ 정답 ───┐
│ 01 멸종해서   02 신입   03 호소해서   │
│ 04 비결   05 타협하지   │
└──┘

06 가: 식사 (　　　　　)에 바로 침대에 눕는 것은 건강에 안 좋아요.

나: 알아요. 하지만 너무 피곤해서 어쩔 수 없어요.

07 가: 오늘부터 저녁에 운동하기로 (　　　　　).

나: 좋은 결심을 했네요. 포기하지 말고 꼭 열심히 운동하세요.

08 가: 다음 주 사회통합프로그램 (　　　　　)에 참석할 거예요?

나: 그럼요. 선생님과 친구들을 마지막으로 만나는 자리니까 꼭 참석할 거예요.

※ [09-10] 〈보기〉에서 알맞은 문법을 찾아 문장을 완성하십시오.

┌─● 보 기 ●───┐

　　　　　　–(으)ㄹ지도 모르다　　　　　　　치고

└──┘

09 가: 오늘 날씨가 어때요?

나: 지금은 비가 안 오는데 오후에는 비가 ＿＿＿＿＿＿＿. 우산을 가져가세요. (오다)

10 가: 이 음악을 들어 봤어요?

나: 그럼요. 요즘 ＿＿＿＿＿＿＿ 이 음악을 모르는 사람이 없어요. (사람)

11 다음 중 밑줄 친 부분이 **틀린** 것은?

① <u>면접시험치고</u> 빨리 끝난 편이에요.

② <u>아이치고</u> 초콜릿을 좋아하는 아이는 없다.

③ 한국에 사는 <u>외국인치고</u> 안 힘든 사람은 없다.

④ 내 동생은 <u>농구 선수치고</u> 키가 작은 편이지만 농구를 아주 잘한다.

> **해설** 앞의 내용이 전체에서 예외가 없거나 그중에서 예외적임을 나타낼 때 '명사 + 치고'를 사용한다. ②의 문장은 예외 없이 모든 아이는 초콜릿을 좋아한다는 의미이므로 '아이치고 초콜릿을 좋아하는 아이는 없다'는 어색한 문장이다. 이때는 '아이치고 초콜릿을 안 좋아하는 아이는 없다'라고 써야 옳다.

12 사회통합프로그램과 한국 국적 취득에 대한 설명으로 옳지 **않은** 것은?

① 한국 국적을 취득할 때 한국 국민으로서의 기본 소양을 평가받는다.

② 귀화심사는 서류 심사, 면접 심사, 실태 조사 등의 과정으로 이루어진다.

③ 귀화 허가일로부터 2년 안에 본국 국적을 포기하고 주민 등록을 해야 한다.

④ 한국 국적을 신청할 때 귀화 신청서, 여권, 본국 신분증 원본 등의 서류가 필요하다.

> **해설** 귀화 허가일로부터 1년 안에 본국 국적을 포기하고 주민 등록을 하면 주민등록증을 받을 수 있다.

정답

11 ② 12 ③

제 2 편
실전 모의고사

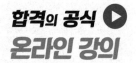

합격의 공식 ▶
온라인 강의

YouTube 접속 →사회통합프로그램 study 채널 검색
→ 구독 →[중간평가·실전 모의고사] 재생 목록 click!

모바일 자동채점

시험 시간 50분(객관식＋작문형) | 정답 및 해설 p.169

필기시험

※ [01-03] 다음 (   )에 가장 알맞은 것을 고르시오.

01

결혼식에 초대받은 하객들은 신랑과 신부를 축하하는 뜻으로 (   )을 낸다.

① 조의금

② 부의금

③ 축의금

④ 합의금

02

안전을 위해 플러그는 안쪽 끝까지 (   ) 꽂아야 한다.

① 느긋이

② 깨끗이

③ 원만히

④ 정확히

03

샐러드에 소스를 (   ) 먹으면 더욱 맛있게 먹을 수 있다.

① 끓여서

② 썰어서

③ 씻어서

④ 뿌려서

04   다음 중 (   )에 들어갈 알맞은 말은?

아직 높임말을 잘 못해서 직장에서 (   )들을 대할 때 어려운 점이 있다.

① 후배   ② 동료
③ 선배   ④ 동창

05   다음 밑줄 친 부분과 의미가 <u>반대</u>인 것은?

냉장고가 <u>고장 나서</u> 서비스 센터 기사를 불렀다.

① 망가져서   ② 수리해서
③ 신청해서   ④ 방문해서

06   다음 밑줄 친 부분과 의미가 <u>반대</u>인 것은?

이번 화재 사고로 많은 <u>피해자</u>가 발생했다고 들었다.

① 부상자   ② 용의자
③ 가해자   ④ 사망자

※ [07-11] 다음 (   )에 가장 알맞은 것을 고르시오.

07

가: 에바 씨가 늦네요. 에바 씨에게 전화 좀 해 주세요.
나: 그렇지 않아도 막 (   ).

① 할 뻔했어요
② 하고 말았어요
③ 하려던 참이었어요
④ 할 수밖에 없었어요

08

> 가: 왜 숙제를 못 했어요?
> 나: 일이 많아서 (   ) 숙제를 못 했어요.

① 야근하든지   ② 야근하느라고

③ 야근하자마자   ④ 야근한 데다가

09

> 가: 다음 주에 중요한 시험이 있지요?
> 나: 네, 시험을 잘 봐야 (   ) 걱정이에요.

① 하고   ② 해도

③ 하다가   ④ 할 텐데

10

> 가: 하산 씨에게 들었는데 주말마다 한국어를 (   )?
> 나: 네, 다문화 센터에서 한국어 수업을 듣고 있어요.

① 공부해도 돼요

② 공부한다면서요

③ 공부하려고 해요

④ 공부하고 싶어요

11

> 가: 어제 드라마 봤어요? 너무 재미있었어요.
> 나: 저도 보려고 했는데 너무 피곤해서 잠이 (   ).

① 들고 말았어요

② 들지도 몰라요

③ 들 것 같았어요

④ 들기 마련이에요

※ [12-16] 다음 문장과 뜻이 같은 것을 고르시오.

12

아이들은 부모의 행동을 보고 배우기 마련이다.

① 아이들은 부모의 행동을 보고 배울 만하다.
② 아이들은 부모의 행동을 보고 배울 수밖에 없다.
③ 아이들은 부모의 행동을 보고 배울 필요가 없다.
④ 아이들은 부모의 행동을 보고 배우지 않을 것이다.

13

남편은 퇴근하자마자 텔레비전을 켜고 축구 경기를 본다.

① 남편은 퇴근하면서 텔레비전을 켜고 축구 경기를 본다.
② 남편은 퇴근하고 해서 텔레비전을 켜고 축구 경기를 본다.
③ 남편은 퇴근하기 때문에 텔레비전을 켜고 축구 경기를 본다.
④ 남편은 퇴근한 다음에 바로 텔레비전을 켜고 축구 경기를 본다.

14

바다 구경도 할 겸 친구도 만날 겸 부산에 갈 거예요.

① 바다 구경도 하고 친구도 만나려고 부산에 갈 거예요.
② 바다 구경을 하면서 친구도 만난 적이 있어서 부산에 갈 거예요.
③ 바다 구경을 하기 위해서 친구를 만나게 되어서 부산에 갈 거예요.
④ 바다 구경을 할 줄 알고 친구도 만날 수 있어서 부산에 갈 거예요.

15

시험에 합격해서 기쁜 나머지 눈물이 났다.

① 시험에 합격한 것이 기뻐서 눈물이 났다.
② 시험에 합격한 것이 기쁘지만 눈물이 났다.
③ 시험에 합격해서 기쁠 뿐만 아니라 눈물이 났다.
④ 시험에 합격해서 기쁘니까 눈물이 날지도 모른다.

16

> 민수 씨가 저에게 "우리 공포 영화를 보지 말까요?"라고 했어요.

① 민수 씨가 저에게 공포 영화를 본다고 말했어요.
② 민수 씨가 저에게 공포 영화를 봤냐고 물어 봤어요.
③ 민수 씨가 저에게 공포 영화를 보지 말라고 말했어요.
④ 민수 씨가 저에게 공포 영화를 보지 말자고 제안했어요.

※ [17–18] 다음 질문에 답하시오.

17 다음 (   )에 들어갈 알맞은 말은?

> 가: 어제 뉴스를 봤는데 요즘 한국에서는 (   )이 점점 많아지고 있대요.
> 나: 맞아요. 우리 옆집에 미라 씨도 이혼을 하고 혼자 아이를 키우고 있어요.
> 가: 혼자 아이를 키우는 일이 쉽지 않을 텐데, 미라 씨가 힘들 것 같아요.
> 나: 꼭 그렇지도 않아요. 미라 씨는 아이와 함께 행복하게 잘 살고 있거든요.

① 대가족   ② 핵가족
③ 다문화 가족   ④ 한부모 가족

18 다음 글의 ㉠, ㉡에 각각 들어갈 내용으로 적절한 것은?

> (㉠   )은/는 세종대왕의 능으로 조선의 왕릉 중 최초로 왕과 왕비가 함께 묻혀 있는 곳이다. 조선 시대에 왕은 절대적인 존재였기 때문에 왕릉을 만들 때 왕릉의 위치, 모양, 방향 등이 매우 중요했다. 이러한 이유로 조선 왕릉이 2009년 유네스코 세계문화유산으로 (㉡   ).

	㉠	㉡
①	영릉	알려졌다
②	종묘	알려졌다
③	영릉	지정되었다
④	종묘	지정되었다

※ [19~20] 다음을 읽고 질문에 답하시오.

19 돌잡이 행사에 있었던 물건이 <u>아닌</u> 것은?

> 작년에 태어난 조카의 돌잔치 행사가 지난달에 있었다. 돌잔치 행사에서는 아이의 장래를 추측해 보는 돌잡이를 진행했는데 나는 처음 보는 것이라서 아주 신기했다. 돌잡이는 아이 앞에 여러 가지 물건을 놓고 아이가 잡는 물건에 따라 아이의 미래를 추측하는 것이라고 한다. 남편은 조카 앞에 놓인 물건을 가리키며 아이가 돈을 잡으면 부자가 되고, 실을 잡으면 오래 살 거라고 설명해 주었다. 또 연필을 잡으면 공부를 잘하게 되고, 청진기나 마이크를 잡으면 의사나 가수가 될 거라고 했다. 가족들은 모두 조카가 돈을 잡기를 바랐지만 우리 조카는 마이크를 잡았다. 나중에 우리 조카가 노래를 잘 부르는 멋진 가수가 되면 좋겠다.

①   ②

③   ④

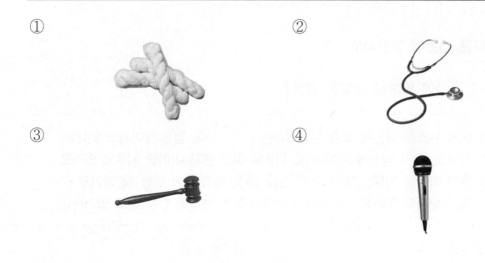

20 다음 그림에 대한 설명으로 맞는 것은?

고흐展 (전)

천재 화가 반고흐의 작품을 감상할 수 있는
기회를 드립니다!!

오후 5시 이후 입장 시에는 관람료가
30% 할인됩니다.

일시   7.1.~7.31. (입장 마감: 오후 6시)
장소   아트갤러리
관람료 50,000원

※ **유의 사항**
미술관 내에서 **사진 촬영 절대 불가능**

① 아트갤러리 안에서 사진을 찍으면 안 된다.
② 6시 이후에 가면 더 저렴하게 관람할 수 있다.
③ 7월 마지막 주 수요일에 가면 30% 할인이 된다.
④ 뮤지컬 '고흐' 공연을 광고하고 있는 포스터이다.

우리는 살면서 기분이 우울해질 때가 있는데, 이런 우울한 기분이 2주 이상 지속되면 병원이나 지역 정신 보건 기관에 방문해서 상담을 받아야 한다. 왜냐하면 우울증은 빨리 발견해서 치료하는 것이 중요하기 때문이다. 세계보건기구(WHO)에서는 우울하다고 느낄 때 스스로 극복할 수 있는 방법을 다음과 같이 제시하고 있다. 첫째, 술과 담배를 피해야 한다. 둘째, 산책이나 걷기 등의 간단한 운동을 규칙적으로 해야 한다. 셋째, 친한 친구에게 자신의 감정이나 생각을 솔직하게 말해야 한다. 마지막으로 가족이나 친구와 계속 연락하는 것이 중요하다.

21 우울증을 스스로 극복할 수 있는 방법으로 알맞은 것은?

① 2주 동안 병원에 간다.

② 규칙적으로 운동을 한다.

③ 세계보건기구에 연락한다.

④ 친구보다는 가족을 만난다.

22 우울증이 2주 이상 지속되면 상담을 받아야 하는 이유는?

① 우리는 살면서 우울해질 때가 있기 때문에

② 세계보건기구에서 우울증에 관심이 있기 때문에

③ 친구에게 자신의 감정이나 생각을 말해야 하기 때문에

④ 우울증은 빨리 발견해서 치료하는 것이 중요하기 때문에

※ [23~28] 다음 질문에 답하시오.

23 분실, 도난, 폭행 등 범죄 사건이 발생했을 때 신고할 수 있는 긴급 전화번호는?

① 112

② 114

③ 119

④ 123

24 출입국·외국인청에 대한 설명으로 옳지 <u>않은</u> 것은?

① 출입국·외국인청에 가지 않고 인터넷으로 모든 업무를 볼 수 있다.

② 출입국·외국인청과 출입국·외국인사무소는 전국에 20개소가 있다.

③ 외국인이 한국에서 비자 연장 신청을 하려면 출입국·외국인청에 가야 한다.

④ 출입국·외국인청 방문 예약을 하려면 하이코리아 홈페이지에 접속해야 한다.

25 다음 (   )에 들어갈 내용으로 알맞지 <u>않은</u> 것은?

> 한국에서는 대부분의 약을 약국에서 산다. 하지만 (   )은/는 편의점에서도 살 수 있다.

① 파스   ② 감기약
③ 항생제   ④ 진통제

26 다음 글의 ㉠, ㉡, ㉢에 들어갈 말로 알맞은 것은?

> 한국에서는 특별한 날에 먹는 음식들이 있습니다. 설날에는 (㉠), 추석에는 (㉡),
> 동지에는 (㉢)을 먹습니다. 그리고 정월대보름에는 오곡밥과 부럼을 먹습니다. 아기가
> 태어난 지 100일이 되면 백설기를 먹고, 생일에는 미역국을 먹습니다.

	㉠	㉡	㉢
①	송편	떡국	팥죽
②	떡국	송편	팥죽
③	송편	팥죽	떡국
④	떡국	팥죽	송편

27 다음 (   )에 들어갈 말로 알맞은 것은?

> 한국에서는 몸이 아플 때 병원에 가지 않고 병을 고치는 민간요법이 있다. 아이가 소화가 되지 않아서 배가 아플 때는 어머니가 아이의 배를 만져 주었다. 기침을 심하게 할 때는 (   ), 술을 많이 마셨을 때는 콩나물국을 먹었다. 모든 민간요법에 과학적인 근거가 있는 것은 아니지만 오늘날까지도 많은 사람들이 민간요법을 믿고 있다.

① 병원에 갔고
② 약을 사서 먹었고
③ 배를 끓여서 마셨고
④ 시원한 물을 많이 마셨고

28 다음 중 '입춘'에 대한 알맞은 설명을 <u>모두</u> 고른 것은?

> ㄱ. 봄의 시작을 알리는 날이다.
> ㄴ. 1년 중 밤의 길이가 가장 길다.
> ㄷ. 대문에 '입춘대길'이라는 글을 써서 붙였다.
> ㄹ. 이날이 지나면 낮의 길이가 점점 더 길어진다.

① ㄱ, ㄴ
② ㄱ, ㄷ
③ ㄴ, ㄹ
④ ㄷ, ㄹ

다음 내용을 포함하여 '내가 경험한 사고'라는 제목으로 글을 쓰시오.

- 언제, 어디에서, 어떤 사고를 겪었습니까?
- 사고가 일어난 후에 어떻게 해결했습니까?

※ 작문시험 답안지에 제목은 생략하고 <u>본문만 쓰세요</u>.

01 (가) 그림은 어떤 가족 형태입니까?

(가) 그림에 나오는 가족의 특징을 말해 보세요.

02 (나) 그림은 어떤 가족 형태입니까?

(나) 그림에 나오는 가족의 특징을 말해 보세요.

03 _____ 씨는 어떤 가족 형태를 선호합니까?

왜 그런 가족 형태를 선호합니까?

04 경기가 호황일 때 생기는 사회적 현상을 말해 보세요.

현재 한국의 경기 상황은 어떻다고 생각합니까? 이럴 때 어떤 생활태도를 가져야 합니까?

05 우리는 생활하면서 법과 질서를 지켜야 합니다.

왜 법과 질서를 지켜야 하는지 이유를 말해 보세요.

모바일 자동채점

⏱ 시험 시간 50분(객관식＋작문형) ㅣ 정답 및 해설 p.184

필기시험

※ [01~03] 다음 (　　)에 가장 알맞은 것을 고르시오.

01

> 충동구매를 하지 않으려면 쇼핑을 하기 전에 미리 (　　　) 게 좋아요.

① 메모하는　　　　　　　　　② 결제하는
③ 적립하는　　　　　　　　　④ 할인하는

02

> 요즘은 결혼하고 부부가 둘 다 일하는 (　　　) 부부도 많고, 직장 생활 때문에 평일에 떨어져 지내는 주말부부도 많다.

① 대가족　　　　　　　　　② 다문화
③ 핵가족　　　　　　　　　④ 맞벌이

03

> (　　　) 노력한다면 가수의 꿈을 이룰 수 있을 거예요.

① 절대로　　　　　　　　　② 아무리
③ 저절로　　　　　　　　　④ 꾸준히

04 다음 중 ( )에 들어갈 알맞은 말은?

> 다음 주 토요일에 친구하고 같이 그림 ( )을/를 관람하기 위해 티켓을 예매했다.

① 전시회   ② 뮤지컬
③ 연주회   ④ 콘서트

05 다음 밑줄 친 부분과 의미가 비슷한 것은?

> 취업을 하기 위해서 이력서를 <u>쓰고</u> 있어요.

① 복사하고   ② 제출하고
③ 작성하고   ④ 기여하고

06 다음 밑줄 친 부분과 의미가 비슷한 것은?

> 경기 침체가 지속되면서 실업률이 <u>줄지</u> 않아서 사회 문제가 되고 있다.

① 감소하지   ② 상승하지
③ 소비하지   ④ 증가하지

※ [07-11] 다음 ( )에 가장 알맞은 것을 고르시오.

07

> 가: 한국 생활이 어때요?
> 나: 한국어를 잘 모르는 것( ) 힘들지 않아요.

① 보다   ② 으로
③ 이나   ④ 치고

08

가: 이번 여름휴가 때 부산에 갈까요?
나: 휴가 때는 길도 (   ) 사람도 많으니까 다음에 갑시다.

① 복잡한 대신에   ② 복잡한 데다가
③ 복잡한 척하고   ④ 복잡한 나머지

09

가: 비가 와도 행사를 그대로 진행하나요?
나: 특별한 일이 (   ) 비가 와도 예정대로 행사를 진행합니다.

① 없도록   ② 없다가
③ 없는 한   ④ 없을 정도로

10

가: 다음 시험이 언제인지 알고 싶어요. 좀 (   ) 주세요.
나: 다음 시험은 내년 1월에 있어요.

① 알고   ② 알려
③ 알아   ④ 알리고

11

가: 민수 씨는 영어를 어떻게 그렇게 잘해요?
나: 제가 미국에서 대학교를 (   ).

① 다니네요   ② 다녔잖아요
③ 다닐 뻔했어요   ④ 다니기로 했어요

※ [12-16] 다음 문장과 뜻이 같은 것을 고르시오.

12

> 여러분도 아시다시피 회사 매출이 작년보다 상승했습니다.

① 여러분도 아셔야 회사 매출이 작년보다 상승했습니다.
② 여러분도 아시더니 회사 매출이 작년보다 상승했습니다.
③ 여러분도 아시기는커녕 회사 매출이 작년보다 상승했습니다.
④ 여러분도 아시는 것과 같이 회사 매출이 작년보다 상승했습니다.

13

> 이번 휴가는 아이들과 바다에 갈 거예요.

① 이번 휴가는 아이들과 바다에 갔어요.
② 이번 휴가는 아이들과 바다에 가곤 했어요.
③ 이번 휴가는 아이들과 바다에 간 줄 알았어요.
④ 이번 휴가는 아이들과 바다에 가기로 결정했어요.

14

> 심한 안개로 인해 고속도로에서 교통사고가 발생했다.

① 심한 안개라도 고속도로에서 교통사고가 발생했다.
② 심한 안개치고 고속도로에서 교통사고가 발생했다.
③ 심한 안개 때문에 고속도로에서 교통사고가 발생했다.
④ 심한 안개인 데다가 고속도로에서 교통사고가 발생했다.

15

> 빙빙 씨는 계단에서 넘어졌는데 안 아픈 척했다.

① 빙빙 씨는 계단에서 넘어졌는데 다행히 안 아팠다.
② 빙빙 씨는 계단에서 넘어져서 많이 아파서 아파했다.
③ 빙빙 씨는 계단에서 넘어졌는데 안 아팠지만 아프다고 했다.
④ 빙빙 씨는 계단에서 넘어져서 아팠지만 안 아픈 것처럼 행동했다.

16

> 저는 제주도에 한 번 가 봤어요.

① 저는 지금 제주도에 있어요.

② 저는 제주도에 많이 갔어요.

③ 저는 제주도에 간 적이 있어요.

④ 저는 제주도에 한 번도 안 갔어요.

※ [17-18] 다음 질문에 답하시오.

17 다음 (   )에 들어갈 알맞은 말은?

> 저희 집은 화장실의 변기를 많이 사용하지 않는데 너무 자주 (   ). 사용할 때마다 조심하지만 물이 잘 내려가지 않습니다. 보통 일주일에 세 번 정도 그러는 것 같습니다. 그럴 때마다 펌프질을 하고 변기를 뚫는 세제를 사용해 보지만 그때뿐입니다. 어떻게 하면 좋을까요?

① 샙니다

② 막힙니다

③ 잠깁니다

④ 깨집니다

18 다음 글의 ㉠, ㉡에 각각 들어갈 내용으로 적절한 것은?

> 이번 달은 지난달보다 (㉠)가 생각보다 너무 많이 나와서 당황스러웠다. 한국의 겨울 날씨가 너무 추워서 보일러를 많이 틀어서 그런 것 같다. 그래서 앞으로 나는 방 안의 온도를 조금 내리고 옷을 따뜻하게 입어서 이번 달처럼 많이 나오지 않게 (㉡) 한다.

	㉠	㉡
①	난방비	절약하려고
②	통신비	절약하려고
③	난방비	적립하려고
④	통신비	적립하려고

※ [19~20] 다음을 읽고 질문에 답하시오.

19 이 글에서 과학 기술 발전의 예로 제시된 것이 <u>아닌</u> 것은?

> 예전에는 사람들이 모든 일을 직접 했지만 과학 기술이 발전하면서 이제는 사람의 일을 대신해 주는 로봇이 개발되어 일상생활에 활용되고 있다. 예를 들면 인공 지능 스피커에게 궁금한 것을 질문하면 알아서 대답을 해 준다. 또한 회사에서 근무하는 동안 집에서는 로봇 청소기가 대신 청소를 해 주고, 병원에서는 로봇이 사람을 대신하여 환자를 도와주기도 한다. 드론을 이용해 물건을 배달하거나 촬영을 할 수도 있다. 이처럼 과학 기술의 발달은 사람들에게 편리함을 제공하고 있으며 앞으로도 더욱더 발전될 것으로 기대된다.

①

②

③

④
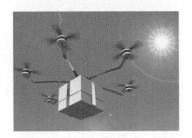

20 미래아파트에 대한 설명으로 옳지 <u>않은</u> 것은?

미래아파트 인기

높은 산이 눈앞에! 그림 같은 풍경과
편리한 대중교통에 편의 시설까지!
자녀를 위한 최고의 교육 환경!
깨끗하고 넓은 주차장!

① 주차장이 넓고 CCTV가 있어서 안전하다.
② 지하철역과 버스 정류장이 가까워서 편리하다.
③ 아파트 주변에 시장, 마트, 은행, 병원 등이 있다.
④ 아파트 근처에 아이들이 다닐 수 있는 학교가 있다.

※ [21~22] 다음을 읽고 질문에 답하시오.

지방 선거가 한 달 앞으로 다가온 가운데 인주사회연구소에서 인주 시민 1,000명을 대상으로 차기 시장에 대한 여론을 살펴보기 위해 설문 조사를 진행하였다. 조사 결과에 따르면 차기 시장이 갖춰야 할 자질에 대하여 38.3%가 행정 경험과 전문성이 가장 중요하다고 응답한 것으로 나타났다. 다음으로는 소통 능력(26.2%), 도덕성(14.4%), 판단력과 추진력(11.7%) 순이었으며, 참신성(6.1%)과 정치 감각(3.3%)이라는 응답도 뒤를 이었다. 인주사회연구소 이상희 소장은 이번 조사 결과 시민들이 행정 경험이 풍부한 소통형 시장을 원하는 것으로 나타났다고 말했다.

21 위 글에서 실시한 설문 조사의 결과로 알맞은 것은?

① 인주 시민들은 차기 시장에 대해 관심이 있다.

② 인주 시민들은 행정 경험이 풍부한 시장을 원한다.

③ 이상희 소장이 설문 조사 결과를 시민들에게 알려 주었다.

④ 인주사회연구소에서 인주 시민 1,000명을 만나고 싶어 한다.

22 위 글의 내용과 같은 것은?

① 한 달 후에 시장을 뽑는 지방 선거를 실시한다.

② 도덕적이고 정직한 사람보다 새로운 사람을 원한다.

③ 이상희 소장은 정치 능력과 전문성이 있는 시장을 선호한다.

④ 도덕적으로 문제가 없는 것이 소통이 잘되는 것보다 중요하다.

※ [23-28] 다음 질문에 답하시오.

23 한국인의 직장 생활에 대한 설명으로 옳은 것은?

① 한국 근로자의 주당 근로시간은 최소 52시간이다.

② 최근 직장인들의 행복의 기준은 작은 행복보다는 큰 성공이다.

③ 사회적인 성공보다 개인의 행복을 중시하는 사람이 늘고 있다.

④ 요즘은 직장에서 승진하고 높은 연봉을 받는 것만 성공이라고 여긴다.

24 다음 중 경범죄가 <u>아닌</u> 것은?

① 길거리에 쓰레기를 버렸다.

② 헬멧을 쓰고 오토바이를 탔다.

③ 술을 마시고 취해서 소란을 피웠다.

④ 다른 사람의 차에 광고물을 붙였다.

25 다음 (   )에 들어갈 말로 알맞은 것은?

> 가: 휴대 전화가 고장 났는데 무료로 고칠 수 있나요?
> 나: 보증 기간 내에는 정상적인 상태에서 발생한 고장에 대해 (   )이/가 가능하지만 고객님의 실수로 발생한 고장에 대해서는 수리 비용을 지불하셔야 합니다.

① 수수료   ② 무상 수리

③ 출장 서비스   ④ 서비스 센터 방문

26 소비자 상담 센터에 대한 설명으로 틀린 것은?

① 상담을 받으려면 1345로 전화를 하면 된다.

② 소비자의 고충을 듣고 피해 구제를 도와준다.

③ 인터넷 홈페이지를 이용해 상담을 할 수도 있다.

④ 소비자의 편에서 상담을 해 주고 해결 방법을 찾아 준다.

27 다음 중 한국의 식사 예절에 대한 설명으로 옳은 것은?

① 숟가락이 아닌 젓가락으로 음식을 먹는다.

② 식사할 때 한 손으로 그릇을 들고 먹는다.

③ 어른과 술을 마실 때 고개를 돌리고 마신다.

④ 아이가 어른보다 먼저 수저를 들고 식사를 시작한다.

28 다음 ( ) 안에 공통으로 들어갈 말은?

( )은/는 2인 이상의 사람들과 집을 함께 사용하는 임대 주택으로 최근에 젊은 세대에서 급속히 퍼져 나가고 있다. ( )에서는 거실이나 주방은 같이 사용하지만 각자 독립된 공간도 가질 수 있다. 한 사람이 부담해야 하는 월세가 주변 집세보다 저렴하면서 계약 기간도 최소 1개월이기 때문에 사회 초년생들에게 인기를 끌고 있다.

① 원룸

② 아파트

③ 오피스텔

④ 공유 주택

작문형

다음 내용을 포함하여 '생활비 절약 방법'이라는 제목으로 글을 쓰시오.

- 매달 생활비를 어디에 많이 씁니까?
- 생활비를 절약하기 위해서 어떻게 합니까?

※ 작문시험 답안지에 제목은 생략하고 <u>본문만 쓰세요</u>.

(가)　　　　　　　　　　　　　　(나)

01 (가) 사진은 어디입니까?

이 문화유산에 대해 말해 보세요.

02 (나) 사진은 무엇입니까?

이 문화유산에 대해 말해 보세요.

03 한국의 문화유산 중 알고 있는 문화유산이 있나요?

알고 있거나 가 본 한국의 문화유산에 대해 말해 보세요.

04 한국 음식 중에서 무슨 음식을 좋아합니까?

좋아하는 한국 음식과 고향 음식을 비교해서 말해 보세요.

05 한국에는 어떤 선거가 있습니까?

선거의 종류에 대해 말해 보세요.

시험 시간 50분(객관식＋작문형) | 정답 및 해설 p.199

필기시험

※ [01-03] 다음 (   )에 가장 알맞은 것을 고르시오.

01

여성들이 육아와 일을 (   )가 어려워서 출산을 기피한다.

① 양육하기   ② 성장하기
③ 병행하기   ④ 취직하기

02

약속 시간이 얼마 안 남아서 걱정했는데 (   ) 회사 앞에 빈 택시가 있어서 그걸 탔더니 제시간에 도착할 수 있었다.

① 아마   ② 마침
③ 도대체   ④ 차라리

03

인터넷에 (   ) 필요한 자료나 동영상을 다운로드할 수 있다.

① 동의해서   ② 접속해서
③ 공유해서   ④ 입력해서

04 다음 중 (　　)에 들어갈 알맞은 말은?

> 결혼식이 끝나면 결혼식에 온 하객들을 위한 (　　　)을/를 한다.

① 사회자　　　　　　　　② 조문객
③ 축의금　　　　　　　　④ 피로연

05 다음 밑줄 친 부분과 의미가 비슷한 것은?

> 꿈을 이루기 위해서 어려움을 <u>극복하고</u> 끊임없이 도전해야 한다.

① 이기고　　　　　　　　② 노력하고
③ 타협하고　　　　　　　④ 포기하고

06 다음 밑줄 친 부분과 의미가 비슷한 것은?

> 여러분도 <u>짐작하셨다시피</u> 앞으로 일자리가 더 줄어들 것으로 보입니다.

① 아시다시피　　　　　　② 들으셨다시피
③ 예상하셨다시피　　　　④ 말씀드렸다시피

※ [07-11] 다음 (　　)에 가장 알맞은 것을 고르시오.

07

> 가: 메이 씨가 일하는 호텔에서는 어떤 직원을 선호하나요?
> 나: 일본어와 중국어가 (　　　) 직원을 선호해요.

① 가능한　　　　　　　　② 가능할
③ 가능하고　　　　　　　④ 가능했던

08

가: 요즘 회사 일은 어때요? 계속 바빠요?
나: 아니요, 바쁜 일이 거의 끝나서 요즘은 (   ).

① 한가한가 봐요
② 한가한 편이에요
③ 한가하면 좋겠어요
④ 한가하기 때문이에요

09

가: 여보, 요리할래요, 설거지할래요?
나: 설거지를 (   ) 요리를 하는 게 낫겠어요.

① 하려면   ② 하든지
③ 하자마자   ④ 하는 대신에

10

가: 오늘 센터에 몇 시까지 가야 돼요?
나: 센터에서 9시에 출발하니까 8시 50분까지 (   ) 했어요.

① 온다고   ② 왔다고
③ 오냐고   ④ 오라고

11

가: 어제 면접시험은 잘 봤어요?
나: 너무 (   ) 잘 못 봤어요.

① 긴장할수록
② 긴장한 나머지
③ 긴장한 데다가
④ 긴장하기 위해서

※ [12-16] 다음 문장과 뜻이 같은 것을 고르시오.

12

> 일회용품 사용은 건강에 나쁜 데다가 쓰레기도 많아져요.

① 일회용품 사용은 건강에 나빠서 쓰레기도 많아져요.

② 일회용품 사용은 건강에 나쁠 텐데 쓰레기도 많아져요.

③ 일회용품 사용은 건강에 나쁘기는커녕 쓰레기도 많아져요.

④ 일회용품 사용은 건강에 나쁠 뿐만 아니라 쓰레기도 많아져요.

13

> 오늘 늦게 일어나서 아침밥은커녕 물도 못 마셨다.

① 오늘 늦게 일어났지만 아침밥도 먹고 물도 마셨다.

② 오늘 늦게 일어났지만 아침밥은 먹고 물은 못 마셨다.

③ 오늘 늦게 일어나서 아침밥도 못 먹고 물도 못 마셨다.

④ 오늘 늦게 일어나서 아침밥은 못 먹었지만 물은 마셨다.

14

> 이 책은 내용이 쉽고 재미있어서 읽어 볼 만해요.

① 이 책은 내용이 쉽고 재미있으면 꼭 읽어야 해요.

② 이 책은 내용이 쉽고 재미있으니까 읽어 볼지도 몰라요.

③ 이 책은 내용이 쉽고 재미있어 보여서 읽어 볼 수 있어요.

④ 이 책은 내용이 쉽고 재미있기 때문에 한번 읽어 보면 좋아요.

15

> 식사를 하되 매운 음식은 피해야 한다.

① 매운 음식을 먹을수록 식사를 할 수 있다.

② 매운 음식을 먹어 봐야 식사를 할 수 있다.

③ 매운 음식을 먹을 정도로 식사를 할 수 있다.

④ 매운 음식을 먹지 않는 조건에서 식사를 할 수 있다.

16

> 회사가 지방에 있어서 가족과 따로 살 수밖에 없다.

① 회사가 지방에 있어서 가족과 따로 사는 편이다.
② 회사가 지방에 있어서 가족과 따로 살아도 된다.
③ 회사가 지방에 있어서 가족과 따로 사는 줄 알았다.
④ 회사가 지방에 있어서 가족과 따로 사는 방법밖에 없다.

※ [17-18] 다음 질문에 답하시오.

17 다음 (   )에 들어갈 알맞은 말은?

> 가: 엘레나 씨는 한국에 어떻게 오게 됐어요?
> 나: 저는 통역사가 되기 위해서 한국에 유학을 왔어요. 그리고 한국어를 공부하다가 남편을 만나서 결혼했어요. 지금 행복하지만 통역사가 되지 못해서 조금 아쉽기도 해요.
> 가: 아직 늦지 않았어요. (   ) 말고 지금부터 다시 시작해 보세요.

① 노력하지
② 성공하지
③ 실패하지
④ 포기하지

18 다음 글의 ㉠, ㉡에 각각 들어갈 내용으로 적절한 것은?

> 사회가 급변하면서 우리가 사용하는 언어는 새롭게 만들어지기도 하고 없어지기도 한다. 특히 과거에 없었던 것들을 표현하기 위해 (㉠)가 자연스럽게 등장하는데, 많은 직장인은 이것 때문에 세대 차이를 느끼거나 의사소통에 어려움을 느낀 적이 있다고 한다. 전문가들은 이것의 출현은 자연스러운 것이지만 무분별하게 사용하면 의사소통에 문제가 생길 수 있다고 (㉡).

	㉠	㉡
①	사투리	지적한다
②	신조어	지적한다
③	사투리	반영한다
④	신조어	반영한다

※ [19~20] 다음을 읽고 질문에 답하시오.

19 다음 사건 기사에 맞는 뉴스 제목은?

> 어제 저녁 7시쯤 부천시에 있는 5층 쇼핑센터 건물에서 방화로 추정되는 화재가 발생했다. 이 화재로 쇼핑을 하고 있던 손님 50여 명과 직원 30여 명이 대피하는 일이 벌어졌다. 지하 1층에서 시작된 불은 지상 1층으로 번져 지하 1층에 주차된 자동차와 지상 1층의 물건들을 태우고 30분 만에 꺼졌다. 다행히 불이 지하에서 시작되어 손님들과 직원들이 신속히 대피할 수 있었고, 가벼운 부상자 10여 명만 발생하고 사망자는 발생하지 않았다. 경찰은 방화 용의자 박 모 씨를 쇼핑센터 근처에서 체포하여 정확한 방화 원인을 조사하고 있다고 밝혔다.

①
20대 음주운전자, 뺑소니

②
방화 화재로 손님 및 직원 80여 명 대피

③
30대 남성, 쇼핑센터에서 자전거 훔쳐

④
쇼핑센터 건물 화재로 사망자 50명, 부상자 30명

20 다음 내용에 대한 설명으로 옳지 <u>않은</u> 것은?

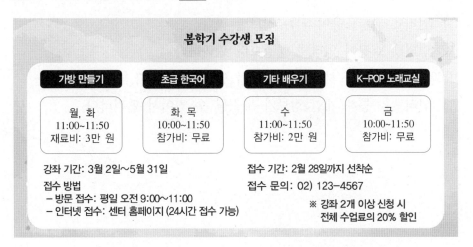

① 수업이 시작하기 전에는 언제든지 원하는 수업을 신청할 수 있다.

② 가방 만들기나 한국어를 배우려면 일주일에 두 번 센터에 가야 한다.

③ 수업을 신청하려면 센터에 직접 가도 되고 인터넷으로 신청해도 된다.

④ 가방 만들기와 기타 배우기 수업을 모두 신청하면 수업료는 40,000원이다.

※ [21~22] 다음을 읽고 질문에 답하시오.

인터넷이 보편화되면서 우리 생활에 많은 변화가 일어났습니다. 인터넷을 이용해 정보도 쉽게 검색할 수 있고 집 안에서 쇼핑을 하거나 은행일도 볼 수 있으며, 외국에 있는 친구들과 채팅으로 소식을 주고받을 수도 있습니다. 인터넷은 이처럼 우리의 삶을 편리하게 만들었습니다.

반면에 무분별한 인터넷 사용으로 유해한 정보나 폭력적인 게임에 노출되기도 하며, 개인 정보가 유출되기도 합니다. 사생활 침해가 발생하여 누군가에게 큰 상처가 되기도 하고 범죄에 이용되기도 합니다. 잘 사용하면 편리한 인터넷, 우리에게 독이 되지 않도록 바르게 사용하는 지혜가 필요합니다.

21 인터넷의 보편화로 인한 장점이 <u>아닌</u> 것은?

① 유해한 정보를 쉽게 검색할 수 있다.

② 집에서 인터넷을 통해 송금을 할 수 있다.

③ 멀리 고향에 있는 친구에게 소식을 전할 수 있다.

④ 가게에 가지 않아도 물건을 주문해서 배달받을 수 있다.

22 위 글의 내용과 같은 것은?

① 인터넷에는 도움이 되는 정보만 있다.

② 인터넷 쇼핑이 인터넷 뱅킹보다 편리하다.

③ 인터넷을 잘못 사용하면 피해가 발생할 수 있다.

④ 인터넷을 통해 개인 정보가 노출될 수 있어서 편리하다.

※ [23-28] 다음 질문에 답하시오.

23 한국 사람이 생각하는 명당으로 옳지 <u>않은</u> 것은?

① 교통이 편리한 집

② 대문이 북쪽으로 난 집

③ 근처에 좋은 학교가 있는 집

④ 뒤에 산이 있고 앞에 강이 있는 집

24 한국 회사의 직위 체계 중 부장보다 높지 <u>않은</u> 직위는?

① 이사　　　　　　　　② 상무

③ 전무　　　　　　　　④ 차장

25 다음 ( )에 들어갈 말로 알맞은 것은?

> 가: 5월 20일에 한국에 사는 외국인들을 위한 축제가 열린다고 해요.
> 나: 아, 그날이 (   )이죠? 기념식, 축하 공연, 전시회, 비빔밥 만들기 같은 체험 프로그램이 있다는데 같이 갈래요?

① 어린이날   ② 어버이날
③ 성년의 날   ④ 세계인의 날

26 한국의 교육 제도에 대한 설명으로 옳은 것은?

① 한국의 교육 제도는 9-3-3-4 제도를 도입하고 있다.
② 초등학교는 의무교육이지만 중학교는 의무교육이 아니다.
③ 직업과 관련된 전문 기술을 배울 수 있는 곳은 전문대학이다.
④ 지나친 교육열 때문에 부작용이 있어서 대학에 많이 진학하지 않는다.

27 이민자 대상 상담 센터에서 상담하는 분야가 <u>아닌</u> 것은?

① 취미에 관련된 문제   ② 취업에 관련된 문제
③ 가족에 관련된 문제   ④ 생활과 관련된 문제

28 다음 글의 ㉠, ㉡에 각각 들어갈 내용으로 적절한 것은?

> 아리랑은 한국 사람들이 일을 하면서 겪게 되는 힘듦을 극복하기 위해서 부른 (㉠)였다. 아리랑의 노랫말에는 사랑, 이별, 시집살이의 어려움 등 한국인의 정서인 (㉡)을 담고 있다. 아리랑이 한국인의 정서를 잘 대변하고 있기 때문에 단결이 필요할 때 자주 아리랑을 불렀다.

	㉠	㉡
①	민요	흥
②	민요	한
③	노동요	흥
④	노동요	한

작문형

다음 내용을 포함하여 '건강한 생활 습관'이라는 제목으로 글을 쓰시오.

- 건강을 위해서 어떤 생활 습관을 기르고 싶습니까?
- 그런 습관이 있으면 어떤 점이 좋습니까?

※ 작문시험 답안지에 제목은 생략하고 <u>본문만</u> 쓰세요.

시험 시간 10분

(가)	(나)
	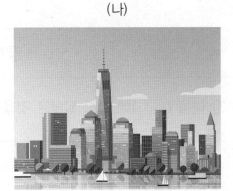

01   (가) 그림은 어디입니까?

(가) 그림에 나오는 농촌의 특징을 말해 보세요.

02   (나) 그림은 어디입니까?

(나) 그림에 나오는 도시의 특징을 말해 보세요.

03   _____ 씨는 농촌과 도시 중 어디에서 살고 싶습니까?

왜 그곳에서 살고 싶습니까?

04   교환이나 환불은 어떤 경우에 가능합니까?

또 어떤 경우에 교환이나 환불이 불가능합니까?

05   _____ 씨의 고향과 한국의 문화가 달라서 놀랐던 경험이 있습니까?

_____ 씨가 느꼈던 문화 차이에 대해서 말해 보세요.

모바일 자동채점

⏱ 시험 시간 50분(객관식 + 작문형) | 정답 및 해설 p.217

필기시험

※ [01–03] 다음 (　　)에 가장 알맞은 것을 고르시오.

01

> 어젯밤에 창문을 열고 자서 그런지 콧물도 나고 목이 (　　　) 병원에 가 봐야겠다.

① 쓰려서　　　　　　　　② 어지러워서
③ 따끔거려서　　　　　　④ 더부룩해서

02

> 가을에는 (　　　)을 구경하기 위해 산을 찾는 사람이 많다.

① 단풍　　　　　　　　　② 사찰
③ 유물　　　　　　　　　④ 캠핑

03

> 다음 주에 시험이 있어서 (　　　) 바빠도 공부해야 한다.

① 반드시　　　　　　　　② 아무리
③ 저절로　　　　　　　　④ 차라리

04 다음 중 (   )에 들어갈 알맞은 말은?

> 자동차 매연으로 (   ) 문제가 심각해지고 있습니다. 이 문제를 해결하기 위해 자가용보다는 대중교통을 이용해 주시기 바랍니다.

① 토양 오염   ② 대기 오염
③ 수질 오염   ④ 해양 오염

05 다음 밑줄 친 부분과 의미가 <u>반대</u>인 것은?

> 오후에 돈이 필요해서 <u>출금하러</u> 은행에 다녀와야 한다.

① 납부하러   ② 환전하러
③ 송금하러   ④ 입금하러

06 다음 밑줄 친 부분과 의미가 <u>반대</u>인 것은?

> 농촌은 경치가 아름답고 공기가 <u>맑아서</u> 생활하기 좋다.

① 탁해서   ② 심해서
③ 깨끗해서   ④ 한적해서

※ [07-11] 다음 (   )에 가장 알맞은 것을 고르시오.

07

> 가: 회의 자료 아직 멀었어요?
> 나: 이제 거의 다 (   ). 10분만 기다려 주세요.

① 끝나 가요   ② 끝날 만해요
③ 끝나곤 해요   ④ 끝나는 편이에요

08

가: 5분만 더 늦었으면 비행기를 못 (   ).
나: 미안해. 다음부터는 늦지 않도록 조심할게.

① 탈게   ② 타나 봐
③ 탈 뻔했어   ④ 타면 좋겠어

09

가: 이번에 이사한 집은 어때요?
나: 아주 마음에 들어요. 월세가 (   ) 교통도 편리해요.

① 싼 데다가   ② 싼 대신에
③ 쌀 정도로   ④ 싸서 그런지

10

가: 무슨 일 있어요? 얼굴이 안 좋아 보여요.
나: 회사에 일이 많아서 며칠 밤을 새웠더니 (   ) 피곤해요.

① 쓰러질 텐데
② 쓰러질 정도로
③ 쓰러지기 위해서
④ 쓰러질 뿐만 아니라

11

가: 한국에서 취직하려면 어떻게 해야 돼요?
나: 한국어가 (   ) 취직할 수 있어요.

① 유창하고   ② 유창하되
③ 유창해도   ④ 유창해야

※ [12~16] 다음 문장과 뜻이 같은 것을 고르시오.

12

> 밤에 아르바이트를 하느라고 잠을 못 자서 너무 피곤해요.

① 밤에 아르바이트를 할 겸 잠을 못 자서 너무 피곤해요.
② 밤에 아르바이트를 하려면 잠을 못 자서 너무 피곤해요.
③ 밤에 아르바이트를 해 가지고 잠을 못 자서 너무 피곤해요.
④ 밤에 아르바이트를 하기는커녕 잠을 못 자서 너무 피곤해요.

13

> 아기가 계속 우는 걸 보니 배가 고픈가 봐요.

① 아기가 계속 우는 걸 보니 배가 고프네요.
② 아기가 계속 우는 걸 보니 배가 고파졌어요.
③ 아기가 계속 우는 걸 보니 배가 고프거든요.
④ 아기가 계속 우는 걸 보니 배가 고픈 것 같아요.

14

> 고향에 보내려고 선물을 사 놓았어요.

① 고향에 보내려고 선물을 살 거예요.
② 고향에 보내려고 선물을 사게 하세요.
③ 고향에 보내려고 선물을 산 줄 알았어요.
④ 고향에 보내려고 선물을 미리 준비했어요.

15

> 노력하는 사람이 기회를 얻는 법이다.

① 노력하는 사람이 기회를 얻을 뻔했다.
② 노력하는 사람이 기회를 얻기 마련이다.
③ 노력하는 사람이 기회를 얻을 줄 몰랐다.
④ 노력하는 사람이 기회를 얻을지도 모른다.

16

> 여름 방학이 되면 가족들과 함께 해수욕장에 가곤 했다.

① 여름 방학이 되면 가족들에게 해수욕장에 가자고 했다.
② 여름 방학이 되면 가족들과 함께 해수욕장에 자주 갔다.
③ 여름 방학이 되면 가족들과 함께 해수욕장에 항상 간다.
④ 여름 방학이 되면 가족들과 함께 해수욕장에 가는 게 좋다.

※ [17~18] 다음을 읽고 질문에 답하시오.

17 다음 ( )에 들어갈 알맞은 말은?

> 가: 어제 뉴스를 봤는데 고등학교 3학년 학생들이 학업 스트레스로 머리가 빠지기도 하고 밥도 못 먹는 경우가 있대요.
> 나: 스트레스를 받으면 병이 나는 게 당연하죠. 한국에서는 대학 입시 경쟁이 ( ) 어쩔 수 없어요.
> 가: 요즘 학생들은 학교와 학원 공부 때문에 10대를 힘들게 보내는 것 같아 안타까워요.

① 치열하니까　　　　　　　② 중시하니까
③ 다양하니까　　　　　　　④ 차지하니까

18 다음 글의 ㉠, ㉡에 각각 들어갈 내용으로 적절한 것은?

> 나는 베트남 사람인데 한국에 온 지 1년이 되었다. 그동안 내가 근무한 회사에는 베트남 사람이 많았는데 얼마 전에 다른 회사로 (㉠)을 했다. 새 직장에는 한국 사람이 많고 거의 다 나보다 연세가 많으신 분들이다. 그분들과 매일 함께 일하고 식사도 하면서 시간을 많이 보내게 되었다. 그런데 대화를 나누면 "윗사람에게 그렇게 말하면 안 돼."라고 말씀하실 때가 많다. 그럴 때면 선배들의 기분이 나빠진 것 같아서 마음이 불편해진다. 이런 일이 자주 생기다 보니 요즘은 선배들과 있는 자리를 (㉡).

	㉠	㉡
①	출장	즐기게 된다
②	이직	즐기게 된다
③	출장	피하게 된다
④	이직	피하게 된다

19 이 글에서 경범죄의 예로 제시된 것이 <u>아닌</u> 것은?

경범죄는 우리의 일상생활 속에서 흔하게 일어나는 가벼운 범죄를 말한다. 사람들은 경범죄라고 하면 대수롭지 않게 여기지만 아무리 가벼운 범죄라도 처벌을 받는다. 작년에 발생한 경범죄만 해도 10만 건을 넘었다고 한다. 한국의 법에는 47개의 경범죄가 있는데 경찰청 자료에 따르면 그중 가장 처벌을 많이 받은 경범죄는 쓰레기 무단 투기로 조사되었다. 다음으로 술에 취해 시끄럽게 떠드는 음주 소란이 있었으며 이외에도 출입이 금지된 장소에 들어가는 행위, 금연 장소에서 흡연을 하는 행위가 뒤를 이었다.

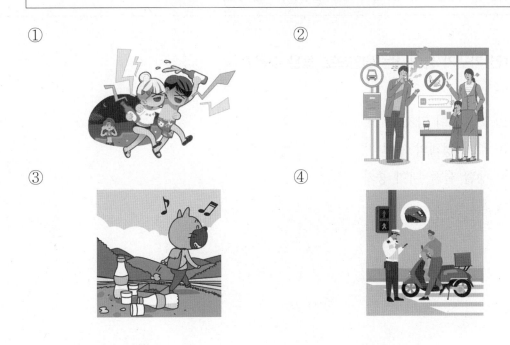

①   ②

③   ④

20 수업 안내에 대한 설명으로 옳은 것은?

과정명	한국어 중급 2 (20XX년 2학기 4단계)		
강사명	김수미	신청 기간	05.15.~05.28.
과정 기간	06.04.~08.27.	과정 시간	100시간
신청 인원 /정원	15/20명	과정 장소	제3교육실
과정 정보			

날짜	요일	과정 시간	인정 시간
06.04.	일	9:00~18:00	8
06.11.	일	9:00~18:00	8
06.18.	일	9:00~18:00	8

① 이 수업을 받으려면 6월 4일부터 신청하면 된다.

② 한국어 강사는 김수미이고 다섯 명이 더 신청할 수 있다.

③ 이 과정은 한국어 초급 2 수업으로 2학기에 진행되는 수업이다.

④ 이 수업은 일요일 오전 아홉 시부터 오후 여덟 시까지 진행된다.

인구 조사에 따르면 1인 가구가 전체 가구 수의 약 30%를 차지하고 있다고 한다. 1인 가구의 증가 원인으로는 이혼율의 증가, 고령화, 결혼에 대한 가치관의 변화 등을 꼽을 수 있다. 이러한 1인 가구의 증가로 이들을 대상으로 한 상품과 서비스도 많이 출시되고 있다. 예를 들면 소형 주택이 점점 인기를 얻고 있으며 1인 가구를 위한 생활 물품 대여, 세탁, 청소, 장보기 등의 서비스도 증가하고 있다. 앞으로도 1인 가구가 증가할 것으로 전망하고 있는데 이렇게 1인 가구가 증가하면 우리 사회에 크고 작은 변화들이 생길 수밖에 없다. 그렇기 때문에 정부는 이러한 변화에 맞춰 기존의 전통적인 가구를 대상으로 한 정책을 개선하고 1인 가구를 위한 주거 정책이나 독거노인을 위한 돌봄 서비스 등 현실적이고 실용적인 정책을 마련하는 것이 시급하다.

21 1인 가구가 늘어나는 원인으로 옳은 것은?

① 고령화
② 이혼율의 감소
③ 주거 정책의 개선
④ 생활 물품 대여 증가

22 위 글의 내용과 같은 것은?

① 소형 주택에 비해 대형 주택이 인기를 얻고 있다.
② 혼자 사는 노인을 위해 청소와 장보기 서비스가 시행된다.
③ 정부는 혼자 사는 사람들을 위한 다양한 정책을 마련해야 한다.
④ 결혼에 대한 가치관의 변화로 인해 결혼하는 사람이 많아지고 있다.

※ [23-28] 다음 질문에 답하시오.

23 세계인의 날에 대한 설명 중 옳지 <u>않은</u> 것은?

① 세계인의 날은 매년 5월 20일이다.

② 외국인들에게 한국 문화를 알리기 위한 날이다.

③ 축하 공연, 전시회, 체험 행사 등 다양한 행사를 개최한다.

④ 한국인과 이민자가 함께 어울리고 소통할 수 있는 행사이다.

24 다음 (   )에 알맞은 말은?

> 원래 '(   )'은/는 말하는 사람과 듣는 사람을 함께 부르는 말이다. 하지만 한국 사람들은 '나'를 말할 때도 이 말을 사용한다. '나'보다 '내가 속한 공동체'를 중요하게 생각하기 때문이다.

① 가족   ② 동료
③ 우리   ④ 친구

25 다음 (   )에 알맞은 것은?

> (   )은/는 한국의 전통적인 난방 방식으로 불을 때어 난방과 요리를 한번에 할 수 있어서 일석이조였다.

① 온돌   ② 마루
③ 굴뚝   ④ 보일러

26 다음 ( )에 공통으로 들어갈 알맞은 말은?

> 한국에서 ( )은 매년 5월 셋째 주 월요일로 만 19세가 되는 젊은이들이 어른이 되었음을 축하하는 날이다. 요즘에는 ( )이 되면 친구들끼리 선물을 주고받으며 축하하는 경우가 많다.

① 어린이날
② 어버이날
③ 성년의 날
④ 문화가 있는 날

27 다음 중 재활용 쓰레기가 <u>아닌</u> 것은?

① 병
② 종이
③ 음식물
④ 플라스틱

28 다음 ( )에 공통으로 들어갈 알맞은 말은?

> ( )은/는 민주주의를 유지하며 발전시키는 가장 중요한 요소이다. 민주주의에서 중앙 정부와 지방 정부의 모든 권력은 국민으로부터 나온다. ( )은/는 국민들이 자신의 의사를 대신할 사람을 뽑는 행위이다. 한국에서는 대통령, 국회 의원, 지방 자치 단체장과 지방 의회 의원을 뽑는다.

① 공약
② 선거
③ 투표소
④ 후보자

작문형

다음 내용을 포함하여 '가 보고 싶은 관광지'라는 제목으로 글을 쓰시오.

- 한국의 관광지 중에서 가 보고 싶은 곳은 어디입니까?
- 그곳에 가고 싶은 이유는 무엇입니까?

※ 작문시험 답안지에 제목은 생략하고 <u>본문만</u> 쓰세요.

(가) (나)

01 (가) 사진은 무엇입니까? 언제 이 음식을 먹습니까? 왜 먹습니까?

한국 사람들은 이날 무엇을 합니까?

02 (나) 사진은 무엇입니까? 언제 이 음식을 먹습니까? 왜 먹습니까?

한국 사람들은 이날 무엇을 합니까?

03 _____ 씨 고향에는 어떤 명절이 있습니까?

한국의 명절과 고향의 명절은 어떻게 다릅니까? 고향의 명절에 대해 말해 보세요.

04 _____ 씨는 한국에서 살면서 어떤 어려움이 있었습니까?

어떻게 그 어려움을 극복했습니까? 한국 이민 생활에 어떻게 적응했는지 말해 보세요.

05 _____ 씨는 직장이나 사회에서 어떤 리더와 일하고 싶습니까?

리더에게 필요한 자질은 무엇입니까? 왜 그렇게 생각합니까?

_____ 씨의 생각을 말해 보세요.

시험 시간 50분(객관식＋작문형) | 정답 및 해설 p.234

필기시험

※ [01–03] 다음 (   )에 가장 알맞은 것을 고르시오.

01

> 기다리고 기다리던 부모님이 (   ) 내일 한국에 오신다. 부모님을 만날 생각을 하니 잠
> 이 오지 않는다.

① 드디어   ② 도대체

③ 저절로   ④ 차라리

02

> 추석은 한 해 (   )가 잘 끝난 것을 조상들에게 감사하는 명절입니다.

① 세배   ② 성묘

③ 농사   ④ 윷놀이

03

> 다문화 센터에서 다문화 가족을 위해 함께 일할 자원봉사자를 (   ).

① 열립니다

② 알립니다

③ 초대합니다

④ 모집합니다

04 다음 중 ( )에 들어갈 알맞은 말은?

> 저는 피로가 ( ) 조용한 음악을 들으면서 산책을 하거나 매운 음식을 먹어요. 그러면
> 기분이 괜찮아져요.

① 받으면 ② 쌓이면
③ 좋으면 ④ 풀리면

05 다음 밑줄 친 부분과 의미가 <u>반대인</u> 것은?

> 민수 씨는 <u>내성적이어서</u> 자신의 생각을 친구들에게 잘 말하지 않는다.

① 꼼꼼해서 ② 다정해서
③ 외향적이어서 ④ 소극적이어서

06 다음 밑줄 친 부분과 의미가 <u>반대인</u> 것은?

> 국제화 시대에는 다국적 기업이 <u>증가하면서</u> 해외 지사도 늘고 있다.

① 늘면서 ② 넓히면서
③ 감소하면서 ④ 지원하면서

※ [07-11] 다음 ( )에 가장 알맞은 것을 고르시오.

07

> 가: 이번 달에 의료비로 20만 원( ) 썼어요.
> 나: 왜 그렇게 많이 썼어요? 평소에 건강 관리를 하는 게 좋겠어요.

① 만큼 ② 밖에
③ 이나 ④ 조차

08

가: 광고 전화가 자꾸 와서 귀찮아요.
나: 그럴 때 저는 (   ).

① 운전하잖아요　　　　　　② 운전할 만해요
③ 운전하려고 해요　　　　　④ 운전하는 척해요

09

가: 요즘 많이 바쁜가 봐요. 얼굴 보기가 어렵네요.
나: 밥 먹을 시간도 (   ) 너무 바빠요. 한가해지면 연락할게요.

① 없으므로　　　　　　　　② 없기 위해서
③ 없어 보여서　　　　　　　④ 없을 정도로

10

가: 히엔 씨, 한국 생활이 어때요?
나: 처음엔 낯설고 힘들었는데 살면 (   ) 한국이 더 좋아져서 이제 한국을 떠나고
　　싶지 않아요.

① 살고　　　　　　　　　　② 살수록
③ 사는 한　　　　　　　　　④ 산 다음에

11

가: 가방이 너무 예뻐요. 정말 고마워요.
나: 명동에 갔다가 제 가방을 (   ) 하나 더 샀어요.

① 사도　　　　　　　　　　② 사더니
③ 사면서　　　　　　　　　④ 사느라고

※ [12-16] 다음 문장과 뜻이 같은 것을 고르시오.

12

| 오후에 친구들과 공원에 가기로 해서 아침 일찍 김밥을 만들어 놓았다. |

① 오후에 친구들과 공원에 가니까 김밥을 먹으면 좋겠다.
② 오후에 친구들과 공원에 가므로 아침 일찍 김밥을 먹었다.
③ 오후에 친구들과 공원에 가려고 아침 일찍 김밥을 준비했다.
④ 오후에 친구들과 공원에 가서 그런지 아침 일찍 김밥을 만들었다.

13

| 영주 자격을 취득하려면 사회통합프로그램을 이수해야 한다. |

① 영주 자격을 취득하면 사회통합프로그램을 이수해야 한다.
② 영주 자격을 취득하고 싶으면 사회통합프로그램을 이수해야 한다.
③ 영주 자격을 취득해서 그런지 사회통합프로그램을 이수해야 한다.
④ 영주 자격을 취득할 뿐만 아니라 사회통합프로그램을 이수해야 한다.

14

| 어제는 날씨가 맑더니 오늘은 비가 오네요. |

① 어제는 날씨가 맑아서 오늘은 비가 오네요.
② 어제는 날씨가 맑았지만 오늘은 비가 오네요.
③ 어제는 날씨가 맑은 대신 오늘은 비가 오네요.
④ 어제는 날씨가 맑은 데다가 오늘은 비가 오네요.

15

| 그 감독이 만든 영화치고 재미있는 영화가 없다. |

① 그 감독이 만든 영화는 모두 괜찮다.
② 그 감독이 만든 영화는 모두 재미있다.
③ 그 감독이 만든 영화는 모두 재미없다.
④ 그 감독이 만든 영화는 모두 볼 만하다.

16

> 한국의 여러 가지 음식 중에서 비빔밥이야말로 한국의 대표적인 음식이다.

① 한국의 여러 가지 음식 중에서 비빔밥이 제일 맛있다.
② 한국을 대표하는 음식은 비빔밥 이외에도 여러 가지가 있다.
③ 한국의 여러 가지 음식 중에서 가장 대표적인 음식은 비빔밥이다.
④ 한국의 여러 가지 음식 중에서 비빔밥이라도 대표적인 음식이 돼야 한다.

※ [17-18] 다음 질문에 답하시오.

17 다음 (   )에 들어갈 알맞은 말은?

> 가: 지난주에 과장님이 저한테 중요한 일을 시키셨는데 제대로 못했어요.
> 나: 그럼 선배들에게 도와 달라고 하지 그랬어요?
> 가: 사람들은 제가 회사 생활에 잘 (   ) 있는 줄 알아서 물어보기 창피했어요.
> 나: 창피해하지 말고 동료나 선배들에게 도움을 청하는 게 제일 좋은 방법이에요.

① 적응하고   ② 주문하고
③ 번역하고   ④ 파악하고

18 다음 글의 ㉠, ㉡에 각각 들어갈 내용으로 적절한 것은?

> 나는 일본어를 전공하기도 했고 해외 취업을 하고 싶어서 일본으로 갔다. 내가 일본에서 취직한 회사는 미국 기업인데 일본에 살고 있는 외국인의 여러 가지 (㉠) 경험을 중요하게 생각하는 회사였다. 그래서 나는 현지인에 비해 일본어 실력은 부족했지만 이 회사에 취직할 수 있었다. 이 회사에 합격한 다음에도 회사 업무를 더 잘 (㉡) 위해 일본어 공부를 계속하고 있다.

	㉠	㉡
①	다양한	수행하기
②	특별한	수행하기
③	다양한	진출하기
④	특별한	진출하기

19 김치 볶음밥을 만드는 방법과 가장 거리가 먼 것은?

> 둘이 먹다가 하나가 죽어도 모르는 김치 볶음밥 만드는 방법을 소개합니다. 먼저 채소와 김치를 먹기 좋은 크기로 썰어 줍니다. 프라이팬에 식용유를 두르고 돼지고기를 먼저 볶은 다음에 썰어 놓은 채소를 볶아 줍니다. 그 후에 설탕, 간장, 고춧가루 등의 양념을 넣고 볶다가 마지막으로 김치를 넣고 볶습니다. 2~3분 뒤에 밥을 넣고 볶으면서 간을 맞추면 맛있는 볶음밥이 완성됩니다. 볶음밥에 참기름과 깨를 뿌리거나 계란프라이를 올리면 더욱 맛있는 김치 볶음밥을 즐길 수 있습니다.

① ②
③ ④

20 다음 선거 포스터에 대한 설명으로 옳지 않은 것은?

① 중앙선거관리위원회에서 선거를 관리한다.

② 이번 지방 선거는 아홉 번째로 실시되는 선거이다.

③ 6월 1일에 투표할 수 없는 사람은 사전 투표를 하면 된다.

④ 오후 6시 이후에 투표를 하려면 중앙선거관리위원회에 찾아간다.

※ [21-22] 다음을 읽고 질문에 답하시오.

> 잡코리아가 직장인 1,000명을 대상으로 직장 생활을 하면서 가장 힘든 일이 무엇인지에 대한 설문 조사를 실시했다. 그 결과 대인 관계가 힘들어서 스트레스를 받는다는 응답이 40%로 가장 높게 나타났는데 직장 상사를 어떻게 대해야 할지 모르겠다는 응답과 직장 선배와의 관계가 어렵다는 응답이 특히 많았다. 뒤이어 야근을 하거나 주말에 일을 하는 것이 힘들다는 응답도 30%를 차지했다. 대부분 야근 수당이나 주말 수당을 받기는 하지만 제대로 쉬지 못해 피로가 쌓여서 힘들다는 응답과 가족이나 친구들과 시간을 보낼 수 없어서 힘들다는 응답이 대다수를 차지했다.

21 위 글의 제목으로 알맞은 것은?

① 좋은 대인 관계

② 스트레스 푸는 방법

③ 직장 생활의 어려움

④ 직장 상사와 선배와의 관계

22 직장 생활이 힘들고 어려운 가장 큰 이유는?

① 피로가 쌓이기 때문에

② 잦은 야근과 주말 근무 때문에

③ 직장 내 인간관계가 어렵기 때문에

④ 가족이나 친구와 보낼 시간이 부족하기 때문에

23 다음 글의 ㉠, ㉡에 각각 들어갈 내용으로 적절한 것은?

> 직장인들은 한 달에 한 번씩 월급을 받는데 월급은 (㉠)과 (㉡)으로 이루어져 있습니다.

	㉠	㉡
①	적금	세금
②	기본급	세금
③	적금	수당
④	기본급	수당

24 다음 중 온돌에 대한 설명으로 틀린 것은?

① 온돌은 아궁이, 구들, 굴뚝으로 구성되어 있다.

② 온돌은 추운 겨울을 따뜻하게 보내기 위해 만들었다.

③ 한국은 지금도 아궁이에 불을 때는 방식으로 난방을 한다.

④ 온돌은 한국의 전통적인 난방 방식으로 난방과 요리를 함께 한다.

25 다음 내용들의 공통적인 목표는?

> • 사회통합프로그램
> • 조기적응프로그램
> • 다문화 가족 방문교육 서비스

① 외국인의 한국어 능력을 향상시킨다.

② 다문화 가족 자녀의 학교생활을 돕는다.

③ 한국 입국 초기에 필요한 정보를 제공한다.

④ 이민자들이 한국에 잘 정착할 수 있도록 돕는다.

26 다음 교통 표지판의 의미로 옳은 것은?

① 여기로 다니지 마세요.
② 위험하니까 조심하세요.
③ 공사 중이니까 조심하세요.
④ 여기에 차를 세우지 마세요.

27 다음 (   )에 들어갈 알맞은 것은?

> 전통적으로 한국에서는 성년이 되는 것을 중요한 의례로 여겨서 성인이 되는 것을 축하하는 의미로 행사를 치렀다. 성인이 되었다는 의미로 남자는 20세가 되면 (   ), 여자는 15세가 되면 비녀를 꽂았다. 이러한 의식을 '관례, 계례'라고도 불렀는데, 이는 성인으로 인정을 받는다는 의미를 가진다.

① 술을 마시고
② 한복을 입고
③ 상투를 올리고
④ 성인으로 인정받고

28 한국 속담 중에서 비슷한 교훈을 가진 속담이 <u>아닌</u> 것은?

① 발 없는 말이 천 리 간다.
② 호랑이도 제 말 하면 온다.
③ 말 한마디에 천 냥 빚도 갚는다.
④ 낮말은 새가 듣고 밤말은 쥐가 듣는다.

다음 내용을 포함하여 '내 고향의 명절'이라는 제목으로 글을 쓰시오.

- 여러분의 고향에는 어떤 명절이 있습니까?
- 여러분의 고향에서는 명절에 무엇을 합니까?

※ 작문시험 답안지에 제목은 생략하고 <u>본문만 쓰세요</u>.

구술시험

(가)   (나)

01   (가) 그림은 어떤 날씨입니까?

이런 날씨에 주의해야 할 점은 무엇입니까?

02   (나) 그림은 어떤 날씨입니까?

이런 날씨에 주의해야 할 점은 무엇입니까?

03   고향의 날씨는 어떻습니까?

고향의 날씨와 한국의 날씨를 비교해서 이야기해 보세요.

04   _____ 씨는 인터넷을 자주 사용합니까? 주로 인터넷으로 무엇을 합니까?

인터넷의 단점은 무엇입니까? 그런 단점을 해결하기 위해 어떻게 해야 합니까?

05   한국에서 지역 축제에 가 본 적이 있습니까? 무슨 축제였습니까?

그 축제는 어땠습니까? _____ 씨가 가 본 축제에 대해 이야기해 보세요.

시험 시간 50분(객관식＋작문형) | 정답 및 해설 p.252

필기시험

※ [01-03] 다음 (　　)에 가장 알맞은 것을 고르시오.

01

> 10도가 넘는 큰 (　　　)로 감기 환자가 증가하고 있다고 합니다.

① 습도　　　　　　　　　　② 일교차

③ 미세 먼지　　　　　　　　④ 호우 경보

02

> 박수 소리가 큰 걸 보니까 지금 연설을 마친 후보자를 (　　　) 사람이 많은가 봐요.

① 개표하는　　　　　　　　② 당선되는

③ 지지하는　　　　　　　　④ 확인하는

03

> 환경 오염 문제를 해결하기 위해서는 (　　　) 일회용품의 사용부터 줄여야 한다.

① 우선　　　　　　　　　　② 마침

③ 드디어　　　　　　　　　④ 도대체

04 다음 중 (　　)에 들어갈 알맞은 말은?

> (　　)이 있는 사람은 재미있어서 친구들 사이에서 인기가 많다.

① 호기심 　　　　　　　② 책임감
③ 소극적 　　　　　　　④ 유머 감각

05 다음 밑줄 친 부분과 의미가 비슷한 것은?

> 육아종합지원센터에 가면 육아 정보도 얻을 수 있고 장난감도 <u>대여할</u> 수 있어요.

① 만들 　　　　　　　　② 빌릴
③ 교환할 　　　　　　　④ 구매할

06 다음 밑줄 친 부분과 의미가 비슷한 것은?

> 친구와 함께 등산 동호회에 <u>가입했다</u>.

① 가졌다 　　　　　　　② 나갔다
③ 들었다 　　　　　　　④ 되었다

※ [07-11] 다음 (　　)에 가장 알맞은 것을 고르시오.

07

> 가: 왜 여행을 안 갔어요?
> 나: 다리를 다쳐서 여행 예약을 (　　).

① 취소해 놓았어요 　　　② 취소할 뻔했어요
③ 취소한 줄 알았어요 　　④ 취소할 수밖에 없었어요

08

가: 팔이 왜 그래요?
나: 어제 자전거를 타다가 (　　　) 팔이 부러졌어요.

① 넘어져야
② 넘어져 가지고
③ 넘어지기 위해서
④ 넘어질 뿐만 아니라

09

가: 중국어를 잘 하시네요.
나: 제가 대학교에서 중국어를 (　　　).

① 전공했거든요
② 전공해도 돼요
③ 전공해야 해요
④ 전공해 봤어요

10

가: 우리 아이가 집에 너무 늦게 와서 걱정이에요.
나: 밤에 다니면 위험할 수 있으니까 일찍 집에 (　　　).

① 오게 하세요　　　　　② 오곤 했어요
③ 올 정도예요　　　　　④ 오기로 했어요

11

종이컵, 플라스틱 등 일회용품 사용 증가(　　　) 쓰레기 문제가 심각해지고 있습니다.

① 보다　　　　　② 치고
③ 조차　　　　　④ 로 인해

12

> 내일 중요한 회의가 있으므로 반드시 회의에 참석해 주시기 바랍니다.

① 내일 중요한 회의가 있으니까 반드시 회의에 참석해 주세요.
② 내일 중요한 회의가 있으면 반드시 회의에 참석하게 하세요.
③ 내일 중요한 회의가 있는 것치고 반드시 회의에 참석해야 해요.
④ 내일 중요한 회의가 있어 가지고 반드시 회의에 참석할 만해요.

13

> 나도 너만큼 한국어를 잘했으면 좋겠다.

① 나도 너보다 한국어를 잘했으면 좋겠다.
② 나도 너처럼 한국어를 잘했으면 좋겠다.
③ 나도 너한테 한국어를 잘했으면 좋겠다.
④ 나도 너조차 한국어를 잘했으면 좋겠다.

14

> 수영을 하기 전에 준비 운동을 꼭 해야 합니다.

① 수영을 해서 준비 운동을 해야 합니다.
② 수영을 한 후에 준비 운동을 해야 합니다.
③ 준비 운동을 한 다음에 수영을 해야 합니다.
④ 준비 운동을 하기 전에 수영을 먼저 해야 합니다.

15

> 백화점에서는 파는 물건들은 다 좋아 보여요.

① 백화점에서 파는 물건들은 다 좋아야 해요.
② 백화점에서 파는 물건들은 다 좋은 것 같아요.
③ 백화점에서 파는 물건들은 다 좋다고 그랬어요.
④ 백화점에서 파는 물건들은 다 좋을 수밖에 없어요.

16

> 남은 음식을 상하지 않도록 냉장고에 넣어 주세요.

① 남은 음식을 상하지 않게 냉장고에 넣어 주세요.
② 남은 음식을 상하지 않더니 냉장고에 넣어 주세요.
③ 남은 음식이 상하지 않았으면 냉장고에 넣어 주세요.
④ 남은 음식을 상하지 않았으니까 냉장고에 넣어 주세요.

※ [17~18] 다음 질문에 답하시오.

17 다음 ( )에 들어갈 알맞은 말은?

> 나는 요즘 속이 좋지 않아서 밥을 못 먹는데 이럴 때 어떤 음식을 만들어 먹으면 좋을지 친구에게 물어봤다. 친구가 나에게 소화가 잘되는 ( )을 먹으라고 했다. 이 음식은 요리하기도 쉽고 소화도 잘되기 때문이다. 나는 친구에게 만드는 방법을 물어봤다. 먼저 밥에 물을 넣고 끓인 다음에 채소를 썰어 넣고 끓이면 된다고 했다. 직접 만들어 보니 시간도 오래 걸리지 않고 생각보다 만들기도 쉬웠다.

① 김치전   ② 비빔밥
③ 야채죽   ④ 볶음밥

18 다음 글의 ㉠, ㉡에 각각 들어갈 내용으로 적절한 것은?

> 한국의 대표적인 명절인 추석은 음력 8월 15일로 (㉠)(이)라고도 한다. 추석에는 조상에게 차례를 지내는데, 차례는 햇곡식과 햇과일로 조상에게 (㉡) 마음을 표현하는 것이다. 또한 추석에는 송편을 만들어서 먹는데 송편을 예쁘게 빚으면 예쁜 아이를 낳는다는 말도 전해진다. 그리고 전통적으로 추석날 밤에는 보름달을 보면서 소원을 빈다.

	㉠	㉡
①	한가위	감사하는
②	한가위	세배하는
③	정월대보름	감사하는
④	정월대보름	세배하는

※ [19~20] 다음을 읽고 질문에 답하시오.

19 오늘의 날씨에 대한 설명으로 맞는 것은?

> 오늘 서울 하늘은 대체로 맑고 미세 먼지 농도도 낮아 공기가 깨끗하여 야외 활동에 좋은 날씨로 예상됩니다. 낮 최고 기온은 20℃까지 올라가지만 밤에는 기온이 4℃까지 떨어져서 일교차가 크겠습니다. 큰 일교차에 대비하여 감기에 걸리지 않도록 옷차림을 잘 준비하셔야 겠습니다. 오늘처럼 맑은 날씨는 주말까지 계속되다가 다음 주 낮부터는 찬바람이 불고 비가 내릴 것으로 예상됩니다. 이상 날씨였습니다.

①

미세 먼지 주의보
노약자 · 아동, 야외 활동 피해야

②

낮에도 찬바람 불어
체감 온도 영하로 내려가

③

날씨 맑고, 공기 깨끗
큰 일교차 주의

④

밤 사이 '열대야 현상'
오후에 많은 비 내려

20 약 봉투의 내용으로 옳지 <u>않은</u> 것은?

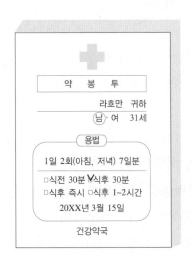

① 라흐만은 3월 15일에 약국에 방문했다.
② 하루에 두 번씩 이 약을 복용해야 한다.
③ 이 약을 복용한 후에 식사를 하면 된다.
④ 라흐만은 일주일 동안 이 약을 복용해야 된다.

최근 한 기관에서 만 9세 이하의 자녀를 둔 부모 1,000명을 대상으로 중고 육아용품 구입 경험에 대한 설문 조사를 실시했다. 설문 조사 결과 80%가 중고 육아용품을 구입한 경험이 있다고 응답했다. 그중에서 구입한 제품이 마음에 들었다는 대답은 64.8%로 높게 나타났고, 보통이었다는 대답이 23.2%, 생각보다 별로였다는 대답이 12%로 나타났다. 부모들이 중고 육아용품을 구입하는 이유로는 '비용을 줄일 수 있어서'가 52.4%, '새 제품 구입 비용이 부담이 되어서'가 33.5%, '물건 사용 기간이 짧아서'가 14.1%로 나타났다. 한편, 중고 육아용품을 구입한 경험이 없다고 응답한 사람들 중에서 75%가 앞으로 중고 육아용품을 물려받거나 구입할 생각이 있다고 대답했다. 이를 통해 많은 사람들이 육아용품을 중고로 구입하는 것에 대해 긍정적이라는 것을 알 수 있었다.

21 위 글의 제목으로 알맞은 것은?

① 육아용품, 공동 구매로
② 육아용품, 중고도 괜찮아
③ 중고 육아용품, 생각보다 별로네
④ 중고 육아용품 구입, 부정적으로 나타나

22 위 글의 내용과 같은 것은?

① 중고 육아용품 사용을 긍정적으로 생각하는 사람이 많았다.
② 만 9세 이상 자녀들의 부모 80%가 중고 육아용품을 구입해 봤다.
③ 구입 경험이 없는 응답자 중 25%가 중고 육아용품을 살 생각이다.
④ 육아용품 사용 기간이 짧아서 중고 육아용품을 산다는 사람이 가장 많다.

23 다음 (   )에 들어갈 알맞은 말은?

> (   )(이)라는 말이 있는데, 어떤 일의 정도가 지나친 것은 모자란 것보다 좋지 않다는 뜻이다.

① 워라밸   ② 소확행
③ 일석이조   ④ 과유불급

24 한국의 선거에 대한 설명 중 옳지 <u>않은</u> 것은?

① 국회의원 선거는 4년마다 실시한다.
② 모든 권력은 대통령으로부터 나온다.
③ 한국에서는 5년에 한 번씩 대통령 선거를 한다.
④ 보통 선거, 직접 선거, 평등 선거, 비밀 선거의 원칙이 있다.

25 환경 보호 방법에 대한 설명으로 옳지 <u>않은</u> 것은?

① 배기가스를 줄이고 차량 2부제를 실시한다.
② 친환경 세제를 사용하고 대체 에너지를 개발한다.
③ 일회용품 사용을 줄이고 쓰레기 종량제를 실시한다.
④ 농약 사용을 늘리고 폐수를 무단으로 버리지 않는다.

26 다음 ⓐ, ⓑ에 들어갈 말로 알맞은 것은?

> 한국 사람들은 집들이에 초대를 받으면 '앞으로 모든 일이 잘 풀리기를 바랍니다.'의 뜻으로 (ⓐ)을/를 선물한다. 또한 '거품처럼 돈을 많이 벌어서 부자가 되길 바랍니다.'의 뜻으로 (ⓑ)를 선물하기도 한다.

	ⓐ	ⓑ
①	휴지	세제
②	휴지	금반지
③	장미꽃	세제
④	장미꽃	금반지

27 전자 제품 보증 기간에 대한 설명으로 옳지 <u>않은</u> 것은?

① 보증 기간은 보통 일반 전자 제품은 1년, 계절 제품은 2년이다.
② 보증서가 있으면 보증 기간 안에는 언제나 무상으로 수리를 받는다.
③ 보증 기간은 제품 판매자가 소비자에게 무료로 수리를 약속하는 기간이다.
④ 보증 기간은 구입 일자를 기준으로 하는데 제품 보증서나 영수증으로 확인한다.

28 다음 ( )에 공통으로 들어갈 알맞은 말은?

> ( )은/는 한국 민요 중에서 가장 유명합니다. 지역과 시기에 따라 다양하게 불리었는데 대략 50여 종이 있다고 합니다. ( )은/는 원래 일을 하면서 부르는 노동요로 일의 힘듦을 이겨 내기 위한 노래였다고 합니다. 노랫말을 보면 사랑, 이별, 시집살이의 어려움 등 한국인의 한과 정서를 잘 대변하기 때문에 한국인의 동질성을 확인하고 단결이 필요한 경우에 자주 불리었습니다.

① 종묘　　　　　　　　　② 한글
③ 판소리　　　　　　　　④ 아리랑

작문형

다음 내용을 포함하여 '환경 오염'이라는 제목으로 글을 쓰시오.

- 현재 가장 심각하다고 생각하는 환경 문제는 무엇입니까?
- 이 환경 문제를 해결하기 위해서 내가 할 수 있는 노력은 무엇입니까?

※ 작문시험 답안지에 제목은 생략하고 <u>본문만</u> 쓰세요.

(가)   (나)

01 (가) 사진에서 이 사람은 무슨 일을 하고 있습니까?

한국에서 이 일을 하려면 무엇을 준비해야 합니까?

02 (나) 사진에서 이 사람은 무슨 일을 하고 있습니까?

한국에서 이 일을 하려면 무엇을 준비해야 합니까?

03 _____ 씨는 한국에서 어떤 일을 하고 싶습니까?

그 일을 하려면 어떤 노력을 해야 합니까?

04 _____ 씨는 생활비를 절약하기 위해 어떤 노력을 하고 있습니까?

생활비를 아낄 수 있는 방법에 대해 말해 보세요.

05 한국에서 복지 서비스를 이용해 본 적이 있습니까?

어떤 복지 서비스를 이용해 봤습니까? 그 서비스는 어떤 점이 좋았습니까?

제 3 편
정답 및 해설

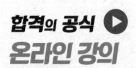

실전 모의고사 p.101

※ 작문형과 구술시험은 별도 표기하였습니다.

필기시험

객관식 (01~28번)

01	02	03	04	05	06	07	08	09	10
③	④	④	③	②	③	③	②	④	②

11	12	13	14	15	16	17	18	19	20
①	②	④	①	①	④	④	③	③	①

21	22	23	24	25	26	27	28
②	④	①	①	③	②	③	②

01 결혼식에 가서 축하의 뜻으로 내는 돈이므로 '축하하는 뜻을 나타내기 위하여 내는 돈'의 뜻을 가진 ③의 '축의금'이 정답이다.

▶ 하객: 축하하는 손님

예 결혼식장이 하객들로 붐볐어요.

풀이

① 조의금: 다른 사람의 죽음을 슬퍼하는 뜻으로 내는 돈

예 회사 동료 아버지께서 돌아가셔서 조의금을 모아서 냈다.

② 부의금: 상가(장례식장)에 부조(도움)로 보내는 돈이나 물품 (= 조의금)

예 장례식장에 가서 조문하고 부의금을 내고 왔다.

④ 합의금: 합의를 하기 위하여 주는 돈

예 오늘 출근하다가 접촉사고를 내서 합의금으로 20만 원을 줬다.

02 안전을 위해 플러그를 꽂을 때는 안쪽 끝까지 확실하게 꽂아야 한다는 의미이므로 '바르고 확실하게'의 뜻을 가진 ④의 '정확히'가 정답이다.

> ▶ 안전: 아무 탈이 없고 위험이 없는 것
> 예 주민들의 안전을 위해 경찰이 순찰을 하고 있다.

풀이

① 느긋이: 마음에 만족하여 여유가 있고 넉넉한 태도로
예 음악을 들으며 느긋이 친구를 기다리고 있다.

② 깨끗이: 더러운 것이 없게
예 과일을 먹기 전에 흐르는 물에 깨끗이 씻어야 한다.

③ 원만히: 성격이 모나지 않고 너그럽게
예 내 동생은 사람들과 원만히 지내는 방법을 알고 있다.

03 샐러드를 먹을 때 소스와 같이 먹으면 더욱 맛있게 먹을 수 있다는 의미이므로 '위에서 아래로 흔들어 떨어지게 하다'의 뜻을 가진 ④의 '뿌려서(뿌리다)'가 정답이다.

풀이

① 끓여서: '끓이다'는 '액체에 열을 가해 소리를 내면서 김을 내게 하다'의 뜻이다.
예 매일 라면만 끓여서 먹으면 건강이 나빠질 수 있다.

② 썰어서: '썰다'는 '물건을 칼이나 톱으로 자르거나 토막이 나게 하다'의 뜻이다.
예 돼지고기를 몇 조각으로 크게 썰더니 김치와 함께 볶았다.

③ 씻어서: '씻다'는 '물로 닦아 묻은 것이나 더러운 것을 없애다'의 뜻이다.
예 집에 돌아오면 손을 꼭 씻어야 한다.

참고자료 요리 방법과 관련된 어휘

> ☑ 절이다: 생선이나 채소를 소금, 식초, 양념 등으로 간이 들거나 숨이 죽도록 배어들게 하다.
> 예 어머니는 김치를 하려고 배추를 소금에 절였다.
> ☑ 담다: 그릇, 용기 안에 물건을 넣어 두다.
> 예 한번 엎지른 물은 다시 담을 수 없다.
> ☑ 맞추다: 시간, 초점, 음식의 간을 정해진 기준과 일치하게 하다.
> 예 음식의 간을 맞추는 것은 쉬운 일이 아니다.

04 높임말을 잘 못하기 때문에 직장에서 나보다 윗사람을 대할 때 어려운 점이 있다는 의미이므로 '같은 일을 하면서 경력, 지위, 경험이 자신보다 위인 사람'의 뜻을 가진 ③의 '선배'가 정답이다.

▶ 대할: '대하다'는 '어떤 사람이 다른 사람을 어떤 태도나 관계로 상대하고 다루다'의 뜻이다.

예 나는 손님들을 친절하게 <u>대하는</u> 것이 가끔 어려울 때가 있다.

풀이

① 후배: 같은 일을 하면서 경력, 지위가 나보다 낮은 사람

예 민호 씨는 직장 <u>후배들</u>과 관계가 좋다.

② 동료: 회사에서 같은 일을 하는 사람

예 나는 이 회사에서 좋은 <u>동료</u>를 만났다.

④ 동창: 같은 학교를 졸업한 사람

예 미나 씨는 내 초등학교 <u>동창</u>이다.

05 '기계나 장치 등이 제대로 작동하지 않는다'의 뜻을 가진 '고장 나서(고장 나다)'와 의미가 반대인 것을 고르는 문제이므로 '고장 난 데를 손보아 고치다'의 뜻을 가진 ②의 '수리해서 (수리하다)'가 정답이다.

▶ 기사: 전문지식이 필요한 기술과 관련된 업무를 맡아 보는 사람

예 냉장고처럼 큰 가전제품은 수리를 신청하면 서비스 센터 <u>기사</u>가 집으로 방문한다.

풀이

① 망가져서: '망가지다'는 '부서지거나 찌그러져 못 쓰게 되다'의 뜻이다. (= 고장이 나다)

예 골목길에서 자동차와 자전거가 접촉사고가 나서 자전거가 <u>망가져</u> 버렸다.

③ 신청해서: '신청하다'는 '단체나 기관에 어떠한 일이나 물건을 알려 청구하다'의 뜻이다.

예 행정복지센터에 양육 수당을 <u>신청하고</u> 오는 길이다.

④ 방문해서: '방문하다'는 '어떤 사람이나 장소를 찾아가서 만나거나 보다'의 뜻이다.

예 이번 주말에 동료의 집에 <u>방문하기로</u> 했다.

06 '피해를 입은 사람'의 뜻을 가진 '피해자'와 의미가 반대인 것을 고르는 문제이므로 '다른 사람에게 신체적, 정신적, 물질적으로 해를 입힌 사람'의 뜻을 가진 ③의 '가해자'가 정답이다.

▶ 화재 사고: 불로 인한 사고

예 겨울철에는 건조해서 <u>화재 사고</u>가 나기 쉽다.

▶ 발생했다고: '발생하다'는 '어떤 일이 생겨나거나 일어나다'의 뜻이다.

예 여러 사람과 같이 일하다 보면 갈등이 <u>발생하기도</u> 한다.

풀이

① 부상자: 몸에 상처를 입은 사람

예 교통사고로 <u>부상자</u>가 많이 생겼다.

② 용의자: 범죄를 저질렀을 거라고 의심을 받아 경찰의 수사 대상에 오른 사람

예 경찰은 화재 사고와 관련된 <u>용의자</u>를 조사하고 있다.

④ 사망자: 죽은 사람

예 해마다 교통사고로 인한 <u>사망자</u>가 늘고 있다.

07 에바 씨에게 전화 좀 해 달라는 말에 '그렇지 않아도 막'이라고 대답한 것을 볼 때 에바 씨에게 전화를 하려고 생각했던 것을 알 수 있으므로 ③의 '하려던 참이었어요'가 정답이다.

▶ 하려던 참이었어요: '-(으)려던 참이다'는 동사와 결합하며 어떤 일을 이제 하려고 생각하거나 할 계획이 있음을 나타낸다.

예 가: 여보, 출근 안 해요?

　나: 막 <u>나가려던 참이었어요</u>.

풀이

①~④의 기본형은 '(전화를) 하다'이다.

① 할 뻔했어요: '-(으)ㄹ 뻔하다'는 동사와 결합하며 어떤 일이 일어나지 않았지만 거의 일어날 것 같았다는 것을 나타낸다. 일어날 것 같았지만 일어나지 않은 과거의 일을 나타낼 때 사용하기 때문에 '-(으)ㄹ 뻔하다'는 항상 '-(으)ㄹ 뻔했다'의 형태로 사용한다.

예 눈 때문에 길이 너무 미끄러워서 <u>넘어질 뻔했어요</u>.

② 하고 말았어요: '-고 말다'는 동사와 결합하여 의도하지 않았지만 그 일이 결국 일어났음을 표현할 때 사용한다.

예 운동을 하려고 했지만 너무 힘들어서 <u>포기하고 말았다</u>.

④ 할 수밖에 없었어요: '-(으)ㄹ 수밖에 없다'는 동사·형용사와 결합하며 다른 방법이나 가능성이 없다는 것을 나타낼 때 사용한다.

예 너무 배가 고파서 밥을 많이 <u>먹을 수밖에 없었다</u>.

08 숙제를 해야 하는 시간에 야근을 하게 돼서 숙제를 하지 못했다고 설명하고 있으므로 ②의 '야근하느라고'가 정답이다.

▶ 야근하느라고: '-느라고'는 동사와 결합하며 앞 문장이 뒤 문장에 대한 원인이나 이유가 됨을 나타낸다.

예 미안해요. <u>운전하느라고</u> 전화를 못 받았어요.

풀이

①~④의 기본형은 동사 '야근하다'이다.

① 야근하든지: '-든지'는 동사·형용사와 결합하며 여러 가지 중에서 어떤 것을 선택하거나 그 어느 것을 선택해도 상관없음을 나타낸다. 주로 '-든지 -든지'의 형태로 사용한다.

예 비행기표를 벌써 예매해서 날씨가 <u>좋든지 나쁘든지</u> 여행을 가야 해요.

③ 야근하자마자: '-자마자'는 동사와 결합하며 앞의 일이 이루어지고 난 다음에 바로 뒤의 일이 일어남을 나타낼 때 사용한다.

예 어제는 너무 피곤해서 집에 <u>오자마자</u> 씻지도 않고 잤다.

④ 야근한 데다가: '-(으)ㄴ/는 데다가'는 '동사 + -(으)ㄴ/는 데다가', '형용사 + -(으)ㄴ 데다가'의 형태로 결합하며 앞의 상태에 다른 상태가 덧붙여져 정도가 심해짐을 나타낸다.

예 지수는 공부도 <u>잘하는 데다가</u> 성격도 좋아요.

☑ 동사와 결합하고 형용사와는 결합하지 않는다.
　예 어젯밤에 축구를 <u>보느라고</u> 잠을 못 잤어요. (○)
　　 어제 <u>바쁘느라고</u> 숙제를 못 했어요. (×)
☑ 앞 내용이 원인이나 이유가 되어 뒤 내용으로 부정적인 결과가 온다.
　예 주말에 이사를 <u>하느라고</u> 힘들었어요. (○)
　　 친구를 <u>만나느라고</u> 즐거웠어요. (×)
☑ 앞뒤의 주어가 같아야 한다.
　예 <u>아버지께서</u> 한국에 오시느라고 <u>저는</u> 학교에 결석했어요. (×)
☑ 의지를 필요로 하는 동사에만 사용한다.
　예 <u>교통사고가</u> 나느라고 힘들었어요. (×)

09 다음 주에 보는 시험에 대해 잘 봐야 한다고 추측하는 의미이므로 ④의 '할 텐데'가 정답이다.

▶ 할 텐데: '-(으)ㄹ 텐데'는 동사 · 형용사와 결합하며 말하는 사람의 추측을 나타낼 때 사용한다.
　예 부모님이 <u>기다리실 텐데</u> 빨리 집에 들어가세요.

풀이

①~④의 기본형은 '하다'이다

① 하고: '-고'는 동사 · 형용사와 결합하며 두 가지 이상의 일이나 상황을 연결할 때 사용한다.
　예 이 김밥은 <u>싸고</u> 맛있어서 자주 먹는다.

② 해도: '-아/어도'는 동사 · 형용사와 결합하며 앞의 일이나 상태와 관계없이 꼭 뒤의 상황이 일어남을 나타낸다. 앞에 '아무리'가 자주 온다.
　예 아무리 <u>바빠도</u> 건강을 위해서 아침을 꼭 먹어야 한다.

③ 하다가: '-다가'는 동사와 결합하여 앞의 행위가 중단되고 다른 행위로 바뀌게 되는 것을 나타낸다.
　예 숙제를 <u>하다가</u> 잠이 들었어요.

10 주말에 한국어를 공부한다는 것을 하산 씨에게 듣고 그것에 대해 묻자, 다문화 센터에서 한국어 공부를 하고 있다고 대답하고 있으므로 ②의 '공부한다면서요'가 정답이다.

풀이

①~④의 기본형은 동사 '공부하다'이다.

① 공부해도 돼요: '-아/어도 되다'는 동사와 결합하며 어떤 행위의 허락을 구함을 나타낸다.

예 여기에서 사진을 <u>찍어도 돼요</u>?

③ 공부하려고 해요: '-(으)려고 하다'는 동사와 결합하며 계획하고 있는 것을 이야기할 때 사용한다.

예 저는 5단계까지 공부를 마치면 국적을 <u>신청하려고 해요</u>.

④ 공부하고 싶어요: '-고 싶다'는 동사와 결합하며 주어의 희망을 나타낸다.

예 가: 여름휴가에 어디에 <u>가고 싶어요</u>?

　　나: 저는 바다에 <u>가고 싶어요</u>.

11 드라마를 보려고 했지만 의도하지 않게 잠이 들어서 못 봤다는 의미이므로 ①의 '들고 말았어요'가 정답이다.

▶ 들고 말았어요: '-고 말다'는 동사와 결합하며 의도하지 않았지만 그 일이 결국 일어났음을 표현할 때 사용한다.

예 다이어트를 하고 있어서 치킨을 안 먹으려고 했지만 결국 <u>먹고 말았다</u>.

풀이

①~④의 기본형은 동사 '들다'이다.

② 들지도 몰라요: '-(으)ㄹ지도 모르다'는 동사 · 형용사와 결합하며 확실하지 않은 일이나 상황을 추측하여 말할 때 사용한다.

예 저는 10년 후에 사업을 <u>할지도 몰라요</u>.

③ 들 것 같았어요: '-(으)ㄹ 것 같다'는 동사 · 형용사와 결합하며 어떤 일이나 상황에 대해 추측할 때 사용한다.

예 이 음식의 색깔을 보니 <u>매울 것 같아요</u>.

④ 들기 마련이에요: '-기 마련이다'는 동사 · 형용사와 결합하며 그런 일이 있는 것이 당연하다는 의미를 표현할 때 사용한다. '-기 마련이다'는 '누구나', '사람들은'과 같이 일반적인 주어를 사용한다.

예 누구나 몸이 아프면 부모님이 <u>생각나기 마련이다</u>.

12 '아이들은 부모의 행동을 보고 배우기 마련이다.'와 의미가 같은 문장을 고르는 문제로 '아이들은 부모의 행동을 보고 배우는 것이 당연하다'는 의미이므로 ②의 '아이들은 부모의 행동을 보고 배울 수밖에 없다.'가 정답이다.

▶ 배우기 마련이다: '-기 마련이다'는 동사·형용사와 결합하며 어떤 일이 당연하거나 자연스러운 것이라고 말할 때 사용한다.

예 외국에서 살면 고향이 <u>그립기 마련이다</u>.

▶ 배울 수밖에 없다: '-(으)ㄹ 수밖에 없다'는 동사·형용사와 결합하며 그 상황에서는 그렇게 하는 것이 당연하다고 표현할 때 사용한다.

예 상품이 품질이 좋고 싸면 잘 <u>팔릴 수밖에 없다</u>.

13 '남편은 퇴근하자마자 텔레비전을 켜고 축구 경기를 본다.'와 의미가 같은 문장을 고르는 문제로 '퇴근하고 바로'의 의미인 ④의 '남편은 퇴근한 다음에 바로 텔레비전을 켜고 축구 경기를 본다.'가 정답이다.

▶ 퇴근하자마자: '-자마자'는 동사와 결합하며 어떤 일이 일어난 다음에 바로 다른 상황이 일어남을 나타낸다.

예 아침에 <u>일어나자마자</u> 휴대 전화를 보는 습관은 건강에 안 좋다고 한다.

▶ 퇴근한 다음에: '-(으)ㄴ 다음에'는 동사와 결합하며 어떤 일을 먼저 하고 그 뒤에 다른 일을 하는 것을 나타낸다.

예 창문을 <u>연 다음에</u> 청소를 하세요.

▶ 바로: 시간의 간격이 없이 곧

예 학교가 끝나면 <u>바로</u> 집에 가야 한다.

14 '바다 구경도 할 겸 친구도 만날 겸 부산에 갈 거예요.'와 의미가 같은 문장을 고르는 문제로 '-(으)ㄹ 겸'은 두 가지 이상의 행위가 목적이 됨을 나타내므로 ①의 '바다 구경도 하고 친구도 만나려고 부산에 갈 거예요.'가 정답이다.

▶ 바다 구경도 할 겸 친구도 만날 겸: '-(으)ㄹ 겸'은 동사와 결합하며 어떤 행동을 하는 두 가지 이상의 목적을 나타낼 때 사용한다. 보통 '-(으)ㄹ 겸 -(으)ㄹ 겸'의 형태로 사용한다.

예 친구도 <u>만날 겸</u> 옷도 <u>구경할 겸</u> 백화점에 가려고 한다.

15 '시험에 합격해서 기쁜 나머지 눈물이 났다.'와 의미가 같은 문장을 고르는 문제로 '-(으)ㄴ 나머지'는 앞의 상태나 행동의 결과로 뒤의 내용이 일어났음을 나타내므로 ①의 '시험에 합격한 것이 기뻐서 눈물이 났다.'가 정답이다.

▶ 기쁜 나머지: '-(으)ㄴ 나머지'는 동사·형용사와 결합하며 앞의 상태나 행동의 결과로 뒤의 내용이 일어났음을 나타낼 때 사용한다.

예 태풍 때문에 <u>불안한 나머지</u> 밤에 한숨도 잘 수 없었다.

16 민수 씨가 "우리 공포 영화를 보지 말까요?"라고 직접 말했다는 것과 의미가 같은 간접화법 문장을 고르는 문제로 다른 사람에게 들은 권유나 제안의 내용을 전달하는 의미인 ④의 '민수 씨가 저에게 공포 영화를 보지 말자고 제안했어요.'가 정답이다.

▶ 보지 말자고 제안했어요: '-자고 하다/권유하다/제안하다'는 동사와 결합하며 다른 사람에게 들은 권유나 제안의 내용을 다시 말하거나 전달할 때 사용한다. '-(으)ㄹ까요?'는 '-자고 하다/권유하다/제안하다'로, '-지 말까요?'는 '-지 말자고 하다/권유하다/제안하다'로 바꿀 수 있다.

참고자료	간접화법 더 알아보기	
구분	동사	형용사
평서문, 감탄문	-ㄴ/는다고 하다 예 먹는다고 해요, 간다고 해요	-다고 하다 예 좋다고 해요, 크다고 해요
명령문	-(으)라고 하다 예 읽으라고 해요, 보라고 해요	없음
청유문	-자고 하다 예 여행가자고 해요	없음
의문문	-(느)냐고 하다 예 공부하(느)냐고 해요	-(으)냐고 하다 예 좋(으)냐고 해요, 예쁘냐고 해요

17 옆집에 이혼을 하고 혼자 아이를 키우는 가족이 있다는 이야기를 하고 있으므로 ④의 '한부모 가족'이 정답이다.

풀이

① 대가족: 식구가 많은 가족으로, 보통 여러 세대의 가족이 함께 사는 가족을 의미함
　　예 라민 씨의 집은 3대가 같이 사는 대가족이다.
② 핵가족: 부부와 미혼 자녀로 이루어진 가족
　　예 요즘은 대가족이 점점 줄어들고 핵가족이 많아지고 있다.
③ 다문화 가족: 국적과 문화가 다른 사람들로 이루어진 가족
　　예 한국에는 다문화 가족이 늘어나고 있는 추세이다.

18 세종대왕의 능은 영릉이므로 ㉠은 '영릉'이다. 그리고 조선 왕릉의 가치를 인정받아 2009년 유네스코 세계문화유산이 되었다는 의미이므로 ㉡은 '지정되었다'가 와야 자연스럽다. 그러므로 ③의 '㉠ – 영릉, ㉡ – 지정되었다'가 정답이다.

▶ 능: 임금이나 왕후의 무덤
　　예 중국 동북 지방에 광개토 대왕의 능으로 추측되는 곳이 있다.
▶ 묻혀: '묻히다'는 '땅속에 들어가져서 다른 물건으로 덮이는 상태가 되다'의 뜻이다.
　　예 땅속에 묻힌 석유를 개발하는 일이 시급하다.

▶ 절대적: 아무런 조건이나 제약이 없거나 구속을 받지 않는 것

　예 자식에 대한 부모님의 사랑은 <u>절대적</u>이다.

▶ 지정되었다: '지정되다'는 '어떤 것이 행정 관청, 단체에 의해 가리켜 정해지다'의 뜻이다.

　예 이번에 우리 회사에서 만든 물품이 친환경 제품으로 <u>지정되었다</u>.

▶ 종묘: 조선 시대의 임금과 왕비의 위패를 모신 왕실의 사당

　예 1995년 12월에 <u>종묘</u>가 유네스코 세계문화유산으로 지정되었다.

19 남편은 나에게 돌잡이에서 아이가 돈을 잡으면 부자가 되고, 실(①)을 잡으면 오래 살 거라고 설명해 주었다. 또 연필을 잡으면 공부를 잘하게 되고, 청진기(②)나 마이크(④)를 잡으면 의사나 가수가 될 거라고 하였으므로 돌잡이 행사에 있었던 물건이 아닌 것은 ③의 '판사봉'이다.

▶ 돌: 아이가 태어난 날부터 1년이 되는 날

　예 내일은 우리 아들이 태어난 지 1년이 되는 <u>돌</u>이다.

▶ 추측해: '추측하다'는 '어떤 사실을 미루어 다른 것을 짐작하다'의 뜻이다.

　예 할머니는 오늘 구름 낀 하늘을 보고 내일은 비가 올 것이라고 <u>추측하신</u>다.

▶ 바랐지만: '바라다'는 '어떤 일이 어떻게 되었으면 하고 기대하거나 바라다'의 뜻이다.

　예 한국 국민들은 모두 통일이 되기를 <u>바라고</u> 있다.

　풀이

판사봉은 법원에서 판사가 판결을 내릴 때 사용하지만 한국에서는 1966년부터 사용하지 않고 있다.

> **참고자료**　**'바라다'와 '바래다'의 구별**
>
> '바라다'는 '어떤 일이 이루어지기를 소원하다'의 뜻이고, '바래다'는 '색이 변하다' 또는 '사람을 배웅하다'의 뜻이다.
>
> 　예 부모님은 내가 의사가 되기를 <u>바라신</u>다. (바라다)
>
> 　　이 옷은 오래 되어서 색이 많이 <u>바랬다</u>. (바래다)
>
> 　　아버지는 손님들을 주차장까지 <u>바래다</u> 주셨다. (바래다)

20 유의 사항에 미술관 내에서 사진 촬영 절대 불가능이라고 쓰여 있으므로 ①의 '아트갤러리 안에서 사진을 찍으면 안 된다.'가 정답이다.

▶ 천재: 타고난 뛰어난 재능을 가진 사람

　예 모차르트는 <u>천재</u> 음악가로 알려져 있다.

▶ 감상할: '감상하다'는 '예술 작품의 아름다움을 느끼고 즐기고 이해하다'의 뜻이다.

　예 나는 음악을 <u>감상할</u> 때 마음이 편해진다.

▶ 입장: 장소 안으로 들어가는 것

예 이 전시회는 만 12세 미만은 무료 <u>입장</u>이라고 한다.

▶ 마감: 정한 기한의 끝

예 월요일이 서류 <u>마감</u>이니 빨리 접수해 주시기 바랍니다.

▶ 불가능: 할 수 없거나 될 수 없는 것

예 열심히 노력하면 <u>불가능</u>은 없다.

풀이

② 6시 이후에 가면 더 저렴하게 관람할 수 있다. → 5시 이후에 입장할 때 30% 할인을 받는다. 6시는 입장 마감 시간이므로 6시 이후에는 입장할 수 없다.

③ 7월 마지막 주 수요일에 가면 30% 할인이 된다. → 5시 이후에 입장할 때 30% 할인을 받는다.

④ 뮤지컬 '고흐' 공연을 광고하고 있는 포스터이다. → 화가 '고흐'의 그림 전시회 포스터이다.

21 세계보건기구(WHO)에서는 우울하다고 느낄 때 스스로 극복할 수 있는 방법으로 술과 담배 피하기, 산책이나 걷기 등의 간단한 운동 규칙적으로 하기, 친한 친구에게 자신의 감정 솔직하게 말하기, 가족이나 친구에게 계속 연락하기를 제시하고 있으므로 ②의 '규칙적으로 운동을 한다.'가 정답이다.

▶ 지속되면: '지속되다'는 '일이나 상태가 끊이지 않고 오래 유지되다'의 뜻이다.

예 당분간 비가 많이 와서 습한 날씨가 <u>지속될</u> 예정이다.

▶ 발견해서: '발견하다'는 '지금까지 보지 못한 것을 찾아내거나 처음으로 알아내다'의 뜻이다.

예 뉴턴은 나무에서 떨어진 사과를 보고 만유인력의 법칙을 <u>발견하게</u> 되었다.

▶ 극복할: '극복하다'는 '어렵고 힘든 상황을 노력하여 없애거나 좋아지게 하다'의 뜻이다.

예 지난번의 실패를 <u>극복하기</u> 위해서 나는 최선의 노력을 다할 것이다.

▶ 제시하고: '제시하다'는 '의사나 근거를 글이나 말로 드러내어 보이게 하다'의 뜻이다.

예 직원들이 <u>제시한</u> 요구 사항을 사장님이 꼼꼼히 살펴보고 있다.

▶ 간단한: '간단하다'는 '까다롭지 않고 손쉽다'의 뜻이다.

예 이 프로그램은 <u>간단해서</u> 누구나 쉽게 사용할 수 있다.

▶ 솔직하게: '솔직하다'는 '거짓이나 꾸미는 것이 없고 바르다'의 뜻이다.

예 잘못했을 때는 <u>솔직하게</u> 말하는 것이 최선의 방법이다.

22 우울한 기분이 2주 이상 지속되면 병원이나 지역 정신 보건 기관에 방문해서 상담을 받아야 하는데 그 이유는 우울증은 빨리 발견해서 치료하는 것이 중요하기 때문이라고 했으므로 ④의 '우울증은 빨리 발견해서 치료하는 것이 중요하기 때문에'가 정답이다.

23 분실, 도난, 폭행 등 범죄 사건이 발생한 경우 경찰서로 전화하면 된다. 경찰서의 전화번호는 112번이므로 ①의 '112'가 정답이다.

- ▶ 분실: 자기도 모르게 물건을 잃어버림

  예 지하철에서 급하게 내리다가 <u>분실</u> 사고가 종종 일어난다.

- ▶ 도난: 도둑맞음

  예 도서관에서 잠시 자리를 비운 사이에 노트북을 <u>도난</u>당했다.

- ▶ 폭행: 난폭한 행동. 다른 사람을 때림

  예 술에 취해 기차 승무원을 <u>폭행</u>한 50대가 경찰에 체포되었다.

풀이

② 114: 전화번호 문의

③ 119: 화재나 응급 환자 발생 시 신고

④ 123: 전기 관련 상담 및 전기 고장 신고

24 출입국·외국인청에 방문하는 대신 인터넷으로 처리할 수 있는 업무도 있지만 국적취득신고 등 반드시 출입국·외국인청에 직접 방문해야 하는 경우도 있으므로 ①의 '출입국·외국인청에 가지 않고 인터넷으로 모든 업무를 볼 수 있다.'가 옳지 않은 설명이다.

- ▶ 접속해야: '접속하다'는 '컴퓨터 인터넷 사이트에 정보를 얻기 위해서 들어가다'의 뜻이다.

  예 내일 날씨를 확인하기 위해 인터넷에 <u>접속했다</u>.

풀이

② 2024년 기준 출입국·외국인청 6개소, 출입국·외국인사무소 14개소로 전국에 20개소가 운영되고 있다.

25 한국의 편의점에서 해열제, 진통제, 소화제, 감기약, 파스를 살 수 있으므로 ③의 '항생제'가 옳지 않다.

- ▶ 항생제: 몸에 들어오는 세균이나 미생물의 번식을 막는 약품

  예 <u>항생제</u>를 너무 많이 사용하면 부작용이 생길 수 있다.

26 한국에서는 명절이나 생일, 백일 등 특별한 날에 먹는 음식이 있다. 설날에는 떡국(㉠)을 먹는데, 1년 동안의 때를 벗고 깨끗해지라는 의미가 있다. 또한 설날에 떡국을 먹어야 나이를 한 살 더 먹는다고 생각했다. 추석에는 농사가 잘되게 해 주신 것을 조상에게 감사하는 마음으로 송편(㉡)을 만들어 먹었으며, 동지에는 나쁜 일이 생기지 않도록 팥죽(㉢)을 끓여 먹기도 하고 팥을 대문에 뿌리기도 했다. 그러므로 ②의 '㉠ – 떡국, ㉡ – 송편 ㉢ – 팥죽'이 정답이다.

정월대보름은 음력 1월 15일이며, 이날에는 오곡밥과 부럼을 먹는다. 특히 부럼은 피부병이 생기지 않게 해 준다는 의미가 있어서 정월대보름에 꼭 먹었다.

27 한국에서는 예로부터 기침을 심하게 할 때는 배를 끓여서 마시는 민간요법이 널리 사용되어 왔다. 그러므로 ③의 '배를 끓여서 마셨고'가 정답이다.

▶ 민간요법: 옛날부터 사람들 사이에 전해 내려오는 치료법

예 민간요법을 모두 믿을 수는 없다.

▶ 근거: 일, 의견, 논쟁이 나오게 된 까닭

예 근거 없는 소문을 들으면 당황스러울 때가 많다.

28 절기는 1년을 스물넷으로 나누어 계절의 변화를 나타내는 것으로 사람들에게 익숙한 절기로는 입춘, 춘분, 하지, 추분, 동지 등이 있다. 입춘은 '봄의 시작'을 의미하며, 대문에 한자로 '입춘대길(立春大吉)'이라고 써서 붙이고 복을 빌었다. 춘분은 낮과 밤의 길이가 같은 날이며, 춘분이 지나면 낮의 길이가 점점 길어진다. 하지는 1년 중 낮의 길이가 가장 긴 날이며, 하지가 지나면 낮의 길이가 점점 짧아진다. 추분은 낮과 밤의 길이가 같은 날이며, 추분이 지나면 밤의 길이가 길어진다. 동지는 1년 중 밤의 길이가 가장 긴 날이며, 동지가 되면 팥죽을 먹으며 나쁜 일이 생기지 않기를 빌었다. 그러므로 ②의 'ㄱ, ㄷ'이 정답이다.

작문형

다음 내용을 포함하여 '내가 경험한 사고'라는 제목으로 글을 쓰시오.

- 언제, 어디에서, 어떤 사고를 겪었습니까?
- 사고가 일어난 후에 어떻게 해결했습니까?

※ 작문시험 답안지에 제목은 생략하고 <u>본문만 쓰세요.</u>

	나	는		작	년		여	름	에		자	전	거	를		타	고		출
근	하	다	가		회	사		앞		큰		도	로	에	서		자	동	차
에		치	였	다	.		다	행	히		크	게		다	치	지	는		않	았
다	.		보	험		회	사	와		11	2	에		신	고	를		하	고
병	원	에		가	서		치	료	를		받	고		집	에		왔	다	.

참고자료 쓰기 요령

☑ 내가 경험한 사고를 구체적으로 씁니다.

　　예 교통사고, 화재 사고, 등산 사고, 추락 사고, 자전거 사고 등

☑ 사고가 난 후에 어떻게 해결했는지 해결 방법을 구체적으로 씁니다.

　　예 경찰서에 신고하다, 병원에서 치료를 받다 등

01 (가) 그림은 어떤 가족 형태입니까? (가) 그림에 나오는 가족의 특징을 말해 보세요.

▶ (가) 그림은 대가족입니다. 대가족은 한국의 전통적인 가족 형태로 조부모, 부모, 자녀 이렇게 3대가 함께 사는 가족을 말합니다. 여러 세대가 한 집에 함께 살기 때문에 가족 간의 유대가 깊은 편입니다. 또한 어른들을 모시고 살기 때문에 어른들이 집안의 중요한 일을 결정할 때가 많습니다.

02 (나) 그림은 어떤 가족 형태입니까? (나) 그림에 나오는 가족의 특징을 말해 보세요.

▶ (나) 그림은 핵가족입니다. 핵가족은 부부와 미혼 자녀가 함께 사는 가족을 말합니다. 자녀가 성장하여 결혼을 하면 부모님을 떠나 분가를 하게 됩니다. 핵가족은 산업화와 도시화로 증가했는데 이들은 부부가 집안일을 분담하고 각자의 생활을 존중해 줍니다. 또한 집안에 중요한 일이 생기면 가족이 함께 의논하여 결정을 합니다.

03 _____ 씨는 어떤 가족 형태를 선호합니까? 왜 그런 가족 형태를 선호합니까?

▶ 저는 대가족보다 핵가족을 선호합니다. 저는 남편과 제가 동등한 입장에서 중요한 일을 함께 결정하고 집안일도 나누어서 하면 좋겠습니다. 또한 각자의 생활을 존중해 주고 존중받으며 살고 싶고, 주말이면 남편과 함께 여가 활동도 즐기면서 살고 싶습니다. 그래서 저는 핵가족을 선호합니다.

04 경기가 호황일 때 생기는 사회적 현상을 말해 보세요.

현재 한국의 경기 상황은 어떻다고 생각합니까? 이럴 때 어떤 생활태도를 가져야 합니까?

▶ 경기가 호황이라는 것은 경제활동 상태가 좋은 것을 의미합니다. 경기가 호황일 때는 취업률이 높아지고 실업률이 감소합니다. 그래서 생산량이 많아지고 개인 소비도 늘어납니다. 생산과 소비가 많아지면 일자리도 많아지고 경제 활동이 활발하게 일어납니다. 그렇지만 지금 한국의 경기는 조금 불황인 것 같습니다. 왜냐하면 일자리를 구하기 힘들고 수입이 줄어서 개인 소비도 감소하고 있기 때문입니다. 이럴 때는 생활비를 절약하고 지금 하고 있는 일을 열심히 하면서 다시 경기가 좋아질 수 있게 모두가 노력해야 합니다.

05 우리는 생활하면서 법과 질서를 지켜야 합니다.

왜 법과 질서를 지켜야 하는지 이유를 말해 보세요.

▶ 우리는 생활하면서 법과 질서를 지켜야 합니다. 법과 질서를 지키지 않으면 많은 사람이 불편을 느끼게 되고 범죄의 피해자가 될까 봐 불안해할 수도 있습니다. 예를 들어 쓰레기를 함부로 버리면 거리가 지저분해지고 냄새가 나며 쓰레기를 피해 다녀야 해서 불편해질 것입니다. 이처럼 법과 질서를 지키는 것은 자신뿐만 아니라 사회 전체를 위해서 꼭 필요합니다. 우리 모두가 법과 질서를 잘 지킬 때 안전하고 편안한 사회가 될 것입니다. 그러므로 법과 질서를 꼭 지켜야 합니다.

참고자료 말하기 요령

☑ '-아요/어요' 또는 '-습/ㅂ니다' 형식으로 말합니다.

☑ 면접관의 얼굴을 보고 이야기합니다. (아래나 다른 곳을 보지 않습니다.)

☑ 먼저 생각해 보고 천천히 또박또박 이야기하면 됩니다. 너무 빨리 말하면 실수할 수 있습니다.

☑ 질문을 이해하지 못했을 경우 "다시 질문해 주세요."라고 공손히 말합니다.

☑ 단어나 단답형, 짧은 문장으로 말하지 말고, 질문의 문장을 이용해서 길게 대답합니다.

〈좋은 대답의 예〉

가: _____ 씨는 시간이 있을 때 무엇을 자주 해요?

나: 저는 시간이 있을 때 한국 영화를 자주 봐요.

〈좋지 않은 대답의 예〉

가: _____ 씨는 시간이 있을 때 무엇을 자주 해요?

나: 영화 봐요.

제2회 정답 및 해설

실전 모의고사 p.112

※ 작문형과 구술시험은 별도 표기하였습니다.

필기시험

객관식 (01~28번)

01	02	03	04	05	06	07	08	09	10
①	④	④	①	③	①	④	②	③	②

11	12	13	14	15	16	17	18	19	20
②	④	④	③	④	③	②	①	③	①

21	22	23	24	25	26	27	28		
②	①	③	②	②	①	③	④		

01 충동구매를 하지 않고 계획적으로 쇼핑을 하기 위해 사야 할 물품을 미리 적어 놓으라는 뜻이므로 '기억을 돕기 위해 짤막하게 글로 남기다'의 뜻을 가진 ①의 '메모하는(메모하다)'이 정답이다.

▶ 충동구매: 물건을 살 필요나 의사가 없이 물건을 구경하거나 광고를 보다가 갑자기 사고 싶어져서 사는 행위

예 충동구매로 구입한 다이어트 식품이 부엌 한쪽에 자리만 차지하고 있다.

풀이

② 결제하는: '결제하다'는 '대금을 주고받아서 매매 당사자 사이의 거래 관계를 끝맺다'의 뜻이다.

예 요즘은 편의점에서 천 원짜리 물건을 살 때도 카드로 결제할 수 있다.

③ 적립하는: '적립하다'는 '모아서 쌓아 두다'의 뜻이다.

예 이 빵집은 빵을 살 때마다 포인트를 적립해 주기 때문에 단골이 많다.

④ 할인하는: '할인하다'는 '일정한 값에서 얼마를 빼다'의 뜻이다.

예 그 매장은 금요일 저녁이 되면 식료품을 20% 할인해서 판매한다.

02 결혼한 후에도 남편과 아내 둘 다 일하는 부부가 많다는 뜻이므로 '부부가 모두 직업을 가지고 돈을 버는 일'의 뜻을 가진 ④의 '맞벌이'가 정답이다.

▶ 주말부부: 직장이 서로 멀리 떨어져 있어서 평소에는 따로 지내다가 주말에만 함께 지내는 부부

예 갑자기 남편이 직장 때문에 부산으로 가게 되어 주말부부로 살고 있다.

풀이

① 대가족: 식구 수가 많은 가족

예 우리 가족은 삼대가 모여 사는 대가족이다.

② 다문화: 한 사회 안에 여러 민족이나 국가의 문화가 함께 있는 것을 이르는 말

예 한국은 국제결혼이 많아지면서 다문화 사회로 진입했다고 할 수 있다.

③ 핵가족: 한 쌍의 부부와 미혼의 자녀만으로 구성된 가족

예 요즘은 결혼 후에 부모를 떠나서 따로 사는 핵가족이 많다.

03 계속 노력한다면 가수의 꿈을 이룰 수 있다는 내용이 자연스러우므로 '거의 변함이 없이 끈기있게'의 뜻을 가진 ④의 '꾸준히'가 정답이다.

▶ 이룰: '이루다'는 '무엇을 어떠한 상태가 되게 하다'의 뜻이다.

예 꿈을 이루기 위해 한국에 왔다.

풀이

① 절대로: 어떠한 경우에도 반드시 (보통 '아니다, 못하다'와 함께 쓴다.)

예 내일은 시험이 있어서 절대로 늦으면 안 된다.

② 아무리: 최대한 노력하여

예 아무리 잠을 자려고 해도 잠이 오지 않는다.

③ 저절로: 남의 힘을 빌리지 않고 제 스스로. 일부러 힘을 들이지 않고 자연적으로

예 자동문은 저절로 열린다.

04 티켓을 예매해서 다음 주 토요일에 친구하고 같이 그림을 관람하러 간다는 의미이므로 그림을 관람할 수 있는 곳인 ①의 '전시회'가 정답이다.

▶ 관람하기: '관람하다'는 '연극, 영화, 운동 경기, 미술품 등을 구경하다'의 뜻이다.

예 주말이면 친구하고 영화를 관람한다.

풀이

② 뮤지컬: 미국에서 발달한 현대 음악극의 한 형식으로 음악, 노래, 무용을 결합한 종합 무대 예술

예 엘레나 씨는 뮤지컬 배우가 되기 위해 연기뿐만 아니라 춤과 노래도 연습하고 있다.

③ 연주회: 음악을 연주하여 청중들에게 들려주는 모임

　　예 다음 달에 김 교수님의 피아노 연주회가 열린다고 해서 꼭 참석하려고 한다.

④ 콘서트: 음악을 연주하여 청중들이 음악을 감상하게 하는 모임

　　예 내가 가장 좋아하는 가수의 콘서트에 가기 위해 표를 미리 샀다.

05 '펜이나 연필처럼 선을 그을 수 있는 도구로 종이에 획을 그어서 일정한 글자를 적다'의 뜻을 가진 '쓰고(쓰다)'와 의미가 비슷한 것을 고르는 문제이므로 '서류, 원고를 만들다'라는 뜻을 가진 ③의 '작성하고(작성하다)'가 정답이다.

▶ 이력서: 취업을 하기 위해 자신의 학력, 경력, 자격 사항 등 이력을 적은 문서

　　예 이번 신입 사원 모집에 지원하려면 이력서를 우편으로 제출하시기 바랍니다.

풀이

① 복사하고: '복사하다'는 '문서, 그림, 사진을 복사기를 이용해서 같은 크기, 또는 축소, 확대하여 복제하다'의 뜻이다.

　　예 뚜엔 씨는 월요일 아침마다 회의에 쓸 자료를 복사한다.

② 제출하고: '제출하다'는 '문안, 의견, 법안 등을 내다'의 뜻이다.

　　예 기말고사는 시험 대신에 교수님께 보고서를 제출하면 된다.

④ 기여하고: '기여하다'는 '도움이 되도록 이바지하다'의 뜻이다.

　　예 김대중 전 대통령은 남북 평화에 기여한 공로를 인정받아 노벨 평화상을 수상했다.

06 '본디보다 작아지거나 적어지다'의 뜻을 가진 '줄지(줄다)'와 의미가 비슷한 것을 고르는 문제이므로 '양이나 수치가 줄다'의 뜻을 가진 ①의 '감소하지(감소하다)'가 정답이다.

▶ 경기 침체: 매매나 거래가 활발하게 이루어지지 못하고 제자리에 머묾

　　예 세계적인 금융 위기의 영향으로 경기 침체가 계속되고 있다.

▶ 지속되면서: '지속되다'는 '끊이지 않고 오랫동안 계속되거나 유지되다'의 뜻이다.

　　예 당분간 맑고 화창한 날씨가 지속될 전망입니다.

▶ 실업률: 일을 할 수 있는 인구 중에서 실업자가 차지하는 비율

　　예 청년 실업률이 증가하고 있어서 경제 발전에 문제가 생겼다.

풀이

② 상승하지: '상승하다'는 '낮은 데서 위로 올라가다'의 뜻이다.

　　예 그 회사는 신약 개발에 성공해서 주가가 계속 상승하고 있다.

③ 소비하지: '소비하다'는 '돈, 물품, 시간, 힘 등을 써서 없애다'의 뜻이다.

　　예 한국은 쌀을 많이 소비하는 나라이다.

④ 증가하지: '증가하다'는 '양이나 수치가 늘다'의 뜻이다.

　　예 최근에는 학업이나 취업으로 인해 부모를 떠나 혼자 사는 1인 가구가 증가하고 있다.

07 한국어를 잘 모르지만 한국 생활이 힘들지 않다는 뜻으로 '예외적인 경우'를 말하고 있으므로 ④의 '치고'가 정답이다.

▶ 모르는 것치고: '치고'는 명사와 결합하며 일반적으로 생각할 때 앞말의 내용이 뒤의 내용에 대해 예외가 없거나, 뒤의 내용이 앞말의 내용에 대해 예외적일 때 사용한다.
예 한국 사람치고 이 노래를 모르는 사람이 없다.
(예외 없이 모든 한국 사람들이 이 노래를 알고 있다는 뜻이다.)
마이클 씨는 외국인치고 한국어 발음이 좋은 편이에요.
(대부분의 외국인은 한국어 발음이 안 좋은데 마이클 씨는 예외적으로 발음이 좋다는 뜻이다.)

풀이

① 보다: '보다'는 명사와 결합하여 앞의 것이 비교의 기준이 되는 대상임을 나타낸다.
예 사과는 딸기보다 큽니다.
② 으로: '(으)로'는 명사와 결합하여 방향, 재료, 수단이나 도구의 뜻을 나타낸다.
예 앞으로 쭉 가다가 왼쪽으로 가세요. (방향)
이 빵은 쌀가루로 만들었어요. (재료)
연필로 편지를 썼어요. (도구)
③ 이나: '(이)나'는 명사와 결합하여 둘 이상의 사물 중 하나만 선택하거나 수량이 생각보다 많을 때 사용한다.
예 보통 점심에 김밥이나 라면을 먹는다. (선택)
집들이에 사람이 열 명이나 왔다. (수량이 생각보다 많을 때)

08 휴가 때는 길이 막혀서 복잡하고 사람이 많으니까 부산에는 다음에 가자는 의미이므로 ②의 '복잡한 데다가'가 정답이다.

▶ 복잡한 데다가: '-(으)ㄴ/는 데다가'는 '동사 + -(으)ㄴ/는 데다가', '형용사 + -(으)ㄴ 데다가'의 형태로 결합하며 앞의 상황에 다른 상황이 더해짐을 나타낼 때 사용한다.
예 제주도는 경치도 아름다운 데다가 맛있는 음식도 많아서 여행갈 만하다.

풀이

①~④의 기본형은 형용사 '복잡하다'이다.
① 복잡한 대신에: '-(으)ㄴ/는 대신에'는 동사·형용사와 결합하며 앞의 행동에 대한 보상이나 대체를 나타낼 때 사용한다.
예 요즘 회사 일 때문에 부모님을 찾아뵙지 못하는 대신에 자주 전화를 드립니다.
③ 복잡한 척하고: '-(으)ㄴ/는 척하다'는 '동사 + -(으)ㄴ/는 척하다', '형용사 + -(으)ㄴ 척하다'의 형태로 쓰이며 어떤 상태를 거짓으로 꾸밈을 나타낼 때 사용한다.
예 음식이 맛이 없었지만 요리사의 성의를 생각해서 맛있는 척했어요.
④ 복잡한 나머지: '-(으)ㄴ 나머지'는 동사·형용사와 결합하며 앞의 상태나 행동의 결과로 뒤의 내용이 일어났음을 나타낼 때 사용한다.
예 면접시험에서 너무 긴장한 나머지 대답을 제대로 하지 못했다.

09 특별한 일이 없으면 비가 와도 예정대로 행사를 진행한다는 의미이므로 ③의 '없는 한'이 정답이다.

▶ 없는 한: '-는 한'은 동사와 결합하며 앞의 내용이 뒤의 행동이나 상태에 대한 조건임을 나타낼 때 사용한다.

예 환경 오염을 줄이기 위해 노력하지 <u>않는 한</u> 지구 온난화는 계속될 거예요.

> **풀이**

①~④의 기본형은 '없다'이다.

① 없도록: '-도록'은 동사와 결합하며 뒤에 오는 행동의 목적을 나타낼 때 사용한다.

예 약속을 잊어버리지 <u>않도록</u> 수첩에 항상 메모를 한다.

② 없다가: '-다가'는 동사와 결합하며 어떤 행위나 상태가 중단되고 다른 행위로 전환됨을 나타낼 때 사용한다.

예 영화를 <u>보다가</u> 너무 지루해서 중간에 나와 버렸어요.

④ 없을 정도로: '-(으)ㄹ 정도로'는 동사·형용사와 결합하며 뒤의 행동이나 상태가 앞의 내용과 비슷한 정도임을 나타낼 때 사용한다.

예 앞이 안 <u>보일 정도로</u> 눈이 많이 내렸어요.

10 시험이 언제 있는지 알게 해 달라는 의미이므로 ②의 '알려'가 정답이다.

▶ 알려: '알다'의 사동사 '알리다'에 부탁을 나타내는 '-아/어 주세요'가 결합되어 '알려 주세요'의 형태로 사용한다.

예 선생님, 이 문제의 답을 좀 <u>알려</u> 주세요.

> **참고자료** **사동사와 '-게 하다'**

1. 사동사

☑ 다른 사람에게 어떤 변화가 생기도록 직접 어떤 행동을 하게 함을 나타내는 동사이다.

☑ '-이/히/리/기/우/추-'를 넣어 사동사를 만든다.

-이-	-히-	-리-
먹다 – 먹이다	입다 – 입히다	알다 – 알리다
죽다 – 죽이다	앉다 – 앉히다	울다 – 울리다
보다 – 보이다	눕다 – 눕히다	살다 – 살리다
붙다 – 붙이다	맞다 – 맞히다	돌다 – 돌리다
-기-	**-우-**	**-추-**
벗다 – 벗기다	자다 – 재우다	
신다 – 신기다	서다 – 세우다	늦다 – 늦추다
씻다 – 씻기다	타다 – 태우다	낮다 – 낮추다
웃다 – 웃기다	크다 – 키우다	

2. -게 하다
☑ '-게 하다'는 '다른 사람에게 어떤 일을 하도록 시키다'의 의미이다.

엄마가 아이에게 우유를 <u>먹여요</u>.
(엄마가 아기에게 직접 우유를 준다.)

엄마가 아이에게 우유를 <u>마시게 해요</u>.
(엄마가 아이 스스로 우유를 마시게 시킨다.)

11 영어를 어떻게 그렇게 잘하냐는 물음에 미국에서 대학을 다녔기 때문에 잘한다고 대답하는 의미이므로 ②의 '다녔잖아요'가 정답이다.

▶ 다녔잖아요: '-잖아요'는 동사·형용사와 결합하며 듣는 사람도 알고 있는 것을 확인해 주거나 상대방이 잘 기억하지 못하면 다시 알려줄 때 사용한다. 주로 말하기에서 사용하는 문법이다.

> [예] 가: 이번 모임 때 해물탕을 먹으러 갈까요?
> 나: 해물탕은 안 돼요. 존 씨가 해산물을 못 <u>먹잖아요</u>.

풀이

①~④의 기본형은 동사 '다니다'이다.

① 다니네요: '-네요'는 동사·형용사와 결합하며 새롭게 알게 된 사실에 대해 자신의 생각이나 느낌을 표현할 때 사용한다. 주로 말하기에서 사용하는 문법이다.

> [예] 와, 한국은 가을에 단풍이 정말 <u>아름답네요</u>.

③ 다닐 뻔했어요: '-(으)ㄹ 뻔하다'는 동사와 결합하며 실제로 일어나지 않았지만 어떤 일이 거의 일어날 것 같았을 때 사용한다.

> [예] 급하게 나오다가 계단에서 <u>넘어질 뻔했어요</u>.
> (조금만 잘못했으면 계단에서 넘어졌을 수도 있었지만 넘어지지 않았다.)

④ 다니기로 했어요: '-기로 하다'는 동사와 결합하며 계획이나 약속을 할 때, 결정한 일을 말할 때 사용한다.

> [예] 다음 달 15일에 이사를 <u>하기로 했어요</u>.

12 '여러분도 아시다시피 회사 매출이 작년보다 상승했습니다.'와 의미가 같은 문장을 고르는 문제로 '여러분도 아시다시피'는 '여러분이 아는 것과 같다'는 의미이므로 ④의 '여러분도 아시는 것과 같이 회사 매출이 작년보다 상승했습니다.'가 정답이다.

▶ 아시다시피: '-다시피'는 동사와 결합하며 듣는 사람이 이미 알고 있거나 지각하고 있는 것을 나타낼 때 사용한다.

> [예] <u>보시다시피</u> 지금 강원 지역에는 폭설이 내리고 있습니다.

▶ 매출: 물건 등을 내다 파는 일

예 이번 달에는 지난달보다 <u>매출</u>이 50% 늘었다.

13 '이번 휴가는 아이들과 바다에 갈 거예요.'와 의미가 같은 문장을 고르는 문제로 '바다에 가기로 계획을 했거나 결정했다'는 의미인 ④의 '이번 휴가는 아이들과 바다에 가기로 결정했어요.'가 정답이다.

▶ 갈 거예요: '-(으)ㄹ 거예요'는 동사와 결합하며 미래의 계획이나 의지를 말할 때 사용한다.

예 이번 주말에 친구와 쇼핑을 <u>할 거예요</u>.

14 '심한 안개로 인해 고속도로에서 교통사고가 발생했다.'와 의미가 같은 문장을 고르는 문제로 '고속도로에서 교통사고가 발생한 이유는 심한 안개 때문이다'는 의미인 ③의 '심한 안개 때문에 고속도로에서 교통사고가 발생했다.'가 정답이다.

▶ 안개로 인해: '(으)로 인해'는 명사와 결합하여 주로 부정적인 일의 원인을 나타내며 뉴스, 사건, 사고 등에 많이 쓰인다.

예 갑자기 내린 <u>비로 인해</u> 길이 매우 미끄럽다.

▶ 안개 때문에: '때문에'는 '동사 · 형용사 + -기 때문에', '명사 + 때문에'의 형태로 쓰이며 앞의 내용이 뒤의 내용의 원인이나 이유가 될 때 사용한다.

예 도시에는 사람이 많이 모여 <u>살기 때문에</u> 집값이 비쌉니다.

15 '빙빙 씨는 계단에서 넘어졌는데 안 아픈 척했다.'와 의미가 같은 문장을 고르는 문제로 '아팠지만 아프지 않은 것처럼 거짓으로 꾸몄다'는 의미인 ④의 '빙빙 씨는 계단에서 넘어져서 아팠지만 안 아픈 것처럼 행동했다.'가 정답이다.

▶ 안 아픈 척했다: '-(으)ㄴ/는 척하다'는 동사 · 형용사와 결합하며 어떤 상태를 거짓으로 그럴듯하게 꾸민다는 의미를 나타낼 때 사용한다.

예 그 남자는 돈도 없으면서 사람들 앞에서 돈이 <u>많은 척한다</u>.

16 '저는 제주도에 한 번 가 봤어요.'와 의미가 같은 문장을 고르는 문제로 '제주도에 가 본 경험이 있다'는 의미인 ③의 '저는 제주도에 간 적이 있어요.'가 정답이다.

▶ 가 봤어요: '-아/어 보다'는 동사와 결합하여 경험이 있음을 말할 때 사용한다.

예 저는 김치를 <u>먹어 봤어요</u>.

▶ 간 적이 있어요: '-(으)ㄴ 적이 있다'는 동사와 결합하며 경험이 있음을 말할 때 사용한다.

예 저는 한복을 <u>입은 적이 있어요</u>.

17 변기의 물이 잘 내려가지 않는다는 의미이므로 ②의 '막힙니다(막히다)'가 정답이다.

▶ 펌프질: 압력을 통해 액체나 기체를 빨아올리거나 이동시키는 기계를 사용하는 일

 예 물놀이 공원에는 튜브에 자동으로 펌프질을 해서 공기를 넣는 기계가 있어서 편리하다.

풀이

① 샙니다: '새다'는 '기체나 액체가 틈이나 구멍으로 조금씩 빠져나가거나 나오다'의 뜻이다.

 예 물병이 어디가 깨졌는지 물이 조금씩 샌다.

③ 잠깁니다: '잠기다'는 '물속에 물체가 넣어지거나 가라앉게 되다'의 뜻이다.

 예 홍수로 인해 하천 옆에 주차해 놓은 자동차들이 물에 잠겼다.

④ 깨집니다: '깨지다'는 '단단한 물건이 여러 조각이 나다'의 뜻으로 '깨어지다'의 준말이다.

 예 누군가 던진 돌맹이가 날아와서 창문이 깨졌다.

18 날씨가 추워서 보일러를 많이 틀었고 그로 인해 비용이 많이 들었다는 내용이므로 ㉠은 '난방비'이다. 그리고 방 안의 온도를 내리고 옷을 따뜻하게 입어서 이번 달처럼 비용이 많이 나오지 않게 아끼겠다는 의미이므로 ㉡은 '절약하려고'가 와야 자연스럽다. 그러므로 ①의 '㉠ – 난방비, ㉡ – 절약하려고'가 정답이다.

▶ 난방비: 방을 따뜻하게 하는 데 드는 비용

 예 겨울철에는 난방비가 많이 든다.

▶ 절약하려고: '절약하다'는 '함부로 쓰지 아니하고 꼭 필요한 데에만 써서 아끼다'의 뜻이다.

 예 물가는 자꾸 오르는데 월급은 그대로라서 쇼핑을 할 때는 꼭 필요한 것만 사면서 절약하려고 노력한다.

▶ 통신비: 통신에 드는 비용

 예 우리 가족은 모두 휴대 전화를 사용해서 통신비가 많이 나간다.

▶ 적립하려고: '적립하다'는 '모아서 쌓아 두다'의 뜻이다.

 예 요즘은 신용카드를 사용하면 포인트를 적립할 수 있고 그 포인트로 결제할 수 있어 편리하다.

19 과학 기술 발전의 예로는 인공 지능 스피커, 로봇 청소기(②), 병원에서 환자를 도와주는 로봇(①), 물건을 배달해 주는 드론(④)이 있으므로 과학 기술 발전의 예로 제시된 것이 아닌 것은 ③의 '자율주행 자동차'이다.

▶ 발전하면서: '발전하다'는 '더 낫고 더 좋게 나아가다'의 뜻이다.

 예 한국은 산업화 이후에 경제가 빠르게 발전하였다.

▶ 대신해: '대신하다'는 '어떤 대상의 자리나 역할을 바꿔서 새로 맡다'의 뜻이다.

 예 아픈 남편을 대신하여 아내가 상을 받았다.

▶ 개발되어: '개발되다'는 '새로운 물건이 만들어지거나 새로운 생각이 나오다'의 뜻이다.
　예 최근에 새로운 건강 식품이 많이 <u>개발되었다.</u>

▶ 활용되고: '활용되다'는 '이리저리 잘 쓰여지다'의 뜻이다.
　예 이 도로는 야간에는 주차 공간으로 <u>활용되고</u> 있다.

▶ 환자: 병들거나 다쳐서 치료를 받아야 할 사람
　예 의사는 <u>환자</u>를 치료하는 사람이다.

▶ 제공하고: '제공하다'는 '가지고 있다가 내놓거나 대주어 도움이 되게 하다'의 뜻이다.
　예 오늘 모임에 참가한 사람들에게 저녁을 <u>제공한다고</u> 합니다.

▶ 더욱더: 정도나 수준이 매우 심하게 또는 높게
　예 대학에 입학하기 위해서 <u>더욱더</u> 열심히 공부합니다.

풀이

자율주행 자동차는 사람이 운전을 하지 않아도 <u>스스로</u> 운전을 할 수 있는 차이다.

20 미래아파트는 대중교통이 편리하고(②), 편의 시설이 있으며(③), 자녀를 위한 최고의 교육 환경을 갖추고 있다(④)고 광고하고 있다. 그러나 주차장은 깨끗하고 넓다고 광고할 뿐 CCTV가 있어서 안전하다는 내용은 없으므로 ①의 '주차장이 넓고 CCTV가 있어서 안전하다.'가 옳지 않은 설명이다.

▶ 풍경: 산, 들, 강, 바다의 자연이나 지역의 모습
　예 단풍이 곱게 물든 <u>풍경</u>이 아름다웠다.

▶ 편의 시설: 이용자에게 유익하거나 편한 환경이나 조건을 갖춘 시설
　예 요즘 대형 마트는 건물 내에 영화관, 미용실 등의 <u>편의 시설</u>이 갖추어져 있어서 참 편리하다.

▶ 교육 환경: 교육을 하거나 받고 있는 주위의 조건이나 사회적 상황
　예 한국의 부모들은 집을 구할 때 자녀의 <u>교육 환경</u>을 중요하게 생각한다.

▶ 안전하다: '안전하다'는 '위험이 생기거나 사고가 날 염려가 없다'의 뜻이다.
　예 태풍 때문에 강풍이 불 때는 밖에 나가지 말고 <u>안전한</u> 장소에 있어야 한다.

21 마지막 문장에 이 설문 조사의 결과 시민들이 행정 경험이 풍부한 소통형 시장을 원하는 것으로 나타났다고 했으므로 ②의 '인주 시민들은 행정 경험이 풍부한 시장을 원한다.'가 정답이다.

▶ 지방 선거: 지방자치법에 따라 지방 의회 의원과 지방 자치 단체장을 선출하는 선거
　예 올해 6월에 시장과 구청장을 뽑는 <u>지방 선거</u>가 실시된다.

▶ 차기: 다음 시기
　예 김 이사가 가장 유력한 <u>차기</u> 사장 후보이다.

▶ 여론: 사회 대중의 공통된 의견
　예 국회의원은 <u>여론</u>을 수렴하여 법을 제정해야 한다.

▶ 자질: 어떤 분야의 일에 대한 능력이나 실력의 정도

　예 우리는 정치에 적극적으로 참여하는 민주 시민의 <u>자질</u>을 갖추어야 한다.

▶ 행정: 정치나 사무를 행함

　예 그 사람은 <u>행정</u> 경험이 풍부해서 잘 해낼 것이다.

▶ 전문성: 전문적인 특성

　예 엘레나 씨는 한국어 교육의 <u>전문성</u>을 갖추기 위해 교육 대학원에 진학했다.

▶ 소통: 뜻이 서로 통하여 오해가 없음

　예 인간관계에서 의사<u>소통</u>이 중요하다.

▶ 도덕성: 도덕적 품성, 곧 선악의 관점에서 본 인격, 판단, 행위에 관한 가치

　예 고위 공직자를 임명할 때 그 분야의 전문성뿐만 아니라 <u>도덕성</u>도 중요하다.

▶ 판단력: 사물을 인식하여 논리나 기준에 따라 판정할 수 있는 능력

　예 회사를 경영하는 사람은 다른 사람보다 빠른 <u>판단력</u>이 필요하다.

▶ 추진력: 목표를 향하여 밀고 나가는 힘

　예 뚜언 씨는 성실하지만 <u>추진력</u>이 부족하다.

▶ 참신성: 새롭고 산뜻한 특성

　예 이 주택은 다른 주택과 달리 설계에 있어서 <u>참신성</u>이 돋보인다.

▶ 풍부한: '풍부하다'는 '넉넉하고 많다'의 뜻이다.

　예 한국은 60년대에 자원이나 자본은 부족한 반면에 <u>풍부한</u> 노동력을 가지고 있었다.

22 "지방 선거가 한 달 앞으로 다가온 가운데"라고 했으므로 ①의 '한 달 후에 시장을 뽑는 지방 선거를 실시한다.'가 정답이다.

풀이

② 도덕적이고 정직한 사람보다 새로운 사람을 원한다. → 새로운 사람(참신성, 6.1%)보다 도덕적이고 정직한 사람(도덕성, 14.4%)을 원한다.

③ 이상희 소장은 정치 능력과 전문성이 있는 시장을 선호한다. → 이상희 소장의 개인 의견이 아니라 시민들이 행정 경험이 풍부한 소통형 시장을 원하고 있다.

④ 도덕적으로 문제가 없는 것이 소통이 잘되는 것보다 중요하다. → 소통 능력(26.2%)이 도덕성(14.4%)보다 중요하다.

23 일과 개인 생활의 균형을 중시하게 되면서 사회적 성공보다 개인의 행복을 더 중요하게 생각하는 사람들이 늘고 있으므로 ③의 '사회적인 성공보다 개인의 행복을 중시하는 사람이 늘고 있다.'가 정답이다.

풀이

① 한국 근로자의 주당 근로시간은 최소 52시간이다. → 한국 근로자의 주당 근로시간은 최대 52시간이다.

② 최근 직장인들의 행복의 기준은 작은 행복보다는 큰 성공이다. → 최근 직장인들의 행복의 기준은 큰 성공보다는 작은 행복이다.

④ 요즘은 직장에서 승진하고 높은 연봉을 받는 것만 성공이라고 여긴다. → 과거에는 직장에서 승진하고 높은 연봉을 받는 것을 성공이라고 여겼다.

24 경범죄란 큰 문제가 되지 않는, 정도가 심하지 않은 범죄를 말한다. 헬멧을 쓰고 오토바이를 타는 것은 경범죄가 아니라 도로교통법을 위반한 것이므로 ②의 '헬멧을 쓰고 오토바이를 탔다.'는 경범죄에 해당하지 않는다.

▶ 소란: 시끄럽고 어수선함

예 비행기 안에서 소란을 피우면 처벌받을 수 있다.

참고자료	경범죄에 해당하는 대표적인 행동

☑ 빈집에 들어가는 것
☑ 거짓으로 신고하는 것
☑ 길에서 소변을 보는 것
☑ 술을 마시고 시끄럽게 하는 것

25 보증 기간 내에 정상적인 상태에서 발생한 고장은 무료로 수리가 가능하다는 의미이므로 ②의 '무상 수리'가 정답이다.

풀이

① 수수료: 국가나 공공 기관 등이 어떤 사람을 위하여 일을 해 준 대가로 받는 요금

예 은행 계좌 이체 수수료가 인상되었다.

③ 출장 서비스: 필요한 곳에 출장을 나가 제공하는 서비스

예 보일러가 고장이 나서 출장 서비스를 불렀다.

④ 서비스 센터: 소비자가 구입한 물건이 고장 났을 때 물건을 가지고 제품을 수리하는 곳

예 휴대 전화가 고장이 나서 서비스 센터를 방문했다.

26 소비자 상담 센터에서 전화 상담을 받으려면 '1372'로 전화를 해야 한다. 그러므로 ①의 '상담을 받으려면 1345로 전화를 하면 된다.'가 틀린 설명이다.

▶ 1345: 법무부에서 운영하고 있는 외국인종합안내센터의 전화번호이다.

예 영주권이나 귀화를 신청할 때 궁금한 점이 있으면 1345로 전화해서 상담을 하면 된다.

27 한국의 식사 예절에 대한 설명으로 옳은 것을 고르는 문제로 한국에서 어른과 술을 마실 때는 예를 갖춰야 한다. 그러므로 ③의 '어른과 술을 마실 때 고개를 돌리고 마신다.'가 정답이다.

풀이

① 숟가락이 아닌 젓가락으로 음식을 먹는다. → 숟가락과 젓가락으로 음식을 먹는다.

② 식사할 때 한 손으로 그릇을 들고 먹는다. → 식사할 때 식탁 위에 그릇을 놓고 먹는다.

④ 아이가 어른보다 먼저 수저를 들고 식사를 시작한다. → 나이가 적은 사람은 어른이 먼저 수저를 들고 식사를 시작할 때까지 기다려야 한다.

28 2인 이상의 사람들과 집을 함께 사용하는 임대 주택에 대해서 설명하고 있다. 그러므로 ④의 '공유 주택'이 정답이다.

▶ 독립된: '독립되다'는 '독자적으로 존재하게 되다'의 뜻이다.

　예 나는 언니와 함께 방을 사용해서 독립된 나만의 공간이 없는 것이 불만이다.

▶ 부담해야: '부담하다'는 '어떠한 의무나 책임을 지다'의 뜻이다.

　예 이번 여행은 주최 측에서 모든 경비를 부담하기로 했다.

▶ 저렴하면서: '저렴하다'는 '물건의 값이 싸다'의 뜻이다.

　예 마트는 물건이 다양하고 물건값이 백화점보다 저렴해서 좋다.

▶ 사회 초년생: 사회에 나와 일을 시작한 지 얼마 되지 않은 사람

　예 이번 행사는 입학과 졸업 시즌에 맞춰 입학생과 사회 초년생을 위한 각종 이벤트와 할인 행사를 실시한다.

풀이

① 원룸: 방 하나로 침실, 거실, 부엌, 식당을 겸하도록 설계한 주거 형태

　예 대학교 옆에는 학생들이 혼자서 살 수 있는 원룸이 많다.

② 아파트: 공동 주택의 한 종류로 5층 이상의 건물을 층마다 일정하게 나눠서 각각의 독립된 가구가 생활할 수 있도록 만든 주거 형태

　예 과거에는 단독 주택에 사는 사람이 많았는데 요즘에는 아파트에 거주하는 사람이 더 많다.

③ 오피스텔: 사무실과 주거의 기능을 함께 가지고 있는 주거 형태

　예 그 친구는 창업에 앞서 사무실로 사용할 오피스텔을 구하러 다녔다.

다음 내용을 포함하여 '생활비 절약 방법'이라는 제목으로 글을 쓰시오.

- 매달 생활비를 어디에 많이 씁니까?
- 생활비를 절약하기 위해서 어떻게 합니까?

※ 작문시험 답안지에 제목은 생략하고 <u>본문만</u> 쓰세요.

	나	는		매	달		식	비	에		생	활	비	를		많	이		쓴
다	.		왜	냐	하	면		혼	자		살	아	서		배	달		음	식	을
자	주			먹	고		외	식	을		많	이		하	기		때	문	이	다	.
식	비	를		절	약	하	기		위	해	서	는		집	에	서		직	접
요	리	를		하	고		외	식	을		줄	여	야		한	다	.		

참고자료 쓰기 요령

☑ 내가 많이 쓰는 생활비를 한 개만 정해서 씁니다.

　예 나는 매달 식비, 통신비, 교육비를 많이 쓴다. (×)

　　나는 매달 통신비를 많이 쓴다. (○)

☑ 생활비를 많이 쓰는 이유와 절약 방법을 자연스럽게 연결해서 씁니다.

　예 통신비를 많이 쓰는 이유 …(중략)… 인터넷 게임을 많이 하기 때문에 …(중략)… 게임하는
시간을 줄인다.

구술시험

(가)   (나)

01 (가) 사진은 어디입니까?
이 문화유산에 대해 말해 보세요.

▶ 이 사진은 조선 왕릉입니다. 조선 시대의 왕의 무덤으로 한국의 문화유산입니다.

02 (나) 사진은 무엇입니까?
이 문화유산에 대해 말해 보세요.

▶ 이 사진은 훈민정음 해례본입니다. 세종대왕이 만든 훈민정음을 자세히 풀어 설명한 것
으로 한국의 기록유산입니다.

03 한국의 문화유산 중 알고 있는 문화유산이 있나요?
알고 있거나 가 본 한국의 문화유산에 대해 말해 보세요.

▶ 저는 수원 화성에 가 본 적이 있습니다. 수원 화성은 조선 시대 때 만들어진 성곽인데
조선의 왕 정조 때 만들어졌습니다. 수원 화성은 실용적 구조와 과학적 가치를 인정받아
1997년에 유네스코 세계문화유산에도 등재되었습니다. 수원 화성에 가면 성곽을 따라
산책을 할 수 있고, 박물관도 관람할 수 있습니다. 조선 시대의 문화와 역사를 느낄 수
있어서 좋았습니다. 야간에도 개장한다고 해서 다음에는 밤에도 가 보고 싶습니다.

04 한국 음식 중에서 무슨 음식을 좋아합니까?
좋아하는 한국 음식과 고향 음식을 비교해서 말해 보세요.

▶ 저는 한국 음식 중에서 비빔밥을 좋아합니다. 비빔밥은 여러 가지 채소를 먹을 수 있어서 건강에 좋은 음식입니다. 제 고향에는 맵거나 향이 강한 음식이 많습니다. 그렇지만 비빔밥은 많이 맵지 않고 향도 강하지 않아서 누구나 편하게 먹을 수 있습니다. 그래서 고향 친구들에게 비빔밥을 먹어 보라고 소개하고 싶습니다.

05 한국에는 어떤 선거가 있습니까?
선거의 종류에 대해 말해 보세요.

▶ 한국에는 3개의 큰 선거가 있는데 대통령을 뽑는 선거, 국회의원을 뽑는 선거, 지방 자치 단체장과 지방 의회 의원을 뽑는 선거가 있습니다. 대통령을 뽑는 선거는 5년마다 한 번씩 합니다. 그리고 국회의원을 뽑는 선거와 지방 자치 단체장과 지방 의회 의원을 뽑는 선거는 4년마다 한 번씩 합니다. 선거는 민주주의 발전에 중요한 요소이기 때문에 꼭 해야 합니다.

실전 모의고사 p.123

※ 작문형과 구술시험은 별도 표기하였습니다.

필기시험

객관식 (01~28번)

01	02	03	04	05	06	07	08	09	10
③	②	②	④	①	③	①	②	④	④
11	12	13	14	15	16	17	18	19	20
②	④	③	④	④	④	④	②	②	①
21	22	23	24	25	26	27	28		
①	③	②	④	④	③	①	④		

01 아이를 키우는 일과 직장 생활을 동시에 한다는 의미이므로 '둘 이상의 일을 한꺼번에 하다' 의 뜻을 가진 ③의 '병행하기(병행하다)'가 정답이다.

▶ 육아: 어린아이를 기름

예 육아 문제로 고민하는 맞벌이 부부가 많아졌다.

▶ 기피한다: '기피하다'는 '꺼리어 피하다'의 뜻이다.

예 요즘은 대부분의 여성들이 농촌으로 시집오기를 기피하는 경향이 있다.

풀이

① 양육하기: '양육하다'는 '아이를 보살펴 자라게 하다. 아이를 키우다'의 뜻이다. (= 키우 다, 기르다)

예 올가 씨는 아이를 양육하기 위해 직장을 그만두었다.

② 성장하기: '성장하다'는 '사람이나 동물, 식물이 자라서 점점 커지다'의 뜻이다. (= 자라다)

예 민수 씨의 아이들은 모두 훌륭하게 성장했다.

④ 취직하기: '취직하다'는 '일정한 직업을 구해 직장에 나가다'의 뜻이다.

예 후엔 씨는 열심히 준비해서 베트남에 있는 한국 회사에 취직했다.

02 약속 시간 때문에 택시를 타야 하는 상황인데 그 시간에 알맞게 택시가 있어서 택시를 탈 수 있었다는 의미이므로 '어떤 기회나 경우에 딱 알맞게'의 뜻을 가진 ②의 '마침'이 정답이다.

▶ 빈: '비다'는 '자리를 차지하고 있던 물건이나 사람이 없게 되다'의 뜻이다.
  예 우리가 방문을 열었을 때 방 안에는 아무도 없고 텅 비어 있었다.
▶ 제시간: 정해 놓은 시간
  예 제시간에 오지 못하게 되면 미리 전화를 주세요.

풀이

① 아마: 단정할 수는 없지만 미루어 추측하거나 생각해 볼 때 그럴 가능성이 크다는 말
  예 이 작업은 아마 내년까지 계속될 것 같다.
③ 도대체: 유감스럽게도 전혀 (주로 부정을 나타내는 말과 함께 쓰인다.)
  예 도대체 그 사람을 이해할 수가 없다.
④ 차라리: 그럴 바에는 오히려. 어떤 상태나 동작을 선택할 때 그것보다는 다른 것이 더 나음을 강조하여 이르는 말
  예 승태는 경희와 결혼할 수 없다면 차라리 평생 혼자 사는 것이 낫겠다고 생각했다.

03 필요한 자료나 동영상을 다운로드하기 위해 인터넷에 들어간다는 의미이므로 '정보를 얻기 위해서 인터넷 사이트에 들어가다'의 뜻을 가진 ②의 '접속해서(접속하다)'가 정답이다.

▶ 다운로드: 컴퓨터 통신망을 통하여 파일이나 자료를 받는 것
  예 한국어 교육 자료 중 일부 프로그램은 무료로 다운로드를 받을 수 있다.

풀이

① 동의해서: '동의하다'는 '다른 사람의 의견에 뜻을 같이하다'의 뜻이다.
  예 나는 절대 그 사람의 의견에 동의할 수 없다.
③ 공유해서: '공유하다'는 '둘 이상의 사람이 사물을 공동으로 가지다'의 뜻이다.
  예 나는 모든 재산을 아내와 공유하고 있다.
④ 입력해서: '입력하다'는 '문자나 숫자로 된 데이터를 컴퓨터 장치 속에 기억을 시키다'의 뜻이다.
  예 이 자료를 모두 컴퓨터에 입력하려면 일주일 이상 걸린다.

04 결혼식이 끝난 다음에 하객들을 위해 마련한 자리라는 의미이므로 '기쁜 일을 사람들에게 널리 알리기 위하여 베푸는 잔치'의 뜻을 가진 ④의 '피로연'이 정답이다.

▶ 하객: 축하하러 온 손님
  예 결혼식 하객들은 진심으로 신랑과 신부를 축하해 주었다.

① 사회자: 모임, 예식에서 차례에 따라 행사를 진행하는 사람

　　예 결혼식에서 사회자는 보통 신랑의 친한 친구이다.

② 조문객: 다른 사람의 죽음에 대하여 슬퍼하며 상주를 위로하러 온 사람

　　예 조문객은 보통 검은색 옷을 입고 장례식장에 간다.

③ 축의금: 축하하는 뜻으로 내는 돈

　　예 친구 결혼식에서 나는 신랑 쪽의 축의금을 받았다.

참고자료 경조사와 관련 있는 표현

1. '결혼'과 관련된 어휘

☑ 주례: 결혼식을 주재하여 진행하는 일. 또는 그렇게 하는 사람

　　예 나는 고등학교 때 선생님께 결혼식 주례를 부탁드렸다.

☑ 신랑: 결혼하는 남자

　　예 신랑은 결혼식을 하는 동안 기분이 좋아서 계속 웃었다.

☑ 신부: 결혼하는 여자

　　예 결혼식장에서 본 신부는 내가 봤던 그 어느 신부보다 아름다웠다.

☑ 결혼식장: 결혼식을 올릴 수 있도록 일정한 시설을 갖추어 놓은 장소

　　예 한국 사람들은 결혼식을 결혼식장에서 하거나 교회와 같은 종교 시설에서 한다.

☑ 폐백: 결혼 후 신부가 신랑의 가족들에게 인사를 드리는 것

　　예 결혼할 때 폐백을 드리는 절차는 생각만큼 쉽지 않다.

2. '장례'와 관련된 어휘

☑ 고인: 죽은 사람을 높여 부르는 말

　　예 나는 장례식장에 가서 진심으로 고인의 명복을 빌었다.

☑ 영정: 장례에서 쓰는 죽은 사람의 사진

　　예 나는 할머니의 영정 앞에서 눈물을 멈출 수 없었다.

☑ 빈소: 상여가 나갈 때까지 관을 놓아두는 곳

　　예 부장님의 어머님께서 돌아가셔서 빈소에서 밤을 새웠다.

☑ 상주: 상제 중에서 주장이 되는 사람으로, 보통 장자를 이르는 말

　　예 큰아버지는 자식이 없어서 조카인 내가 상주가 되었다.

☑ 조의금: 남의 죽음을 슬퍼하는 뜻으로 내는 돈 (= 부의금)

　　예 동료 아버님의 장례식에 갈 수 없어 조의금만 보내려고 한다.

☑ 조문하다: 죽은 사람에 대해 슬퍼하는 뜻을 나타내어 위문하다.

　　예 아버지는 돌아가신 친구를 조문하러 고등학교 동창들과 모였다.

☑ 상을 당하다: 상중에 처하다.

　　예 미호 씨는 갑자기 상을 당해서 정신이 없다.

☑ 상복: 상중에 상제가 입는 예복

　　예 우리 가족은 할머니의 장례식을 끝내고 상복을 벗었다.

05 '나쁜 조건이나 고생을 이겨 내다'의 뜻을 가진 '극복하고(극복하다)'와 의미가 비슷한 것을 고르는 문제이므로 '고통이나 고난을 참고 견디어 내다'의 뜻을 가진 ①의 '이기고(이기다)'가 정답이다.

- ▶ 끊임없이: 계속하거나 이어져 있던 것이 끊이지 않게
  - 예 목표를 이루기 위해서 <u>끊임없이</u> 노력하고 있다.
- ▶ 도전해야: '도전하다'는 '어려운 일이나 기록을 깨뜨리는 일에 나서서 맞서다'의 뜻이다.
  - 예 그 사람은 신기록에 <u>도전했지만</u> 꿈을 이루지 못했다.

풀이

② 노력하고: '노력하다'는 '목적을 이루기 위해서 몸과 마음을 다해 애를 쓰다'의 뜻이다.
  - 예 민수 씨는 공무원 시험에 합격하기 위해서 열심히 <u>노력하고</u> 있다.
③ 타협하고: '타협하다'는 '어떤 일을 서로 양보해서 협의하다'의 뜻이다.
  - 예 회사 대표와 노동자 대표가 <u>타협하여</u> 문제를 해결했다.
④ 포기하고: '포기하다'는 '하려던 일을 중간에 그만두어 버리다'의 뜻이다.
  - 예 엘리나 씨는 비싼 등록금 때문에 대학원 진학을 <u>포기했다</u>.

06 '사정이나 형편을 어림잡아 헤아리다'의 뜻을 가진 '짐작하셨다시피(짐작하다)'와 의미가 비슷한 것을 고르는 문제이므로 '어떤 일을 직접 당하기 전에 미리 생각하여 두다'의 뜻을 가진 ③의 '예상하셨다시피(예상하다)'가 정답이다.

- ▶ 일자리: 생활을 할 수 있는 수단으로서의 직업
  - 예 그는 학교를 졸업하고 <u>일자리</u>를 구하는 중이다.

풀이

① 아시다시피: '알다'는 '교육이나 경험, 사고를 통해 정보나 지식을 갖추다'의 뜻이다.
  - 예 외국인도 한국의 법을 <u>알고</u> 지키는 것이 중요하다.
② 들으셨다시피: '듣다'는 '사람이나 동물이 소리를 감각 기관을 통해 알아차리다'의 뜻이다.
  - 예 나는 출퇴근할 때마다 음악을 <u>듣는다</u>.
④ 말씀드렸다시피: '말씀드리다'는 '아랫사람이 윗사람에게 자신의 생각이나 느낌을 말하다'의 뜻이다.
  - 예 이번 여름휴가에는 바다에 가자고 부모님께 <u>말씀드렸다</u>.

07 호텔에서 일본어와 중국어를 할 수 있는 직원을 원한다는 의미인데 '가능하다'는 형용사이고 형용사가 명사를 수식할 경우에 '형용사 + -(으)ㄴ + 명사'의 형태를 사용하므로 ①의 '가능한'이 정답이다.

- ▶ 가능한: '-(으)ㄴ'은 형용사와 결합하여 명사를 수식하고 의미는 현재를 나타낸다.
  - 예 저는 방이 크고 <u>깨끗한</u> 집에 살고 싶어요.
- ▶ 선호해요: '선호하다'는 '여럿 중에서 특별히 좋아하다'의 뜻이다.
  - 예 요즘 젊은 사람들은 살기 편한 아파트를 <u>선호하는</u> 경향이 있다.

①~④의 기본형은 형용사 '가능하다'이다.

② 가능할: '-(으)ㄹ'은 동사·형용사와 결합하여 명사를 수식할 때 사용하며 미래를 나타낸다.

예 내일 입을 옷을 옷장에 걸어 두었어요.

③ 가능하고: '-고'는 동사·형용사와 결합하여 둘 이상의 사실을 대등하게 나열할 때 사용한다.

예 토요일에는 부산에 가고 일요일에는 광주에 간다.

④ 가능했던: '-았/었던'은 동사·형용사와 결합하여 명사를 수식하며 과거 상황을 회상하거나 어떤 일이 과거에 완료되어 현재와 단절되었음을 나타낸다.

예 오늘 회식은 지난주에 갔던 한식당에서 하기로 했어요.

08 바쁜 일이 거의 끝나서 요즘은 한가한 쪽에 가깝다는 의미이므로 ②의 '한가한 편이에요'가 정답이다.

▶ 한가한 편이에요: '-(으)ㄴ/는 편이다'는 '동사 + -는 편이다', '형용사 + -(으)ㄴ 편이다'의 형태로 쓰이며 어떤 일이나 상황이 대체로 어느 쪽에 가깝다는 것을 나타낼 때 사용한다.

예 오늘은 날씨가 더운 편이에요.

①~④의 기본형은 형용사 '한가하다'이다.

① 한가한가 봐요: '-(으)ㄴ가/나 보다'는 '동사 + -나 보다', '형용사 + -(으)ㄴ가 보다'의 형태로 결합하며 말하는 사람의 추측을 나타낼 때 사용한다.

예 에릭 씨가 하루 종일 웃는 것 보니 오늘 기분이 좋은가 봐요.

③ 한가하면 좋겠어요: '-(으)면 좋겠다'는 동사·형용사와 결합하며 희망을 표현할 때 사용한다. 희망하는 내용을 강조하고 싶을 때는 '-았/었으면 좋겠다'를 사용한다.

예 저는 올해 한국어능력시험에 꼭 합격하면 좋겠어요.

④ 한가하기 때문이에요: '-기 때문이다'는 동사·형용사와 결합하며 앞의 내용이 뒤 내용의 이유가 될 때 사용한다.

예 제가 라면을 자주 먹는 이유는 맛있고 싸기 때문이에요.

09 설거지를 하는 것보다 요리를 하는 것이 더 좋다는 의미이므로 ④의 '하는 대신에'가 정답이다.

▶ 하는 대신에: '-(으)ㄴ/는 대신에'는 '동사 + -는 대신에', '형용사 + -(으)ㄴ 대신에'의 형태로 결합하며 앞의 행동에 대한 보상이나 대체를 나타낼 때 사용한다. '대신에'의 '에'는 생략할 수 있다.

예 우리 회사는 일이 힘든 대신에 월급이 많다.

▶ 낫겠어요: '낫다'는 '질이나 수준에서 더 좋거나 앞서 있다'의 뜻이다.

예 한국에서 사는 것이 고향에서 사는 것보다 더 <u>낫다</u>.

풀이

①~④의 기본형은 동사 '(설거지를) 하다'이다.

① 하려면: '-(으)려면'은 동사와 결합하며 어떤 일을 이루기 위한 조건을 나타낼 때 사용한다. 이어지는 뒤의 문장에는 명령을 나타내는 '-(으)세요'나 당연히 꼭 해야 하는 일을 나타내는 '-아/어야 하다(되다)'가 자주 온다.

예 감기에 걸리지 <u>않으려면</u> 예방접종을 꼭 하세요.

② 하든지: '-든지'는 동사·형용사와 결합하며 어떤 것을 선택해도 상관없을 때 사용한다. 명사와 결합하여 '명사 + (이)든지'로 사용할 수도 있다.

예 가: 우리 같이 영화 볼까요?

　　나: 저는 <u>평일이든지 주말이든지</u> 다 좋아요.

③ 하자마자: '-자마자'는 동사와 결합하며 앞의 일이 일어난 다음에 바로 뒤의 일이 일어난다는 것을 나타낼 때 사용한다.

예 남편은 집에 <u>오자마자</u> 텔레비전을 켜고 축구를 본다.

10 센터에 몇 시까지 가야 되냐는 질문에 센터에서 "9시에 출발하니까 8시 50분까지 오세요."라고 말했으므로 ④의 '오라고'가 정답이다.

풀이

①~④의 기본형은 동사 '오다'이다.

① 온다고: '-ㄴ/는다고 하다'는 간접화법의 평서문 형태이고 동사와 결합하며 현재를 나타낸다.

예 마리아 씨가 병원에서 간호사로 <u>일한다고 했어요</u>.

② 왔다고: '-았/었다고 하다'는 간접화법의 평서문 형태이고 동사·형용사와 결합하며 과거를 나타낸다.

예 왕훙 씨는 사회통합프로그램을 5단계까지 다 마치고 귀화를 <u>신청했다고 했어요</u>.

③ 오냐고: '-냐고 하다'는 동사·형용사와 결합하며 간접화법의 의문문 형태이다.

예 회사 동료가 이번 여름휴가에 어디에 <u>가냐고 했어요</u>. 그래서 동해 바다에 간다고 말했어요.

구분	동사	형용사
평서문, 감탄문	-ㄴ/는다고 하다 예 먹는다고 하다 / 간다고 하다	-다고 하다 예 작다고 하다 / 크다고 하다
명령문	-(으)라고 하다 예 먹으라고 하다 / 가라고 하다	없음
청유문	-자고 하다 예 먹자고 하다 / 가자고 하다	없음
의문문	-(느)냐고 하다 예 먹(느)냐고 하다 / 가(느)냐고 하다	-(으)냐고 하다 예 작(으)냐고 하다 / 크냐고 하다

11 어제 면접시험을 잘 봤냐고 물어보는 질문에 잘 못 본 이유를 대고 있으므로 ②의 '긴장한 나머지'가 정답이다.

▶ 긴장한 나머지: '-(으)ㄴ 나머지'는 동사·형용사와 결합하며 앞의 상태나 행동의 정도 가 심해서 뒤의 일이 생겼다는 것을 나타낼 때 사용한다. 뒤에 이어지는 문장에는 부정 적인 상황이나 일반적이지 않은 상황이 자주 온다.

예 동생에게 너무 화가 난 나머지 동생을 때리고 말았다.
(평소에는 동생을 때리지 않는다는 것을 의미한다.)

풀이

①~④의 기본형은 동사 '긴장하다'이다.

① 긴장할수록: '-(으)ㄹ수록'은 동사·형용사와 결합하며 시간이 지나면서 상황이나 정도 가 점점 더 심해질 때 사용한다.

예 한국어는 배울수록 어렵지만 재미있다.

③ 긴장한 데다가: '-(으)ㄴ/는 데다가'는 '동사 + -는 데다가', '형용사 + -(으)ㄴ 데다가'의 형태로 결합하며 앞의 상태에 다른 상태가 덧붙여져 정도가 심해짐을 나타낸다. 동사의 현재 상태는 '-는 데다가', 동사의 과거 상태는 '-(으)ㄴ 데다가'와 결합한다.

예 우리 딸은 공부도 잘하는 데다가 성격도 좋아서 친구가 많습니다.

④ 긴장하기 위해서: '-기 위해서'는 동사와 결합하며 앞의 내용이 뒤에 나오는 행동의 목적 이나 의도를 나타낼 때 사용한다.

예 한국 회사에 취직하기 위해서 한국어와 컴퓨터를 배우고 있다.

12 '일회용품 사용은 건강에 나쁜 데다가 쓰레기도 많아져요.'와 의미가 같은 문장을 고르는 문제로 '일회용품 사용은 건강에도 나쁘고, 쓰레기도 많아진다'는 의미인 ④의 '일회용품 사용은 건강에 나쁠 뿐만 아니라 쓰레기도 많아져요.'가 정답이다.

  ▶ 나쁜 데다가: '–(으)ㄴ 데다가'는 '동사 + –(으)ㄴ/는 데다가', '형용사 + –(으)ㄴ 데다가'의 형태로 결합하며 앞의 상태에 다른 상태가 덧붙여져 정도가 심해짐을 나타낸다.

   예 은수는 공부도 <u>잘하는 데다가</u> 성격도 좋아서 친구가 많습니다.

  ▶ 나쁠 뿐만 아니라: '–(으)ㄹ 뿐(만) 아니라'는 동사·형용사와 결합하며 앞의 것만이 아니라 뒤의 것까지 그러하거나 앞의 상황에 뒤의 상황까지 더해짐을 나타낼 때 사용한다.

   예 은수는 공부도 <u>잘할 뿐만 아니라</u> 성격도 좋아서 친구가 많습니다.

13 '오늘 늦게 일어나서 아침밥은커녕 물도 못 마셨다.'와 의미가 같은 문장을 고르는 문제로 '오늘 늦게 일어나서 아침밥을 못 먹었고 아침밥보다 더 먹기 쉬운 물도 마시지 못했다'는 의미인 ③의 '오늘 늦게 일어나서 아침밥도 못 먹고 물도 못 마셨다.'가 정답이다.

  ▶ 아침밥은커녕: '은/는커녕'은 명사와 결합하여 앞의 것은 물론이고 그것보다 더 쉬운 뒤의 것도 하지 못함을 나타내며 부정의 뜻을 강조할 때 사용한다.

   예 우리 아내는 <u>김치찌개는커녕</u> 라면도 끓이지 못한다.

14 '이 책은 내용이 쉽고 재미있어서 읽어 볼 만해요.'와 의미가 같은 문장을 고르는 문제로 '읽어 볼 가치가 있거나 괜찮다'는 의미인 ④의 '이 책은 내용이 쉽고 재미있기 때문에 한번 읽어 보면 좋아요.'가 정답이다.

  ▶ 읽어 볼 만해요: '–(으)ㄹ 만하다'는 동사와 결합하며 어떤 일을 해 볼 가치가 있거나 해도 괜찮음을 나타낼 때 사용한다.

   예 이 공연은 배우들의 연기력이 뛰어나서 <u>볼 만한</u> 공연이다.

15 '식사를 하되 매운 음식은 피해야 한다.'와 의미가 같은 문장을 고르는 문제로 '식사를 할 수는 있지만 매운 음식을 안 먹는 조건이어야 한다'는 의미인 ④의 '매운 음식을 먹지 않는 조건에서 식사를 할 수 있다.'가 정답이다.

  ▶ 하되: '–되'는 동사와 결합하며 앞의 일을 인정하면서 그에 대한 조건이 있거나 예외가 있다는 것을 나타낼 때 사용한다.

   예 운동을 <u>하되</u> 갑자기 너무 심한 운동을 하면 안 된다.

16 '회사가 지방에 있어서 가족과 따로 살 수밖에 없다.'와 의미가 같은 문장을 고르는 문제로 '가족과 같이 살고 싶지만 회사가 지방에 있어서 따로 사는 방법 말고는 다른 방법이 없다'는 의미인 ④의 '회사가 지방에 있어서 가족과 따로 사는 방법밖에 없다.'가 정답이다.

▶ 살 수밖에 없다: '-(으)ㄹ 수밖에 없다'는 동사·형용사와 결합하며 다른 방법이나 가능성이 없다는 것을 나타낼 때 사용한다.

  예 나는 공부를 더 하고 싶었지만 부모님께서 편찮으셔서 취직할 수밖에 없었다.

17 통역사가 꿈인 엘레나 씨에게 그 꿈을 그만두지 말고 다시 시작해 보라고 권하고 있으므로 ④의 '포기하지(포기하다)'가 정답이다.

풀이

① 노력하지: '노력하다'는 '있는 힘을 다해 부지런히 애를 쓰다'의 뜻이다.

  예 딸아이가 공부를 잘해 보려고 노력하고 있는데 쉽지가 않은 것 같다.

② 성공하지: '성공하다'는 '목적하는 것을 이루다'의 뜻이다.

  예 내가 만나 본 성공한 사람은 모두 성실할 뿐만 아니라 꿈을 꾸는 사람들이었다.

③ 실패하지: '실패하다'는 '원하는 결과를 얻지 못하거나 뜻한 대로 되지 않고 그르치다'의 뜻이다.

  예 고등학생들은 대학 입시에 실패할까 봐 두려워한다.

18 사회가 급변하면서 과거에 없었던 것들을 표현하기 위해 등장한 것이라고 했으므로 ㉠은 '신조어'이다. 그리고 마지막 문장은 신조어를 무분별하게 사용하면 의사소통에 문제가 생길 수 있다고 전문가들이 말했다는 의미이므로 ㉡은 '지적한다'가 와야 자연스럽다. 그러므로 ②의 '㉠ - 신조어, ㉡ - 지적한다'가 정답이다.

▶ 급변하면서: '급변하다'는 '어떤 일이나 상황이 갑자기 달라지다'의 뜻이다.

  예 지구 온난화 현상으로 기후가 급변하고 있다.

▶ 신조어: 새로 만든 낱말

  예 지나친 신조어의 사용은 많은 사람을 불편하게 할 수 있다.

▶ 세대 차이: 같은 사회에 살고 있지만 세대가 다른 사람들 사이에서 나타나는 의식 차이

  예 나는 동생과 한 살 차이지만 가끔 세대 차이를 느낀다.

▶ 출현: 숨겨져 있던 것이나 없던 것이 밖으로 나타남

  예 인터넷의 출현으로 생활이 많이 달라졌다.

▶ 무분별하게: '무분별하다'는 '사리에 맞게 판단하고 구별하는 분별이 없다'의 뜻이다.

  예 엘레나 씨는 돈을 무분별하게 쓰는 경향이 있어서 걱정이다.

▶ 지적한다: '지적하다'는 '무엇인가를 꼭 집어 말하다'의 뜻이다.

  예 다른 사람의 단점을 지적하는 것은 쉽지만 자신의 단점을 인정하기는 쉽지 않다.

▶ 사투리: 표준어와는 다르게 어떤 지역이나 지방에서만 쓰이는 특유한 말

예 서울에서 생활한 지 20년이 됐지만 고향 친구를 만나면 자연스럽게 고향 사투리가 나온다.

▶ 반영한다: '반영하다'는 '영향을 미쳐 드러내다'의 뜻이다.

예 그 대학은 내신 성적을 합격 여부에 중요하게 반영한다.

19 쇼핑센터 건물에서 방화로 추정되는 화재가 발생해 손님 50여 명과 직원 30여 명이 대피했다는 내용의 기사이므로 ②의 '방화 화재로 손님 및 직원 80여 명 대피'가 정답이다.

▶ 방화: 일부러 불을 지름

예 어떤 사람의 방화로 집이 불타고 사람들이 다쳐서 경찰이 조사하고 있다.

▶ 추정되는: '추정되다'는 '미루어 생각되어 판정되다'의 뜻이다.

예 이번에 서울에서 발견된 유물은 조선시대의 유물로 추정된다.

▶ 대피하는: '대피하다'는 '위험에 대한 피해를 입지 않게 일시적으로 피하다'의 뜻이다.

예 갑자기 지진이 발생하여 아파트 주민들이 모두 밖으로 대피했다.

▶ 번져: '번지다'는 '불길이 주변의 것에 옮겨붙어 타는 범위가 넓어지다'의 뜻이다.

예 바람 때문에 산불이 계속 번지고 있다.

▶ 신속히: 매우 빠르게

예 사고 직후 신속히 병원으로 이동해 검사를 진행했다.

▶ 부상자: 몸에 상처를 입어서 다친 사람

예 부상자를 가까운 병원으로 신속히 이송하여 목숨을 구할 수 있었다.

▶ 사망자: 죽은 사람

예 교통사고로 인한 사망자가 작년보다 15% 증가했다.

▶ 용의자: 범죄를 저질렀을 것이라고 의심을 받아 수사의 대상에 오른 사람

예 경찰은 이번 사건의 용의자를 체포했다고 발표했다.

▶ 체포하여: '체포하다'는 '경찰이 죄나 혐의가 있는 사람을 강제로 붙잡다'의 뜻이다.

예 경찰은 방화 용의자를 일주일 만에 체포했다.

▶ 조사하고: '조사하다'는 '어떤 일을 명확하게 알기 위하여 자세히 살펴보다'의 뜻이다.

예 서울 시민 100명을 대상으로 취미를 조사한 결과는 다음과 같다.

▶ 밝혔다: '밝히다'는 '모르거나 알려지지 않은 사실을 알아내다'의 뜻이다.

예 나는 네 실수를 밝힐 수 있지만 이번에는 그러지 않을 것이다.

20 접수 기간이 '2월 28일까지 선착순'이라고 되어 있으므로 ①의 '수업이 시작하기 전에는 언제든지 원하는 수업을 신청할 수 있다.'가 옳지 않은 설명이다.

▶ 수강생: 강의를 받거나 강의를 듣는 학생

예 이 과목을 신청한 수강생이 7명 미만이면 이 과목은 개설되지 않습니다.

▶ 참가비: 참가할 때 드는 비용

　예 이 모임에 들어오려면 참가비를 꼭 내야 한다.

▶ 강좌: 일정한 기간 동안 가르치는 과목이나 강연

　예 이 강좌는 학생들에게 인기가 많아서 수강 신청이 금방 끝난다.

▶ 접수: 어떤 일을 처리하기 위해서 필요한 서류나 신청을 받는 일

　예 접수를 하려면 마감 시간 전에 해야 한다.

▶ 선착순: 어떤 곳에 여럿이 경쟁하여 먼저 도착하는 차례

　예 오늘 이 백화점에 오신 고객 100명에게 선착순으로 사은품을 드립니다.

▶ 문의: 어떤 문제에 대해 알 만한 사람에게 질문하는 것

　예 안내된 사항에 대해 문의가 있으시면 언제든지 연락 주십시오.

21 앞부분에서 인터넷 사용으로 변화한 우리 생활 중 긍정적인 측면에 대해서 이야기하고 있다. 집 안에서 쇼핑을 하고(④) 은행일도 볼 수 있으며(②) 외국에 있는 친구들과 채팅으로 소식을 주고받을 수 있다고(③) 했으므로 ①의 '유해한 정보를 쉽게 검색할 수 있다.'가 장점이 아니다.

▶ 보편화: 일부에 한정되어 있다가 일반에 널리 퍼지게 됨

　예 1990년대에는 자가용 승용차의 보편화가 빠르게 진행되었다.

▶ 무분별한: '무분별하다'는 '사리에 맞게 판단하고 구별하는 능력이 없다'의 뜻이다.

　예 돈을 무분별하게 쓰지 않도록 주의해야 한다.

▶ 유해한: '유해하다'는 '해로움이 있다'의 뜻이다.

　예 담배는 건강에 아주 유해한 식품이다.

▶ 폭력적: 물리적인 수단이나 힘을 써서 남을 거칠고 사납게 제압하는 것

　예 이 영화는 폭력적인 장면이 많아 청소년들이 보기에 적절하지 않다.

▶ 노출되기도: '노출되다'는 '무엇이 보이거나 알 수 있도록 드러나다. 또는 그러한 환경이나 상황에 처하다'의 뜻이다.

　예 건설 현장의 근로자들은 항상 위험에 노출되어 있다.

▶ 유출되기도: '유출되다'는 '중요한 내용이 밖으로 새어 나가다. 액체가 밖으로 흘러 나가다'의 뜻이다.

　예 중요한 정보가 경쟁사에 유출된다면 심각한 사태가 발생할 것이다.

▶ 사생활: 개인의 사사로운 생활

　예 사람들은 연예인의 사생활에 관심이 많다.

▶ 침해: 남의 권리나 재산을 함부로 침범하여 손해를 줌

　예 인터넷을 통한 사생활 침해가 점점 심해지고 있다.

▶ 독: 건강이나 생명을 해치는 성분

　예 이 버섯은 화려해 보이지만 강한 독을 가지고 있다.

22 "유해한 정보나 폭력적인 게임에 노출되기도 하며, 개인 정보가 유출되기도 합니다. 사생활 침해가 발생하여 누군가에게 큰 상처가 되기도 하고 범죄에 이용되기도 합니다."라고 했으므로 ③의 '인터넷을 잘못 사용하면 피해가 발생할 수 있다.'가 정답이다.

▶ 피해: 재산, 명예, 신체에 손해를 입음

예 이번 태풍으로 산사태가 일어나 <u>피해</u>가 아주 크다.

풀이

① 인터넷에는 도움이 되는 정보만 있다. → 인터넷에는 도움이 되는 정보도 있고 유해한 정보도 있다.

② 인터넷 쇼핑이 인터넷 뱅킹보다 편리하다. → 둘 중 어느 것이 더 편리하다는 말은 없다.

④ 인터넷을 통해 개인 정보가 노출될 수 있어서 편리하다. → 개인 정보가 유출되면 누군가에게 큰 상처가 될 수 있고 범죄에 이용되기도 한다.

23 명당이란 한국 사람들이 생각하는 좋은 집의 위치를 말하는 것이다. 전통적으로 뒤에 산이 있고 앞에 강이 흐르는 곳을 명당으로 보았으며, 집의 방향과 대문은 남쪽으로 만드는 것을 선호했다. 그리고 최근에는 새로운 조건이 추가되어 교통이 편리하고 가까운 곳에 좋은 학교가 있으면 명당이라고 한다. 그러므로 ②의 '대문이 북쪽으로 난 집'이 옳지 않은 설명이다.

24 한국 회사의 직위 체계는 전통적으로 '사원 → 대리 → 과장 → 차장 → 부장 → 이사 → 상무 → 전무 → 부사장 → 사장'의 순이다. 그러므로 부장보다 높지 않은 직위는 ④의 '차장'이다.

▶ 직위: 직무에 따라 규정되는 사회적, 행정적 위치

예 사건과 관계가 있는 사람은 신분과 <u>직위</u>를 가리지 않고 철저하게 조사할 예정이다.

25 '세계인의 날'은 매년 5월 20일로, 2007년에 처음 제정되었다. 민족과 문화가 다른 외국인들이 서로 이해하고 함께 살아가는 다문화 사회를 만들기 위해 제정된 날이므로 ④의 '세계인의 날'이 정답이다.

풀이

① 어린이날: 5월 5일로 어린이를 존중하고 보호해야 한다는 의미로 제정한 날

예 아이들은 모두 <u>어린이날</u>을 기다리고 기다린다.

② 어버이날: 5월 8일이며 어버이의 은혜에 감사드리는 뜻으로 제정된 날

예 <u>어버이날</u>에 부모님께 카네이션을 달아 드렸다.

③ 성년의 날: 5월 셋째 주 월요일로 성년이 된 것을 기념하는 날

예 나는 올해 <u>성년의 날</u>에 남자 친구에게 꽃을 선물 받았다.

26 한국의 교육 제도는 초등학교 6년, 중학교 3년, 고등학교 3년, 대학교 4년으로 이루어져 있으며 초등학교와 중학교 과정은 의무교육이다. 한국의 대학 진학률은 70%로 교육열이 높은 편이다. 그러므로 ③의 '직업과 관련된 전문 기술을 배울 수 있는 곳은 전문대학이다.'가 정답이다.

> **풀이**
>
> ① 한국의 교육 제도는 9–3–3–4 제도를 도입하고 있다. → 한국의 교육 제도는 초등학교 6년, 중학교 3년, 고등학교 3년, 대학교 4년으로 6–3–3–4 제도이다.
> ② 초등학교는 의무교육이지만 중학교는 의무교육이 아니다. → 초등학교와 중학교 과정은 의무교육이다.
> ④ 지나친 교육열 때문에 부작용이 있어서 대학에 많이 진학하지 않는다. → 한국의 대학 진학률은 70%로 높은 편이며 경제협력개발기구(OECD) 국가 중에서 1위를 차지하기도 했다.

27 한국에 이민자들이 증가하면서 '외국인노동자지원센터', '서울글로벌센터', '다문화가족지원센터' 등의 기관에서 이민자들의 문제를 상담해 주거나 어려움을 해결해 주기 위해 노력하고 있다. '외국인노동자지원센터'에서는 외국인 노동자들의 모국어로 상담을 해 주며, '서울글로벌센터'에서는 생활과 관련된 문제(④), 취업과 관련된 문제(②) 등을 상담해 준다. '다문화가족지원센터'에서는 결혼 이민자를 대상으로 가족과 관련된 문제(③)를 상담해 주고 있다. 그러므로 이민자 상담 센터에서 하는 일이 아닌 것은 ①의 '취미에 관련된 문제'이다.

28 아리랑은 한국 사람들이 일을 하면서 부른 노래였으므로 '노동요'이고, 노랫말에 사랑, 이별, 시집살이의 어려움이 담겨 있으므로 한국인의 '한'이 담긴 노래다. 그러므로 ④의 '㉠ – 노동요, ㉡ – 한'이 정답이다.

▶ 겪게: '겪다'는 '사람이 일을 당하여 치르거나 경험하다'의 뜻이다.
예 더운 여름 날씨에 전기가 고장 나서 많은 사람이 불편을 겪었다.

▶ 극복하기: '극복하다'는 '나쁜 조건이나 고생을 이겨 내다'의 뜻이다.
예 알리 씨는 한국에서 어려움을 극복하여 큰 성공을 거두었다.

▶ 노랫말: 노래의 내용이 되는 글
예 한국 가요에는 이별의 슬픔을 노래하는 노랫말이 많이 나온다.

▶ 이별: 서로 오랫동안 만나지 못하고 떨어져 있거나 헤어짐
예 이 곡은 사랑 끝에 어김없이 찾아온 이별을 노래한 곡이다.

▶ 시집살이: 결혼한 여자가 시집에 들어가서 살림살이를 하는 일
예 과거에는 시부모님과 함께 살며 시집살이를 하는 며느리가 많았다.

▶ 정서: 사람의 마음에 일어나는 여러 가지 감정
예 미디어에 많이 노출되면 정서가 불안해질 수 있다.

▶ 대변하고: '대변하다'는 '어떤 사람이나 단체를 대신하여 그의 의견이나 태도를 표하다'의 뜻이다.

예 정치인은 국민의 의사를 <u>대변</u>할 줄 알아야 한다.

▶ 단결: 많은 사람이 마음과 힘을 한데 뭉침

예 국가적으로 어려운 상황일수록 국민이 <u>단결</u>을 해야 한다.

▶ 민요: 민중들 사이에 저절로 생겨나서 전해지는 노래

예 <u>민요</u>는 민중들의 생활과 감정을 담고 있다.

▶ 흥: 재미나 즐거움을 일어나게 하는 감정

예 그는 노래를 듣다가 <u>흥</u>이 나서 어깨를 들썩였다.

▶ 노동요: 일을 즐겁게 하고 일의 능률을 높이기 위해 부르는 노래

예 우리 조상들은 일의 어려움을 이겨 내기 위해 <u>노동요</u>를 불렀다.

▶ 한: 몹시 원망스럽고 억울하거나 안타깝고 슬퍼 응어리진 마음

예 부모님이 살아 계실 때 잘해 드리지 못한 것이 마음에 <u>한</u>이 되었다.

작문형

다음 내용을 포함하여 '건강한 생활 습관'이라는 제목으로 글을 쓰시오.

- 건강을 위해서 어떤 생활 습관을 기르고 싶습니까?
- 그런 습관이 있으면 어떤 점이 좋습니까?

※ 작문시험 답안지에 제목은 생략하고 <u>본문만 쓰세요</u>.

	나	는		건	강	을		위	해	서		소	금		섭	취	를		줄
이	고		규	칙	적	으	로		운	동	하	는		습	관	을		기	르
고		싶	다	.	소	금		섭	취	를		줄	이	고		규	칙	적	인
운	동	을		하	면		살	도		찌	지		않	고		고	혈	압	과
당	뇨		같	은		성	인	병	도		예	방	할		수		있	다	.

참고자료 | **쓰기 요령**

☑ 건강을 위한 생활 습관을 구체적으로 씁니다.
  예 규칙적인 운동을 하다, 균형 잡힌 식사를 하다, 충분한 수면을 취하다, 술을 줄이다, 금연하다, 소금 섭취를 줄이다 등

☑ 건강한 생활 습관을 기르면 어떤 점이 좋은지 씁니다.
  예 살을 빼다, 병을 예방할 수 있다 등

(가)	(나)

01 (가) 그림은 어디입니까?
　　(가) 그림에 나오는 농촌의 특징을 말해 보세요.

▶ (가) 그림은 농촌입니다. 농촌은 도시와 달리 높은 건물이나 공장이 없고 자동차도 많지 않아서 공기가 맑고 한적합니다. 또한 집 주변에 산이나 강이 있어서 경치가 아름답습니다. 농촌에 사는 사람들은 주로 직접 농사를 짓습니다. 논에서 쌀농사를 짓거나 밭에서 채소를 기르는 농부가 많습니다.

02 (나) 그림은 어디입니까?
　　(나) 그림에 나오는 도시의 특징을 말해 보세요.

▶ (나) 그림은 도시입니다. 도시는 공공 기관, 회사, 학교나 학원, 문화 시설 등이 많아서 사람이 많이 모여서 삽니다. 또한 버스나 지하철과 같은 대중교통도 잘 발달되어 있어서 생활하기에 편리합니다. 하지만 자동차도 많고 사람도 많아서 공기가 탁하고 소음도 심합니다.

03 _____ 씨는 농촌과 도시 중 어디에서 살고 싶습니까?
왜 그곳에서 살고 싶습니까?

▶ 저는 지금 초등학생 딸을 키우고 있기 때문에 도시에서 살고 싶습니다. 도시에는 좋은 학교와 학원이 많고 여러 가지를 배우고 체험할 수 있는 전시회나 박물관과 같은 문화 시설도 많습니다. 저는 우리 아이를 교육 환경이 좋은 곳에서 다양한 경험을 하면서 성장할 수 있도록 돕고 싶습니다. 그래서 도시에서 살고 싶습니다.

04 교환이나 환불은 어떤 경우에 가능합니까?
또 어떤 경우에 교환이나 환불이 불가능합니까?

▶ 구입한 물건에 문제가 있는 경우에는 교환이나 환불이 가능합니다. 또한 물건에 문제가 없지만 마음이 바뀌어서 교환이나 환불을 하고 싶다면 영수증을 가지고 7일 이내에 매장에 가서 교환이나 환불을 요청하면 됩니다. 하지만 물건을 구입한 다음에 물건을 사용했거나 물건을 훼손하였다면 교환이나 환불을 할 수가 없습니다. 또한 사용하지 않았더라도 물건의 태그나 라벨을 제거한 경우에는 교환이나 환불을 할 수 없습니다.

05 _____ 씨의 고향과 한국의 문화가 달라서 놀랐던 경험이 있습니까?
_____ 씨가 느꼈던 문화 차이에 대해서 말해 보세요.

▶ 저는 프랑스에서 왔습니다. 프랑스에서는 친구끼리 손을 잡고 다니지 않습니다. 프랑스에서 두 사람이 손을 잡고 다니는 것은 두 사람이 커플이라는 뜻이기 때문입니다. 그래서 저는 한국에 와서 손을 잡고 다니는 여자들이 많은 것을 보고 깜짝 놀랐습니다. 하지만 나중에 한국 친구가 한국에서는 아주 가까운 여자 친구끼리 손을 잡고 다닐 수 있다고 설명해 주어서 이해하게 되었습니다. 이제는 많이 익숙해져서 저도 한국 친구와 손을 잡고 다닐 때가 있습니다.

참고자료 **말하기 요령**

☑ '-아요/어요' 또는 '-습/ㅂ니다' 형식으로 말합니다.
☑ 면접관의 얼굴을 보고 이야기합니다. (아래나 다른 곳을 보지 않습니다.)
☑ 먼저 생각해 보고 천천히 또박또박 이야기하면 됩니다. 너무 빨리 말하면 실수할 수 있습니다.
☑ 질문을 이해하지 못했을 경우 "다시 질문해 주세요."라고 공손히 말합니다.
☑ 단어나 단답형, 짧은 문장으로 말하지 말고, 질문의 문장을 이용해서 길게 대답합니다.

〈좋은 대답의 예〉
가: _____ 씨는 시간이 있을 때 무엇을 자주 해요?
나: 저는 시간이 있을 때 한국 영화를 자주 봐요.

〈좋지 않은 대답의 예〉
가: _____ 씨는 시간이 있을 때 무엇을 자주 해요?
나: 영화 봐요.

실전 모의고사 p.134

※ 작문형과 구술시험은 별도 표기하였습니다.

필기시험

객관식 (01~28번)

01	02	03	04	05	06	07	08	09	10
③	①	②	②	④	①	①	③	①	②
11	12	13	14	15	16	17	18	19	20
④	③	④	④	②	②	①	④	④	②
21	22	23	24	25	26	27	28		
①	③	②	③	①	③	③	②		

01 어젯밤에 창문을 열고 자서 콧물도 나고 목이 아프다는 의미이므로 '찔리거나 꼬집히는 것처럼 아픈 느낌이 자꾸 들다'라는 뜻을 가진 ③의 '따끔거려서(따끔거리다)'가 정답이다.

▶ 자서 그런지: '-아/어서 그런지'는 동사 · 형용사와 결합하며 명확히 말하기 어려운 이유를 추측해서 말할 때 사용한다.

　예 집이 오래돼서 그런지 비가 오면 벽에서 물이 새요.

풀이

① 쓰려서: '쓰리다'는 '쑤시는 것 같이 아프다'의 뜻이다.

　예 아침을 안 먹었더니 속이 쓰리다.

② 어지러워서: '어지럽다'는 '몸을 제대로 가눌 수 없이 정신이 흐리고 얼떨떨하다'의 뜻이다.

　예 그 사람은 머리가 어지러워서 잠시 앉아 있었다.

④ 더부룩해서: '더부룩하다'는 '소화가 잘 안 돼서 배 속이 거북하다'의 뜻이다.

　예 이것저것 너무 많이 먹었더니 배가 더부룩하다.

02 가을에 산을 찾는 사람이 많다고 했으므로 '가을에 붉은색이나 노란색으로 변하는 잎'의 뜻을 가진 ①의 '단풍'이 정답이다.

▶ 구경하기: '구경하다'는 '어떤 것을 흥미나 관심을 가지고 보다'의 뜻이다.

예 나는 지난주에 가족들과 벚꽃을 구경하고 왔다.

풀이

② 사찰: 규모가 큰 절

예 경주의 불국사는 신라 시대에 만들어진 사찰이다.

③ 유물: 과거의 조상들이 후세에 남긴 물건

예 신석기 시대의 대표적인 유물은 빗살무늬 토기이다.

④ 캠핑: 야외에서 천막이나 텐트를 치고 일정 기간 동안 지내는 일

예 나는 방학 때 친구들과 바닷가에서 캠핑을 했다.

03 다음 주에 시험이 있어서 어떤 일이 있어도 공부해야 한다는 의미이므로 '정도가 매우 심함을 나타내는 말'의 뜻을 가진 ②의 '아무리'가 정답이다.

풀이

① 반드시: 틀림없이 꼭

예 나는 누나가 반드시 돌아올 것이라고 믿는다.

③ 저절로: 남의 힘을 빌리지 않고 스스로. 사람이 일부러 힘을 들이지 않고 자연적으로

예 자동문은 저절로 열린다.

④ 차라리: 그럴 바에는 오히려. 어떤 상태나 동작의 선택에서 어떤 것보다는 다른 것이 더 나음을 강조하여 이르는 말

예 청소를 하느니 차라리 설거지를 하겠어요.

참고자료 '반드시'와 '반듯이'의 구별

☑ 반드시: 틀림없이 꼭. 예외 없이 꼭

예 약속 시간은 반드시 지켜야 한다.

권리에는 반드시 의무와 책임이 따른다.

☑ 반듯이: 어떤 물체의 모양, 사람의 생각이나 행동이 바르고 반듯하게

예 동생은 침대에 반듯이 누워서 천장을 보고 있다.

언제나 몸가짐을 반듯이 해야 한다.

04 자동차의 매연 때문에 공기가 오염되고 있다는 의미이므로 '공장이나 자동차 등에서 나오는 매연, 먼지, 가스 등으로 지구의 공기가 더러워지는 현상'의 뜻을 가진 ②의 '대기 오염'이 정답이다.

▶ 매연: 연료가 탈 때 나오는 연기
　　예 근처 공장에서 나오는 매연 때문에 빨래를 널 수 없다.
▶ 심각해지고: '심각하다'는 '상태나 정도가 매우 깊고 중대하다'의 뜻이다.
　　예 도시에 사는 사람들은 매연과 소음으로 심각한 스트레스를 받고 있다.
▶ 대기 오염: 공장이나 자동차 등에서 나오는 매연, 먼지, 가스 등에 의해서 공기가 더러워지는 현상
　　예 시골보다 도시에서 대기 오염 현상이 심각하다.

풀이

① 토양 오염: 인간에게 유해한 중금속이나 화학물질이 토양(흙)에 쌓이는 일
　　예 쓰레기를 매립하면 토양 오염이 발생한다.
③ 수질 오염: 인위적인 요인에 의해 물이 오염되어 이용 가치가 떨어지거나 생활에 피해를 주는 현상
　　예 이 강은 지금은 깨끗하지만 몇 년 전만 해도 공장의 폐수로 인해 수질 오염이 심각했다.
④ 해양 오염: 선박이나 해양 시설에서 기름이나 폐기물을 바다에 버려 바다를 더럽히는 일
　　예 유조선이 좌초되면서 기름이 흘러나와 해양 오염이 심각하다.

05 '돈을 내어 쓰거나 내어 주다'의 뜻을 가진 '출금하러(출금하다)'와 의미가 반대되는 단어를 고르는 문제이므로 '돈을 들여놓거나 넣어 주다'의 뜻을 가진 ④의 '입금하러(입금하다)'가 정답이다.

풀이

① 납부하러: '납부하다'는 '세금이나 공과금을 관련된 기관에 내다'의 뜻이다.
　　예 요즘은 은행에 직접 가지 않고 인터넷 뱅킹으로 공과금을 납부할 수 있다.
② 환전하러: '환전하다'는 '서로 다른 종류의 화폐를 교환하다'의 뜻이다.
　　예 해외여행을 가기 전에 미리 환전하는 게 좋다.
③ 송금하러: '송금하다'는 '돈을 부쳐 보내다'의 뜻이다.
　　예 고향에 있는 가족들에게 생활비를 송금했다.

06 '잡스럽고 탁한 것이 섞이지 아니하다'의 뜻을 가진 '맑아서(맑다)'와 의미가 반대되는 단어를 고르는 문제이므로 '액체나 공기에 다른 물질이 섞여 흐리다'의 뜻을 가진 ①의 '탁해서(탁하다)'가 정답이다.

▶ 농촌: 주민의 대부분이 농업에 종사하는 마을이나 지역
　　예 청년들이 취업이나 학업 때문에 도시로 떠나면서 농촌에는 노인 인구가 늘었다.

② 심해서: '심하다'는 '정도가 지나치다'의 뜻이다.

  예 태풍 때문에 바람이 <u>심하게</u> 불어 아파트 유리창이 깨졌다.

③ 깨끗해서: '깨끗하다'는 '사물이 더럽지 않다. 빛깔이 흐리지 않고 맑다'의 뜻이다.

  예 서울은 거리가 <u>깨끗해서</u> 좋다.

④ 한적해서: '한적하다'는 '한가하고 고요하다'의 뜻이다.

  예 평일이라서 그런지 놀이공원이 아주 <u>한적했다</u>.

07 회의 자료 준비가 거의 다 되었다는 의미이므로 ①의 '끝나 가요'가 정답이다.

  ▶ 끝나 가요: '-아/어 가다'는 어떤 행동이나 상태가 계속 변화하거나 진행되고 있음을 나타낸다.

  예 저는 한국에 온 지 2년이 <u>되어 가요</u>.

①~④의 기본형은 동사 '끝나다'이다.

② 끝날 만해요: '-(으)ㄹ 만하다'는 동사와 결합하며 어떤 행동을 하는 것이 가치가 있음을 의미하거나 그 행동이 가능함을 나타낸다.

  예 요즘 <u>읽을 만한</u> 책이 있으면 저에게 소개해 주세요.

③ 끝나곤 해요: '-곤 하다'는 동사와 결합하며 같은 행위나 상황이 반복됨을 나타낸다.

  예 방학이면 바다에 <u>가곤 했다</u>.

④ 끝나는 편이에요: '-는 편이다'는 '동사 + -는 편이다', '형용사 + -(으)ㄴ 편이다'의 형태로 쓰이며 어떤 일에 대해 대체로 어느 쪽에 가깝다고 평가할 때 사용한다.

  예 이번에 이사한 집은 거실이 <u>넓은 편이다</u>.

08 5분만 더 늦었으면 비행기를 못 탔을 것이라는 의미이므로 ③의 '탈 뻔했어'가 정답이다.

  ▶ 탈 뻔했어: '-(으)ㄹ 뻔하다'는 동사와 결합하며 어떤 일이 일어나지는 않았지만 거의 일어난 것 같은 상황까지 갔음을 나타내며 항상 '-(으)ㄹ 뻔했다'로 사용한다.

  예 휴대 전화를 보고 걷다가 <u>넘어질 뻔했어요</u>.

①~④의 기본형은 동사 '타다'이다.

① 탈게: '-(으)ㄹ게요'는 동사와 결합하며 말하는 사람의 의지를 나타내거나 미래에 어떤 일을 할 것을 약속할 때 사용한다. 말하기에서만 사용하며 주어는 항상 1인칭(나)을 사용한다.

  예 제가 민수 씨 생일 케이크를 사 <u>올게요</u>.

② 타나 봐: '-나 보다'는 '동사 + -나 보다', '형용사 + -(으)ㄴ가 보다'의 형태로 쓰이며 말하는 사람의 추측을 나타낸다.

예 흐엉 씨가 오늘 많이 피곤한가 봐요.

④ 타면 좋겠어: '-(으)면 좋겠다'는 동사·형용사와 결합하며 희망을 말할 때 사용한다.

예 이번 겨울에는 고향에 꼭 다녀오면 좋겠어요.

09 이사한 집이 월세도 싸고 교통도 편리해서 마음에 든다는 의미이므로 ①의 '싼 데다가'가 정답이다.

▶ 싼 데다가: '-(으)ㄴ/는 데다가'는 동사의 경우 현재일 때는 '동사 + -는 데다가', 과거일 때는 '동사 + -(으)ㄴ 데다가', 형용사의 경우는 '형용사 + -(으)ㄴ 데다가'의 형태로 쓰이며 어떤 동작이나 상태에 비슷한 다른 동작이나 상태가 더해진다는 뜻으로 사용한다.

예 마이 씨는 친절한 데다가 활발해서 친구들이 많아요.

풀이

①~④의 기본형은 형용사 '싸다'이다.

② 싼 대신에: '-(으)ㄴ/는 대신에'는 '동사 + -는 대신에', '형용사 + -(으)ㄴ 대신에'의 형태로 쓰이며 앞의 행동이나 상태에 대한 보상, 대체를 나타낼 때 사용한다.

예 우리 회사는 일이 힘든 대신에 월급이 많다.

③ 쌀 정도로: '-(으)ㄹ 정도로'는 동사·형용사와 결합하며 뒤에 오는 행동이나 상태가 앞의 내용과 비슷한 수준임을 나타낼 때 사용한다.

예 앞이 안 보일 정도로 눈이 많이 오네요.

④ 싸서 그런지: '-아/어서 그런지'는 동사·형용사와 결합하며 명확하게 말하기 어려운 이유를 추측하여 말할 때 사용한다.

예 리야 씨가 요즘 회사 일이 많아서 그런지 피곤해 보이네요.

10 며칠 동안 잠을 못 자서 쓰러질 것처럼 피곤하다는 내용이므로 ②의 '쓰러질 정도로'가 정답이다.

▶ 쓰러질 정도로: '-(으)ㄹ 정도로'는 동사·형용사와 결합하며 뒤에 오는 행동이나 상태가 앞의 내용과 비슷한 수준임을 나타낼 때 사용한다.

예 걷기가 힘들 정도로 다리가 아프다.

▶ 쓰러질: '쓰러지다'는 '넘어지다'의 뜻이다.

예 배가 고파서 쓰러질 것 같다.

▶ 새웠더니: '새우다'는 '자지 않고 밤을 지내다'의 뜻이다.

예 나는 밤을 새워 책을 읽었다.

풀이

①~④의 기본형은 동사 '쓰러지다'이다.

① 쓰러질 텐데: '-(으)ㄹ 텐데'는 동사·형용사와 결합하며 어떤 내용에 대해 말하는 사람의 추측을 나타낼 때 사용한다.

　예 아침을 안 먹고 가면 배가 <u>고플 텐데</u> 샌드위치라도 만들어서 줘야겠다.

③ 쓰러지기 위해서: '-기 위해서'는 동사와 결합하며 어떤 일을 하는 목적이나 의도를 나타낸다. 쓰기나 격식적인 말하기에서 사용한다.

　예 저는 한국어를 <u>배우기 위해서</u> 한국에 왔습니다.

④ 쓰러질 뿐만 아니라: '-(으)ㄹ 뿐(만) 아니라'는 동사·형용사와 결합하며 어떤 사실에 더해서 다른 상황도 있음을 나타낼 때 사용한다.

　예 한국의 여름은 <u>무더울 뿐만 아니라</u> 비도 자주 내려서 짜증이 날 때가 있다.

11 한국에서 취직하려면 한국어를 유창하게 하는 것이 필수 조건임을 의미하므로 ④의 '유창해야'가 정답이다.

▶ 유창해야: '-아/어야'는 동사·형용사와 결합하며 앞의 내용이 뒤 내용의 필수 조건임을 나타낼 때 사용한다.

　예 여권을 <u>만들어야</u> 해외여행을 갈 수 있다.

▶ 유창하다: '말을 하거나 글을 읽는 것이 물이 흐르듯이 거침이 없다'의 뜻이다.

　예 아이코 씨는 한국 사람처럼 한국어를 <u>유창하게</u> 구사한다.

　풀이

①~④의 기본형은 형용사 '유창하다'이다.

① 유창하고: '-고'는 동사·형용사와 결합하며 두 가지 이상의 일을 연결해서 말할 때 사용한다.

　예 서울은 <u>깨끗하고</u> 교통이 편리하다.

② 유창하되: '-되'는 동사와 결합하며 앞의 내용을 인정하면서도 그에 대한 조건이나 예외 등이 있음을 나타낼 때 사용한다.

　예 한국어를 잘하고 싶으면 한국 사람을 자주 <u>만나되</u> 한국어로 이야기하세요.

③ 유창해도: '-아/어도'는 동사·형용사와 결합하며 앞의 행동이나 상태와 관계없이 뒤의 상황이 일어남을 나타낼 때 사용한다.

　예 아무리 <u>바빠도</u> 꼭 아침에 운동을 한다.

12 '밤에 아르바이트를 하느라고 잠을 못 자서 너무 피곤해요.'와 의미가 같은 문장을 고르는 문제로 '밤에 아르바이트를 하기 때문에 잠을 못 자서 피곤하다'는 의미인 ③의 '밤에 아르바이트를 해 가지고 잠을 못 자서 너무 피곤해요.'가 정답이다.

▶ 하느라고: '-느라고'는 동사와 결합하며 앞의 내용이 뒤의 내용에 대한 원인이나 이유가 됨을 나타낼 때 사용한다. 특히 하지 못한 일에 대한 핑계를 말할 때 자주 사용한다.

　예 어제 늦게까지 게임을 <u>하느라고</u> 숙제를 못 했다.

▶ 해 가지고: '–아/어 가지고'는 동사·형용사와 결합하며 앞의 내용이 뒤 내용의 방법, 원인, 이유를 나타낼 때 사용한다. 주로 말하기에서 사용한다.
　예 바지 사이즈가 <u>작아 가지고</u> 큰 사이즈로 바꾸려고요.

13 '아기가 계속 우는 걸 보니 배가 고픈가 봐요.'와 의미가 같은 문장을 고르는 문제로 '아기가 계속 우는 것을 보고 아기가 배가 고픈 상태'라고 추측하는 의미인 ④의 '아기가 계속 우는 걸 보니 배가 고픈 것 같아요.'가 정답이다.
▶ 고픈가 봐요: '동사 + –나 보다', '형용사 + –(으)ㄴ가 보다'의 형태로 쓰이며 어떤 사실이나 상황으로 보아 추측할 때 사용한다.
　예 지수 씨 얼굴이 빨간 걸 보니 이 음식이 <u>매운가 봐요</u>.
▶ 고픈 것 같아요: '동사 + –(으)ㄴ/ㄹ/는 것 같다', '형용사 + –(으)ㄴ/ㄹ/는 것 같다'의 형태로 쓰이며 확실하지 않은 추측을 나타낸다.
　예 오후에 비가 <u>올 것 같아요</u>.

> **참고자료** **'–(으)ㄴ/ㄹ/는 것 같다'와 '–(으)ㄴ가/나 보다'의 비교**
>
> **1. 동사 + –(으)ㄴ/ㄹ/는 것 같다, 형용사 + –(으)ㄴ/ㄹ/는 것 같다**
> ☑ 말하는 사람의 직접 경험, 간접 경험을 통한 추측에 모두 사용할 수 있다.
> 　예 (큰 운동화를 보면서) 발이 <u>큰 것 같아요</u>. (○)
> 　　　(발이 큰 사람을 보면서) 발이 <u>큰 것 같아요</u>. (○)
> ☑ 특별한 단서나 이유가 없을 때도 자기 생각을 말할 때 사용할 수 있다.
> 　예 (아무 이유나 단서 없이 그냥 내 생각) 내일 축구에서 한국이 <u>이길 것 같아요</u>. (○)
> **2. 동사 + –나 보다, 형용사 + –(으)ㄴ가 보다**
> ☑ 말하는 사람의 간접 경험을 통한 추측에만 사용한다.
> 　예 (큰 운동화를 보면서) 발이 <u>큰가 봐요</u>. (○)
> 　　　(발이 큰 사람을 보면서) 발이 <u>큰가 봐요</u>. (×)
> ☑ 그렇게 추측하는 이유나 단서가 있을 때만 사용한다.
> 　예 친구가 매일 커피를 마시는 걸 보니 커피를 <u>좋아하나 봐요</u>. (○)

14 '고향에 보내려고 선물을 사 놓았어요.'와 의미가 같은 문장을 고르는 문제로 '고향에 선물을 보내기 위해서 선물을 사서 준비했다'는 의미인 ④의 '고향에 보내려고 선물을 미리 준비했어요.'가 정답이다.
▶ 사 놓았어요: '–아/어 놓다'는 동사와 결합하며 어떤 행위를 끝내고 그 상태를 유지하고 있음을 나타낸다.
　예 주말에 영화를 보려고 영화표를 <u>예매해 놓았어요</u>.
▶ 미리: 어떠한 일이 생기기 전에 먼저
　예 학교에 가기 전에 <u>미리</u> 가방을 챙긴다.

15 '노력하는 사람이 기회를 얻는 법이다.'와 의미가 같은 문장을 고르는 문제로 '노력하는 사람이 기회를 얻는 것이 당연하다'는 의미인 ②의 '노력하는 사람이 기회를 얻기 마련이다.'가 정답이다.

▶ 얻는 법이다: '-(으)ㄴ/는 법이다'는 동사·형용사와 결합하며 앞의 행동이나 상태가 당연하거나 이미 그렇게 정해진 것임을 나타낼 때 사용한다.

예 아이들은 부모님의 행동을 <u>따라 하는 법이에요</u>.

▶ 얻기 마련이다: '-기 마련이다'는 동사·형용사와 결합하며 그런 일이 있는 것이 당연함을 나타낼 때 사용한다.

예 기대가 크면 실망도 <u>크기 마련이에요</u>.

▶ 기회: 어떠한 일을 하는 데 적절한 시기나 경우

예 <u>기회</u>가 왔을 때 잡아야 한다.

16 '여름 방학이 되면 가족들과 함께 해수욕장에 가곤 했다.'와 의미가 같은 문장을 고르는 문제로 '과거에 여름 방학이 되면 가족들과 해수욕장에 자주 갔지만 지금은 그렇지 않다'는 의미인 ②의 '여름 방학이 되면 가족들과 함께 해수욕장에 자주 갔다.'가 정답이다.

▶ 가곤 했다: '-곤 하다'는 동사와 결합하며 같은 상황이 반복됨을 나타낼 때 사용한다.

예 알리 씨는 우울해지면 바다에 <u>가곤 합니다</u>.

17 고등학교 3학년 학생들이 학업 스트레스로 머리가 빠지고 밥을 못 먹을 정도로 대학 입시 경쟁이 심하다는 의미이므로 ①의 '치열하니까(치열하다)'가 정답이다.

▶ 학업: 학교에서 일반 지식과 전문 지식을 배우기 위하여 공부하는 일

예 그는 가정 형편이 어려워져 <u>학업</u>을 중도에 포기했다.

▶ 대학 입시: 대학에 입학하기 위하여 치르는 시험

예 <u>대학 입시</u> 제도가 자주 바뀌어서 학생과 학부모들에게 혼란을 주고 있다.

▶ 경쟁: 같은 목적을 향해 이기거나 앞서려고 서로 겨룸

예 대학 입시 때문에 학생들은 친구를 <u>경쟁</u> 상대로 생각한다.

▶ 안타까워요: '안타깝다'는 '뜻대로 되지 아니하거나 보기에 딱하여 가슴 아프고 답답하다'의 뜻이다.

예 이번 대회에서 실수로 우승을 놓친 것이 <u>안타깝다</u>.

풀이

② 중시하니까: '중시하다'는 '가볍게 여길 수 없을 만큼 매우 크고 중요하게 여기다'의 뜻이다.

예 요즘 젊은이들은 개성을 <u>중시하는</u> 경향이 있다.

③ 다양하니까: '다양하다'는 '모양, 빛깔, 형태, 양식이 여러 가지로 많다'의 뜻이다.

예 그 가게에는 <u>다양한</u> 상품이 전시되어 있었다.

④ 차지하니까: '차지하다'는 '사물이나 공간, 지위를 자기 몫으로 가지다'의 뜻이다.

예 우리 대표팀이 이번 경기에서 우승을 <u>차지했다</u>.

18 베트남 사람이 많은 회사에서 다른 곳으로 직장을 옮겼다는 의미이므로 ㉠은 '이직'이다. 그리고 선배들에게 혼날 때가 많아서 함께 있는 자리가 불편하다는 의미이므로 ㉡은 '피하게 된다'가 와야 자연스럽다. 그러므로 ④의 '㉠ - 이직, ㉡ - 피하게 된다'가 정답이다.

▶ 근무한: '근무하다'는 '직장에 적을 두고 직무에 종사하다, 일하다'의 뜻이다.
예 나는 호텔에서 일하기 때문에 2교대로 근무하고 있다.

▶ 이직: 직장을 옮기거나 직업을 바꿈
예 우리 남편은 이직을 하기 위해 다니던 회사를 그만두었다.

▶ 연세: '나이'의 높임말
예 할아버지께서는 연세가 어떻게 되세요?

▶ 선배: 같은 분야에서 지위나 나이가 많거나 앞선 사람
예 이번 발표는 동아리 선배의 도움을 받아 잘 준비할 수 있었다.

▶ 피하게: '피하다'는 '원치 않는 일을 당하거나 어려운 처지에 놓이지 않도록 하다'의 뜻이다.
예 무슨 일인지 지훈 씨가 자꾸 내 시선을 피했다.

▶ 출장: 용무를 위해 원래 근무지에서 다른 곳으로 나감
예 박 과장은 다음 달에 베트남으로 출장을 갈 예정이다.

▶ 즐기게: '즐기다'는 '즐겁게 누리거나 맛보다. 무엇을 좋아하여 자주 하다'의 뜻이다.
예 아나이스는 주말이 되면 낚시를 즐긴다.

19 주어진 글에서 경범죄의 예로 제시된 것에는 쓰레기 무단 투기(③), 음주 소란(①), 금연 장소에서 흡연을 하는 행위(②)가 있다. 그러므로 경범죄의 예로 제시된 것이 아닌 것은 ④의 '헬멧을 쓰지 않고 오토바이를 타는 행위'이다.

▶ 흔하게: '흔하다'는 '보통보다 더 자주 있거나 자주 일어나서 쉽게 접할 수 있다'의 뜻이다.
예 김민수라는 이름은 한국에서는 흔한 이름이다.

▶ 대수롭지: '대수롭다'는 '중요하게 여길 만하다'의 뜻이다.
예 그 일은 별로 대수로운 일이 아니다.

▶ 처벌: 죄나 잘못이 있는 사람에게 벌을 줌. 또는 그러한 벌
예 그는 사기죄로 처벌을 받았다.

▶ 무단 투기: 사전에 허락을 받지 않고 정해지지 않은 곳에 물건을 내던져 버림
예 7월부터 담배꽁초 무단 투기를 집중적으로 단속할 계획이다.

▶ 조사되었다: '조사되다'는 '분명하게 알기 위하여 자세히 살펴지거나 밝혀지다'의 뜻이다.
예 우리나라 젊은 여성들은 자신의 실제 몸보다 뚱뚱하다고 생각하는 사람이 많은 것으로 조사되었다.

▶ 소란: 시끄럽고 어수선함
예 저기에서 소란을 피우는 학생이 누구예요?

▶ 출입: 어떤 곳을 드나듦
예 이곳은 미성년자의 출입이 금지된 장소입니다.

▶ 행위: 사람이 의지를 가지고 행하는 짓. 인간의 모든 행동이나 동작을 말함

  예 사람은 자신이 한 행위에 대해서 책임을 져야 한다.

▶ 흡연: 담배를 피움

  예 공공장소에서는 다른 사람들을 위해서 흡연을 피해야 한다.

풀이

'헬멧을 쓰지 않고 오토바이를 타는 행위'는 경범죄가 아니라 도로교통법을 위반한 것이다. 따라서 경범죄에 해당하지 않는다.

20 강사명이 김수미이고 정원은 20명, 신청 인원은 15명이기 때문에 다섯 명이 더 신청할 수 있으므로 ②의 '한국어 강사는 김수미이고 다섯 명이 더 신청할 수 있다.'가 정답이다.

▶ 과정명: 수업 이름

  예 이번에 내가 듣는 수업의 과정명은 한국 사회 이해이다.

▶ 강사명: 선생님 이름

  예 김수미 선생님 수업을 듣고 싶으면 강사명으로 검색해 봐.

▶ 기간: 어느 일정한 시기부터 다른 어느 일정한 시기까지의 사이

  예 이 수업의 과정 기간은 13주이다.

▶ 인정: 확실히 그렇다고 여김

  예 오전 9시부터 오후 6시까지 수업을 들으면 8시간을 인정받는다.

▶ 진행되는: '진행되다'는 '일이 처리되어 나가게 되다'의 뜻이다.

  예 오전 근무 시간 내내 회의가 진행되었다.

풀이

① 이 수업을 받으려면 6월 4일부터 신청하면 된다. → 이 수업을 받으려면 5월 15일부터 신청하면 된다.

③ 이 과정은 한국어 초급 2 수업으로 2학기에 진행되는 수업이다. → 이 과정은 한국어 중급 2 수업으로 2학기에 진행되는 수업이다.

④ 이 수업은 일요일 오전 아홉 시부터 오후 여덟 시까지 진행된다. → 이 수업은 일요일 오전 아홉 시부터 오후 여섯 시까지 진행된다.

21 1인 가구의 증가 원인으로 이혼율의 증가, 고령화, 결혼에 대한 가치관의 변화 등을 꼽을 수 있으므로 ①의 '고령화'가 정답이다.

▶ 인구 조사: 한 나라의 인구 상황을 총체적으로 파악하기 위해 정부가 일정한 시기에 전국적으로 인구 실태를 조사하는 일

  예 인구 조사는 국가의 중요한 사업 중의 하나이다.

▶ 1인 가구: 혼자 사는 사람

  예 1인 가구가 증가하면서 작은 가전제품들이 출시되고 있다.

▶ 가구 수: 현실적으로 주거 및 생계를 같이하는 사람들로 이루어진 집단의 수
  예 그 연립 주택에 사는 <u>가구 수</u>가 열이나 된다.

▶ 차지하고: '차지하다'는 '사물이나 공간, 지위를 자기 몫으로 가지다'의 뜻이다.
  예 우리 대표팀이 이번 경기에서 우승을 <u>차지했다</u>.

▶ 이혼율: 결혼한 부부에 대해 이혼한 부부가 차지하는 비율
  예 최근 들어 <u>이혼율</u>이 급격히 늘고 있다.

▶ 고령화: 한 사회의 인구 구성에서 노인의 비율이 높은 상태가 됨
  예 의료 기술의 발달로 평균 수명이 증가하여 <u>고령화</u> 현상이 나타났다.

▶ 가치관: 인간이 자기를 포함한 세계나 어떤 대상에 대하여 부여하는 가치나 의의에 관한 견해나 입장
  예 나는 <u>가치관</u>이 비슷한 사람과 결혼하여 가정을 꾸리고 싶다.

▶ 꼽을: '꼽다'는 '골라서 지목하다'의 뜻이다.
  예 한국을 대표하는 요리로는 비빔밥과 불고기를 <u>꼽을</u> 수 있다.

▶ 출시되고: '출시되다'는 '상품이 시중에 나오다'의 뜻이다.
  예 지난달에 신제품이 <u>출시되어</u> 인기를 끌고 있다.

▶ 소형: 같은 종류의 사물 가운데 작은 규격이나 규모
  예 이 제품은 <u>소형</u>이지만 대형 제품만큼이나 성능이 좋다.

▶ 전망하고: '전망하다'는 '다가올 앞날을 미리 내다보다'의 뜻이다.
  예 경제학자들은 당분간 한국의 경제가 어려울 것이라고 <u>전망하고</u> 있다.

▶ 개선하고: '개선하다'는 '잘못된 것이나 부족한 것, 나쁜 것을 고쳐 더 좋게 만들다'의 뜻이다.
  예 정부는 국민들의 생활 환경을 <u>개선하기</u> 위해 노력해야 한다.

▶ 시급하다: '시급하다'는 '시각을 다툴 만큼 몹시 절박하고 급하다'의 뜻이다.
  예 환경 오염 문제가 심각해져서 대책 마련이 <u>시급하다</u>.

22 지문의 마지막 부분을 살펴보면 "정부는 이러한 변화에 맞춰 기존의 전통적인 가구를 대상으로 한 정책을 개선하고 1인 가구를 위한 주거 정책이나 독거노인을 위한 돌봄 서비스 등 현실적이고 실용적인 정책을 마련하는 것이 시급하다."라고 했으므로 ③의 '정부는 혼자 사는 사람들을 위한 다양한 정책을 마련해야 한다.'가 정답이다.

풀이

① 소형 주택에 비해 대형 주택이 인기를 얻고 있다. → 소형 주택이 꾸준히 인기를 얻고 있다.

② 혼자 사는 노인을 위해 청소와 장보기 서비스가 시행된다. → 1인 가구를 위한 생활 물품 대여, 세탁, 청소, 장보기 등의 서비스도 증가하고 있다. 1인 가구는 혼자 사는 노인만 의미하는 것이 아니라 혼자 사는 모든 사람을 말한다.

④ 결혼에 대한 가치관의 변화로 인해 결혼하는 사람이 많아지고 있다. → 결혼에 대한 가치관의 변화로 1인 가구가 증가하고 있으므로 과거에 비해 결혼하지 않는 사람이 늘고 있다는 뜻이다.

23 세계인의 날은 매년 5월 20일(①)로, 한국에 살고 있는 이민자와 한국인이 서로를 이해하며 조화로운 사회를 만들기 위해 제정한 날이다. 이날에는 축하 공연, 전시회, 체험 행사 등 다양한 행사를 개최(③)하며, 한국인과 이민자가 함께 어울리고 소통할 수 있는 행사(④)이므로 ②의 '외국인들에게 한국 문화를 알리기 위한 날이다.'가 옳지 않은 설명이다.

▶ 개최한다: '개최하다'는 '모임, 행사, 경기 등을 열다'의 뜻이다.

　예 2002년 월드컵을 한국과 일본에서 <u>개최했다</u>.

▶ 소통할: '소통하다'는 '오해가 없도록 뜻을 서로 통하다'의 뜻이다.

　예 사람은 보통 말로 서로의 의사를 <u>소통한다</u>.

24 말하는 사람과 듣는 사람을 함께 부르는 말은 '우리'이므로 ③의 '우리'가 정답이다.

▶ 원래: 처음부터, 근본부터

　예 할인 기간이어서 그런지 <u>원래</u> 가격보다 훨씬 싸다.

▶ 공동체: 운명, 생활, 목적 등을 같이하는 두 사람 이상의 조직체

　예 선생님께서 <u>공동체</u> 생활을 하면 협동심을 키울 수 있다고 말씀하셨다.

▶ 동료: 같은 직장이나 같은 부문에서 함께 일하는 사람

　예 이번에 이직한 회사는 <u>동료</u>들이 모두 친절해서 근무하기에 좋다.

▶ 친구: 가깝게 오래 사귄 사람

　예 현수는 나의 가장 친한 <u>친구</u>이다.

25 난방과 요리를 함께 할 수 있는 한국의 전통적인 난방 방식을 묻는 문제이므로 ①의 '온돌'이다.

▶ 전통적인: '전통적'은 '예로부터 이어져 내려오는 것'의 뜻이다.

　예 안동하회마을에서는 <u>전통적인</u> 생활 양식을 유지해 오고 있다.

▶ 난방: 실내 온도를 높여 따뜻하게 하는 일

　예 우리 대학 기숙사는 4월부터 <u>난방</u>을 중지합니다.

▶ 방식: 일정한 방법이나 형식

　예 은진 씨는 늘 자기만의 <u>방식</u>을 고집한다.

▶ 때어: '때다'는 '아궁이에 불을 지피어 타게 하다'의 뜻이다.

　예 한옥에는 아궁이가 있어 나무를 <u>때어</u> 방을 따뜻하게 했다.

▶ 일석이조(一石二鳥): 돌 한 개를 던져 새 두 마리를 잡는다는 뜻으로, 동시에 두 가지 이득을 봄을 이르는 말

　예 이 사업은 에너지도 절약하고 환경도 보호할 수 있어서 <u>일석이조</u>의 효과를 기대할 수 있다.

② 마루: 전통 집에서 방과 방 사이나 방 앞을 지면으로부터 높이 떨어지게 하여 널빤지를 길고 평평하게 깐 공간

예 어릴 때 저녁이면 <u>마루</u>에 앉아 밤하늘을 쳐다보곤 했다.

③ 굴뚝: 불을 땔 때 연기가 밖으로 빠져나가도록 만든 구조물

예 초가집 <u>굴뚝</u>에서 연기가 피어올랐다.

④ 보일러: 난방 시설이나 목욕탕에 더운 물을 보내기 위해 물을 끓이는 시설

예 날씨가 쌀쌀해지자 엄마는 난방을 하기 위해 <u>보일러</u>를 트셨다.

26 성년의 날은 만 19세가 되어 어른이 된 젊은이들을 축하해 주는 날로 한국에서는 5월 셋째 주 월요일이다. 그러므로 ③의 '성년의 날'이 정답이다.

▶ 성년의 날: 성년이 되는 것을 기념하여 정한 날. 한국에서는 만 19세가 되는 사람을 대상으로 하며 5월 셋째 주 월요일이다.

예 <u>성년의 날</u>에 학교에서 축하 행사가 열린다.

① 어린이날: 어린이들을 위하여 제정한 날로 5월 5일이다.

예 나는 <u>어린이날</u>을 맞아 조카들에게 줄 선물을 샀다.

② 어버이날: 낳아 주시고 길러 주신 부모님의 사랑에 감사하는 날로 5월 8일이다.

예 <u>어버이날</u>에는 부모님께 빨간 카네이션을 선물한다.

④ 문화가 있는 날: 매달 마지막 주 수요일로 전국의 문화 시설을 할인된 가격이나 무료로 즐길 수 있는 날

예 <u>문화가 있는 날</u>에 놀이공원이 35% 할인을 한다고 한다.

27 재활용 쓰레기는 다시 사용할 수 있는 쓰레기를 의미한다. 재활용 쓰레기에는 병, 캔, 종이, 플라스틱 등이 있으며 이것을 종류별로 나누어 분리수거해야 한다. 그러나 음식물 쓰레기는 음식물 쓰레기통이나 음식물 쓰레기봉투에 담아서 버려야 한다. 그러므로 재활용 쓰레기가 아닌 것은 ③의 '음식물'이다.

28 자신의 의사를 대신할 사람을 뽑는 행위로 한국에서 대통령, 국회 의원, 지방 자치 단체장, 지방 의회 의원을 뽑는 것은 ②의 '선거'이다.

▶ 민주주의: 국민이 권력을 가짐과 동시에 스스로 권리를 행사하는 정치 형태. 또는 그러한 정치를 지향하는 사상

예 대한민국은 <u>민주주의</u>를 바탕으로 운영되는 국가이다.

▶ 유지하며: '유지하다'는 '어떤 상태나 상황을 그대로 보존하거나 변함없이 계속하여 지탱하다'의 뜻이다.

  예 건강을 <u>유지하기</u> 위해서는 규칙적인 운동을 해야 한다.

▶ 발전시키는: '발전시키다'는 '사람이 일이나 현상을 보다 낫고 더 좋은 상태로 나아가게 하다'의 뜻이다.

  예 수출을 확대하여 경제를 <u>발전시켜야</u> 한다.

▶ 요소: 어떤 사물을 구성하거나 효력을 발생시키기 위해 없어서는 안 될 근본적인 조건이나 성분

  예 성실과 노력은 성공의 결정적인 <u>요소</u>이다.

▶ 권력: 남을 복종시키거나 지배할 수 있는 공인된 권리와 힘

  예 군인들이 무력으로 <u>권력</u>을 장악한 시기가 있었다.

▶ 대신할: '대신하다'는 '어떤 대상의 자리나 역할을 바꾸어 새로 맡다'의 뜻이다.

  예 아버지를 <u>대신하여</u> 민수 씨가 조문을 다녀왔다.

▶ 행위: 사람이 의지를 가지고 하는 짓

  예 우리는 자신의 <u>행위</u>에 책임을 져야 한다.

▶ 지방 자치 단체장: 지방 자치법에 의하여 지방 자치 단체의 대표를 맡고 있는 사람

  예 나는 이번 선거에서 <u>지방 자치 단체장</u>으로 시장과 구청장을 뽑았다.

▶ 지방 의회 의원: 지방 의회에서 지방 자치 단체의 주요 사항을 심의하고 결정하는 의원

  예 <u>지방 의회 의원</u>은 광역 의회 의원과 기초 의회 의원으로 나뉘어져 있다.

풀이

① 공약: 정부, 정당, 입후보자가 어떤 일에 대하여 국민에게 실행할 것을 약속하는 것. 또는 그러한 약속

  예 여러 가지 <u>공약</u>을 내세우지만 실제로 <u>공약</u>을 지키는 후보자는 적다.

③ 투표소: 투표하는 곳

  예 <u>투표소</u>에 가면 본인임을 확인한 후에 투표를 한다.

④ 후보자: 선거에서 어떤 직위나 신분을 얻으려고 일정한 자격을 갖추어 나선 사람

  예 나는 친구를 반장 선거 <u>후보자</u>로 추천했다.

작문형

다음 내용을 포함하여 '가 보고 싶은 관광지'라는 제목으로 글을 쓰시오.

- 한국의 관광지 중에서 가 보고 싶은 곳은 어디입니까?
- 그곳에 가고 싶은 이유는 무엇입니까?

※ 작문시험 답안지에 제목은 생략하고 <u>본문만 쓰세요.</u>

	한	국	의		관	광	지		중	에	서		가		보	고		싶	은
곳	은		경	주	이	다	.		경	주	는		신	라	의		수	도	로
불	국	사	,	석	굴	암	,		첨	성	대		등		다	양	한		유	적
이		있	는		곳	이	다	.		나	는		한	국		역	사	에		관
심	이		많	기		때	문	에		경	주	에		가	고		싶	다	.

(가)	(나)

01 (가) 사진은 무엇입니까? 언제 이 음식을 먹습니까? 왜 먹습니까?
한국 사람들은 이날 무엇을 합니까?

▶ (가) 사진은 떡국입니다. 떡국은 설날에 먹는 음식입니다. 건강하게 오래 살기를 바라는
마음으로 설날에 떡국을 먹습니다. 그리고 한국 사람들은 설날에 떡국을 먹으면 나이도
한 살 더 먹는다고 생각합니다. 설날에는 보통 차례를 지내고 윗사람에게 세배를 합니다.
그러면 아이들은 세뱃돈을 받습니다. 또 가족들이 모여서 윷놀이, 연날리기, 제기차기
등의 전통 놀이도 합니다.

02 (나) 사진은 무엇입니까? 언제 이 음식을 먹습니까? 왜 먹습니까?
한국 사람들은 이날 무엇을 합니까?

▶ (나) 사진은 송편입니다. 송편은 추석에 먹는 음식입니다. 1년 동안 농사가 잘 된 것을
조상에게 감사하는 뜻으로 송편을 먹는데 송편을 예쁘게 빚으면 예쁜 아이를 낳는다고
합니다. 추석에는 조상에게 감사하는 마음을 표현하기 위해 햇곡식과 햇과일로 차례를
지냅니다. 그리고 추석날 밤에는 보름달을 보면서 소원을 빕니다.

03 _____ 씨 고향에는 어떤 명절이 있습니까?
한국의 명절과 고향의 명절은 어떻게 다릅니까? 고향의 명절에 대해 말해 보세요.

▶ 제 고향 러시아에도 한국처럼 설날이 있습니다. 한국은 설날 연휴가 3일이지만 러시아는 크리스마스를 포함하여 약 7일 동안 쉽니다. 한국의 설날처럼 러시아의 설날에도 가족들이 모두 모여 새해 인사를 하고 덕담을 나눕니다. 특히 12월 31일 밤에 가족과 친구들이 모두 모여 러시아 전통 술과 돼지고기 요리를 먹습니다. 그리고 자정에 아주 멋있는 불꽃놀이를 합니다.

04 _____ 씨는 한국에서 살면서 어떤 어려움이 있었습니까?
어떻게 그 어려움을 극복했습니까? 한국 이민 생활에 어떻게 적응했는지 말해 보세요.

▶ 저는 처음 한국에 왔을 때 경제적인 문제가 조금 있었습니다. 빨리 일을 하고 싶었는데 한국어도 잘 못하고 무슨 일을 해야 할지 몰라서 막막했습니다. 그리고 한국의 숫자와 돈도 너무 어려워서 이해하기 힘들었습니다. 그래서 주변의 친구들에게 솔직하게 말하고 도와 달라고 했습니다. 주변 친구들의 도움으로 한국어 공부도 하고 아르바이트도 시작하게 되었습니다. 그리고 돈이 생길 때마다 합리적으로 소비하기 위해 가계부도 쓰고 은행에 저금도 했습니다. 지금은 원하는 직장에 들어가서 일도 하고 돈도 낭비하지 않고 아껴서 잘 쓰고 있습니다.

05 _____ 씨는 직장이나 사회에서 어떤 리더와 일하고 싶습니까?
리더에게 필요한 자질은 무엇입니까? 왜 그렇게 생각합니까?
_____ 씨의 생각을 말해 보세요.

▶ 저는 직장에서 일할 때 부하직원을 이해하고 먼저 배려해 주는 리더와 일하고 싶습니다. 저는 외국인이기 때문에 한국어와 한국 문화를 이해하지 못할 때가 종종 있습니다. 그럴 때 먼저 이해해 주고 배려해 주는 상사가 있다면 회사에 더 잘 적응할 수 있을 것 같습니다. 그리고 어떤 문제가 있거나 하고 싶은 말이 있을 때 편하게 이야기도 할 수 있을 것 같습니다. 그래서 저는 이해심과 배려심이 있는 민주적인 리더십이 리더에게 필요한 자질이라고 생각합니다.

실전 모의고사 p.145

※ 작문형과 구술시험은 별도 표기하였습니다.

필기시험

객관식 (01~28번)

01	02	03	04	05	06	07	08	09	10
①	③	④	②	③	③	③	④	④	②
11	12	13	14	15	16	17	18	19	20
③	③	②	②	③	③	①	①	①	④
21	22	23	24	25	26	27	28		
③	③	④	③	④	①	③	③		

01 오랫동안 기다려 온 부모님이 한국에 오신다는 의미이므로 '오랜 기다림 끝에 그 결과로'의 뜻을 가진 ①의 '드디어'가 정답이다.

> **풀이**
>
> ② 도대체: 유감스럽게도 전혀 (주로 부정을 나타내는 말과 함께 쓰인다.)
>
> 예 도대체 그 사람을 이해할 수가 없다.
>
> ③ 저절로: 작위적인 노력 없이 자연적으로
>
> 예 평화는 저절로 이루어지지 않는다.
>
> ④ 차라리: 그럴 바에는 오히려. 어떤 상태나 동작의 선택에서 어떤 것보다는 다른 것이 더 나음을 강조하여 이르는 말
>
> 예 그 사람과 출장을 가느니 차라리 혼자 가는 게 낫겠다.

02 추석은 그 해 농사를 지은 햇곡식과 햇과일로 조상들에게 감사 인사를 올리는 명절이므로 ③의 '농사'가 정답이다.

> ▶ 조상: 자기가 살고 있는 세대 이전의 모든 세대
>
> 예 한국은 유교 사상의 영향으로 조상에게 제사를 지내는 풍습이 있다.

① 세배: 설에 웃어른을 찾아뵙고 절을 함

　　예 우리는 아침 일찍 부모님께 세배를 드렸다.

② 성묘: 조상의 산소를 찾아 인사를 하고 산소를 돌봄

　　예 추석날 우리 가족은 성묘를 하러 산소에 갔다.

④ 윷놀이: 편을 갈라 네 개의 나뭇조각(윷)으로 승부를 겨루는 한국 고유의 놀이

　　예 설날에는 가족이 모두 모여 윷놀이를 하곤 했다.

03 자원봉사를 할 사람을 모은다는 의미이므로 '널리 구하여 모으다'의 뜻을 가진 ④의 '모집합니다(모집하다)'가 정답이다.

▶ 다문화 센터: 다문화 가족을 지원하기 위한 전문 인력과 시설을 갖춘 법인이나 단체

　　예 결혼 이주 여성들이 다문화 센터에서 하는 한국어 수업에 참여하고 있다.

▶ 다문화 가족: 국제결혼을 한 부부와 그 자녀로 이루어진 가족

　　예 이 영화는 다문화 가족에 대한 이야기를 담고 있다.

▶ 자원봉사자: 어떤 일이나 사람을 대가 없이 자기 스스로 돕는 사람

　　예 서울시에서 경복궁에서 관광객을 안내할 자원봉사자를 모집합니다.

① 열립니다: '열리다'는 '회의나 모임이 시작되거나 베풀어지다'의 뜻이다.

　　예 오늘 초등학교 강당에서 제37회 입학식이 열립니다.

② 알립니다: '알리다'는 '어떤 사실이나 소식을 전하여 알게 하다'의 뜻이다.

　　예 혜윤아, 모임 날짜가 정해지면 나에게도 알려 줘.

③ 초대합니다: '초대하다'는 '어떤 모임에 참석하기를 청하다'의 뜻이다.

　　예 올가 씨가 우리 반 친구들을 모두 생일파티에 초대했다.

04 피로가 점점 더해지면 조용한 음악을 들으며 산책을 하거나 매운 음식을 먹고 피로를 푼다는 의미이므로 '한꺼번에 많이 겹쳐지거나 몰리다'의 뜻을 가진 ②의 '쌓이면(쌓이다)'이 정답이다.

▶ 피로: 일에 시간과 힘을 지나치게 많이 사용해서 생각이나 몸이 피곤함

　　예 피로가 쌓일수록 일의 효율은 떨어지기 마련이다.

① 받으면: '받다'는 '상대로부터 입거나 당하다'의 뜻이다.

　　예 지훈이와 나는 그 영화를 보고 큰 감동을 받았다.

③ 좋으면: '좋다'는 '성질이나 내용이 보통 이상이거나 우수하다. 마음에 드는 상태에 있다'의 뜻이다.

　　예 오늘은 날씨가 좋다.

　　　나는 그의 작품이 좋다.

④ 풀리면: '풀리다'는 '누그러져 없어지다'의 뜻이다.

　　예 아버지께서 출장을 다녀오셨는데 아직 피로가 안 풀리신 모양이다.

> **참고자료** **스트레스, 피로와 관련 있는 표현**
>
> 스트레스나 피로와 관련 있는 표현을 사용할 때는 조사와 동사를 주의해서 써야 한다.
> ☑ 스트레스/피로가 쌓이다: '스트레스/피로가 많아지다'의 뜻이다.
> 　　예 계속되는 야근으로 스트레스/피로가 쌓이고 있다.
> ☑ 스트레스/피로가 풀리다: '스트레스/피로가 없어지다'의 뜻이다.
> 　　예 노래방에 가서 큰소리로 노래를 부르고 나면 스트레스/피로가 풀린다.
> ☑ 스트레스를 받다: '스트레스가 생기다'의 뜻이다. ('피로를 받다'라는 표현은 사용하지 않는다.)
> 　　예 한국의 고등학생들은 대학 입시로 인해서 스트레스를 많이 받는다.
> ☑ 스트레스/피로를 풀다: '스트레스/피로가 없어지다'의 뜻이다.
> 　　예 프엉 씨는 스트레스/피로를 어떻게 풀어요?

05 '속마음이나 감정을 밖으로 드러내지 않다'의 뜻을 가진 '내성적이어서(내성적이다)'와 의미가 반대되는 것을 고르는 문제이므로 '속마음이나 감정을 적극적으로 밖으로 드러내다'의 뜻을 가진 ③의 '외향적이어서(외향적이다)'가 정답이다.

▶ 내성적: '내성적'은 '속마음이나 감정을 겉으로 드러내지 않고 마음속으로만 생각하는 것'의 뜻이다.

　　예 윤수는 내성적이고 말수가 적어서 친구가 많지 않다.

▶ 자신: 자기 또는 자기의 몸

　　예 그는 운전기사보다 자신이 직접 운전하는 것이 더 낫겠다고 생각했다.

> **풀이**

① 꼼꼼해서: '꼼꼼하다'는 '매우 차근차근하고 자세하여 빈틈이 없다'의 뜻이다.

　　예 은호는 꼼꼼한 성격이라서 일을 할 때 실수가 별로 없다.

② 다정해서: '다정하다'는 '정이 많아 마음이 따뜻하고 친절하다'의 뜻이다.

　　예 우리 아버지는 딸에게 무척 다정하고 자상한 분이시다.

④ 소극적이어서: '소극적'은 '스스로 나아가려는 태도나 마음가짐이 부족하고 활동적이 아닌 것'의 뜻이다.

　　예 아나이스는 사람들 앞에 나서기를 싫어하는 소극적인 성격이다.

> **참고자료** **성격과 관련된 어휘**
>
> ☑ 적극적: 어떤 일에 대하여 긍정적이고 능동적인 것
> 　　예 제 친구는 성격이 적극적이라서 무슨 일이든지 항상 열심히 해요.
> ☑ 덜렁거리다: 조심성이 없고 가볍게 행동하다.
> 　　예 동생은 덜렁거리는 성격 때문에 항상 물건을 잃어버린다.

☑ 무뚝뚝하다: 부드럽지 못하고 상냥하지 않아 정답지 않다.

　　예 백화점 직원이 무뚝뚝하게 말해서 기분이 안 좋았다.

☑ 느긋하다: 조급하거나 서두르지 않고 여유롭다.

　　예 무슨 일이든지 느긋하게 생각하면 하기 힘든 일이 없다.

☑ 급하다: 성격이 참을성이 없다.

　　예 급한 성격 탓에 남의 말을 끝까지 듣지 않고 행동한다.

06 '수량이 더 늘어나거나 많아지다'의 뜻을 가진 '증가하면서(증가하다)'와 의미가 반대되는 것을 고르는 문제이므로 '수량이 이전보다 줄어들다'의 뜻을 가진 ③의 '감소하면서(감소하다)'가 정답이다.

▶ 국제화 시대: 어떤 일의 범위가 여러 나라와 관련되어 영향을 미치게 되는 시대

　　예 국제화 시대가 되면서 영어 교육의 중요성이 더욱 강조되고 있다.

▶ 다국적 기업: 여러 나라에 걸쳐 세계적인 규모로 영업을 하는 대기업

　　예 세계 시장에 다국적 기업이 점점 늘고 있다.

▶ 해외 지사: 본사의 관할 아래 해외 지역에서 본사의 일을 대신 맡아 하는 곳

　　예 한국의 많은 기업이 동남아 지역에 해외 지사를 늘리고 있다.

풀이

① 늘면서: '늘다'는 '수, 분량, 무게가 이전보다 많아지다'의 뜻이다.

　　예 요즘 야식을 자주 먹었더니 몸무게가 5킬로그램이나 늘었다.

② 넓히면서: '넓히다'는 '크거나 깊게 하다'의 뜻이다.

　　예 독서를 통해 생각의 폭을 넓힐 수 있다.

④ 지원하면서: '지원하다'는 '뜻을 두어 어떤 조직이나 일에 구성원이 되기를 바라다'의 뜻이다.

　　예 같은 학교에 지원한 친구들이 모두 합격해서 정말 기쁘다.

07 이번 달에 의료비로 20만 원을 썼는데 생각보다 많은 돈을 썼다는 의미이므로 ③의 '이나'가 정답이다.

▶ 20만 원이나: '이나'는 명사와 결합하며 예상보다 수량이 크거나 많을 때 사용한다.

　　예 너무 배가 고파서 밥을 세 그릇이나 먹었다.

▶ 의료비: 병을 치료하고 예방하는 데 필요한 돈

　　예 한국은 건강보험이 잘되어 있어서 의료비의 부담이 적은 편이다.

풀이

① 만큼: '만큼'은 명사와 결합하며 앞의 명사와 비교하여 그 정도가 비슷하다는 것을 나타낼 때 사용한다.

　　예 평일은 주말만큼 백화점에 사람이 많지 않다.

② 밖에: '밖에'는 명사와 결합하며 예상보다 수량이 작거나 적을 때 사용한다.

　　예 어제 잠을 세 시간밖에 자지 못해서 오늘 너무 피곤하다.

④ 조차: '조차'는 명사와 결합하며 어떤 상황에 그 이상의 것이 더해지는 것을 나타낼 때 사용한다.

　예 몸이 너무 아파서 밥을 먹는 <u>것조차</u> 힘들다.

08 광고 전화가 오면 빨리 끊기 위해서 운전을 하고 있지 않지만 운전하는 것처럼 거짓으로 말한다는 내용이므로 ④의 '운전하는 척해요'가 정답이다.

▶ 운전하는 척해요: '-(으)ㄴ/는 척하다'는 동사·형용사와 결합하며 거짓으로 그럴듯하게 꾸밈을 나타낼 때 사용한다.

　예 학교에 가기 싫어서 <u>아픈 척했어요</u>.

▶ 광고: 판매를 목적으로 상품에 대한 정보를 여러 가지 매체를 통하여 소비자에게 알리는 의도적인 활동

　예 텔레비전에서 드라마가 시작하기 전에 상품 <u>광고</u>가 나온다.

▶ 자꾸: 잇달아 여러 번. 끊이지 않고

　예 은수는 사자를 보러 동물원에 가자고 <u>자꾸</u> 나를 졸랐다.

▶ 귀찮아요: '귀찮다'는 '마음에 들지 않고 성가시다'의 뜻이다.

　예 엄마가 책상을 정리하라고 하셨는데 나는 책상을 정리하는 일이 너무 <u>귀찮다</u>.

풀이

①~④의 기본형은 동사 '운전하다'이다.

① 운전하잖아요: '-잖아요'는 동사·형용사와 결합하며 듣는 사람도 알고 있는 것을 확인해 주거나 상대방이 잘 기억하지 못하는 것을 다시 알려 줄 때 사용한다.

　예 가: 마리아 씨는 한국어를 정말 잘하네요.

　　나: 제가 한국에 산 지 10년이 <u>됐잖아요</u>.

② 운전할 만해요: '-(으)ㄹ 만하다'는 동사와 결합하며 어떤 일을 해 볼 가치가 있거나 그 일을 하면 괜찮을 때 사용한다. 추천할 때는 '시도'의 의미를 추가하여 '-아/어 볼 만하다'의 형태로 자주 사용한다.

　예 부산국제영화제는 한번 <u>가 볼 만한</u> 축제예요.

③ 운전하려고 해요: '-(으)려고 하다'는 동사와 결합하며 어떤 일을 할 마음이 있다는 것을 나타낼 때 사용한다.

　예 평일에는 회사일 때문에 바빠서 주말에 한국어를 <u>배우려고 한다</u>.

09 밥을 먹을 시간도 없을 만큼 바쁘다는 의미이므로 ④의 '없을 정도로'가 정답이다.

▶ 없을 정도로: '-(으)ㄹ 정도로'는 동사·형용사와 결합하며 실제 그렇게 되지는 않았지만 그렇게 될 것 같다고 표현하거나 그렇게 할 만큼임을 나타낸다.

　예 어젯밤에 잠을 못 <u>잘 정도로</u> 머리가 아팠어요.

▶ 한가해지면: '한가하다'는 '시간이 생겨 여유가 있다'의 뜻이다.

　예 나는 모처럼 <u>한가해서</u> 영화나 한 편 볼까 하고 집을 나섰다.

①~④의 기본형은 '없다'이다.

① 없으므로: '-(으)므로'는 동사·형용사와 결합하며 앞 내용이나 상황에 대한 근거나 이유를 나타낼 때 사용한다. 주로 발표, 회의, 뉴스 등의 공식적인 상황에서 사용한다.

예 오늘 비가 많이 <u>내리므로</u> 운전할 때 특히 조심하시기 바랍니다.

② 없기 위해서: '-기 위해서'는 동사와 결합하며 앞의 내용이 뒤 내용의 목적이나 의도가 될 때 사용한다.

예 한국 회사에 <u>취직하기 위해서</u> 한국어와 컴퓨터를 배우고 있다.

③ 없어 보여서: '-아/어 보이다'는 형용사와 결합하며 앞의 상황을 보고 난 다음에 그 상황에 대한 짐작이나 느낌을 말할 때 사용한다.

예 안젤라 씨가 요가를 배우는데 요가 수업이 <u>재미있어 보여서</u> 저도 신청했어요.

---

10 한국에 사는 것이 처음에는 힘들었지만 시간이 지나면서 점점 더 좋아졌다는 의미이므로 ②의 '살수록'이 정답이다.

▶ 낯설고: '낯설다'는 '눈에 익숙하지 않다'의 뜻이다.

예 안젤라 씨는 한국에 온 지 얼마 안 되어서 모든 것이 <u>낯설게</u> 느껴진다.

①~④의 기본형은 동사 '살다'이다.

① 살고: '-고'는 동사·형용사와 결합하며 두 가지 이상의 일이나 상황을 연결해서 말할 때 사용한다.

예 한국어 공부는 <u>쉽고</u> 재미있습니다.

③ 사는 한: '-는 한'은 동사와 결합하며 앞에 오는 말이 뒤 내용의 조건이 됨을 나타낼 때 사용한다.

예 지금처럼 열심히 <u>공부하는 한</u> 이번 시험 합격은 문제없을 것이다.

④ 산 다음에: '-(으)ㄴ 다음에'는 동사와 결합하며 어떤 일을 먼저 한 후에 뒤의 일을 한다는 것을 나타낼 때 사용한다.

예 밥을 <u>먹은 다음에</u> 설거지를 꼭 하세요.

---

11 내 가방을 살 때 동시에 하나 더 샀다는 의미이므로 ③의 '사면서'가 정답이다.

▶ 사면서: '-(으)면서'는 동사와 결합하며 두 가지 이상의 일을 동시에 같이 한다는 것을 나타낼 때 사용한다.

예 저는 한국어를 <u>배우면서</u> 한국 회사에서 일하고 있어요.

①~④의 기본형은 동사 '사다'이다.

① 사도: '-아/어도'는 동사·형용사와 결합하며 앞의 상황이나 상태와 관계없이 뒤의 일이 꼭 일어난다는 것을 나타낼 때 사용한다. '-아/어도' 앞에 '아무리'를 사용하여 강조하기도 한다.

　예 아무리 시간이 <u>없어도</u> 밥은 꼭 먹어야 한다.

② 사더니: '-더니'는 동사·형용사와 결합하며 과거의 경험이나 관찰로 알게 된 것이 뒤의 결과나 원인이 되었을 때 사용한다. 또한 과거의 사실과 현재의 사실이 대조될 때도 사용한다.

　예 민수 씨가 다이어트를 <u>하더니</u> 살이 빠지고 건강해졌다.
　　(다이어트를 했기 때문에 살이 빠지고 건강해졌다는 것을 의미한다.)
　예 어제는 비가 많이 <u>오더니</u> 오늘은 날씨가 좋다.
　　(과거의 사실과 현재 사실의 대조를 나타낸다.)

④ 사느라고: '-느라고'는 동사와 결합하며 앞의 일이 뒤의 내용의 이유나 원인이 될 때 사용한다. 주로 부정적인 결과에 대한 핑계를 나타낼 때 사용한다.

　예 아파서 병원에 <u>다녀오느라고</u> 숙제를 하지 못했다.

12 '오후에 친구들과 공원에 가기로 해서 아침 일찍 김밥을 만들어 놓았다.'와 의미가 같은 문장을 고르는 문제로 '오후에 친구들과 공원에 가서 먹으려고 아침 일찍 김밥을 만들었다'의 의미인 ③의 '오후에 친구들과 공원에 가려고 아침 일찍 김밥을 준비했다.'가 정답이다.

▶ 가기로 해서: '-기로 하다'는 동사와 결합하며 계획한 일이나 결정한 일을 말할 때 사용한다.

　예 이번 휴가에는 가족들과 제주도에 <u>가기로 했다</u>.

▶ 만들어 놓았다: '-아/어 놓다'는 동사와 결합하며 어떤 일을 끝내고 그 상태가 계속 유지되거나 미리 준비하는 일을 나타낼 때 사용한다.

　예 다음 달에 고향에 가려고 비행기 표를 미리 <u>예매해 놓았다</u>.

13 '영주 자격을 취득하려면 사회통합프로그램을 이수해야 한다.'와 의미가 같은 문장을 고르는 문제로 '영주 자격을 취득하기 위해서는 먼저 사회통합프로그램을 이수해야 한다'는 의미인 ②의 '영주 자격을 취득하고 싶으면 사회통합프로그램을 이수해야 한다.'가 정답이다.

▶ 취득하려면: '취득하다'는 사물이나 자격 등을 '자기 것으로 삼아 가지다'의 뜻이다.

　예 그는 1년 만에 운전면허를 <u>취득하였다</u>.

▶ 이수해야: '이수하다'는 '순서대로 공부하여 마치다'의 뜻이다.

　예 철수는 전공 과목을 하나 <u>이수하지</u> 못해 이번 학기에 졸업을 할 수 없게 되었다.

▶ 취득하고 싶으면: '-고 싶다'는 동사와 결합하며 앞의 말이 나타내는 행동을 하기를 원할 때 사용한다.

　예 영화가 <u>보고 싶어서</u> 혼자 영화관에 갔다.

▶ 영주 자격: 특정한 나라에 영원히 거주할 수 있도록 자격을 갖춘 외국인에게 주는 권리

　예 미국으로 유학 간 삼촌은 재미 교포와 결혼하여 <u>영주 자격</u>을 얻었다.

14 '어제는 날씨가 맑더니 오늘은 비가 오네요.'와 의미가 같은 문장을 고르는 문제로 '어제는 날씨가 맑았지만 오늘은 비가 온다'는 의미인 ②의 '어제는 날씨가 맑았지만 오늘은 비가 오네요.'가 정답이다.

▶ 맑더니: '-더니'는 동사·형용사와 결합하며 과거의 사실과 현재의 사실이 대조될 때 사용한다. 대조의 의미로 사용할 때는 시간 표현이 함께 온다.

  예 엘레나 씨가 작년에는 한국 음식을 못 먹더니 이제는 잘 먹네요.

참고자료	'-더니'와 '-았/었더니'의 비교	

구분	-더니	-았/었더니
의미	• 과거 사실과 현재 사실의 대조 • 과거에 일어난 일에 대한 결과 　(원인 – 결과)	• 행동을 한 뒤 새로운 사실을 발견 • 과거에 일어난 일에 대한 결과 　(원인 – 결과)
주어	2, 3인칭	1인칭
결합	동사·형용사와 결합	동사와만 결합
주어 일치	앞뒤 주어가 일치해야 한다.	앞뒤 주어가 달라도 된다.

  예 왕량 씨가 열심히 공부하더니 (왕량 씨가) 대학에 합격했어요. (원인 – 결과, 주어 일치)
  (제가) 열심히 공부했더니 (제가) 대학에 합격했어요. (원인 – 결과, 주어 일치)
  어제는 (고기가) 비싸더니 오늘은 (고기가) 할인을 하네요. (형용사와 결합, 대조, 주어 일치)
  (내가) 아침에 학교에 갔더니 (학생이) 아무도 없었어요. (새로운 사실 발견, 앞뒤 주어가 다름)

15 '그 감독이 만든 영화치고 재미있는 영화가 없다.'와 의미가 같은 문장을 고르는 문제로 '그 감독이 만든 영화는 예외 없이 모두 재미없다'는 의미인 ③의 '그 감독이 만든 영화는 모두 재미없다.'가 정답이다.

▶ 영화치고: '치고'는 명사와 결합하며 일반적으로 생각할 때 예외가 없거나 예외적일 때 사용한다.

  예 요즘 젊은 사람치고 스마트폰이 없는 사람이 거의 없다.
  (요즘은 대부분의 젊은 사람들이 거의 예외 없이 스마트폰을 가지고 있다.)

  예 이번 여름에는 비가 많이 와서 여름치고 덥지 않았다.
  (보통의 여름과 달리 예외적으로 덥지 않았다는 것을 의미한다.)

16 '한국의 여러 가지 음식 중에서 비빔밥이야말로 한국의 대표적인 음식이다.'와 의미가 같은 문장을 고르는 문제로 한국의 대표적인 음식이 비빔밥이라고 강조하는 의미인 ③의 '한국의 여러 가지 음식 중에서 가장 대표적인 음식은 비빔밥이다.'가 정답이다.

▶ 비빔밥이야말로: '(이)야말로'는 명사와 결합하며 말하고 싶은 대상을 강조하여 제시할 때 사용한다. 명사에 받침이 있으면 '명사 + 이야말로'를, 명사에 받침이 없으면 '명사 + 야말로'의 형태로 사용한다.

예 어머니야말로 이 세상에서 내가 가장 사랑하는 사람이다.

17 이 사람은 회사 사람들이 자기가 회사 생활을 익숙하게 잘하고 있는 줄 알고 있어서 다른 사람들에게 모르는 것을 물어보기 창피했다는 의미이므로 ①의 '적응하고(적응하다)'가 정답이다.

▶ 제대로: 제 규격이나 격식대로

예 그 사람은 제대로 된 교육을 받지 못했지만 누구보다도 똑똑한 사람이다.

▶ 적응하고: '적응하다'는 '조건이나 환경에 잘 맞추어 어울리다'의 뜻이다.

예 다른 나라 문화에 적응하며 살아가는 것은 쉬운 일이 아니다.

▶ 창피했어요: '창피하다'는 '체면이 깎이거나 떳떳하지 못한 일 때문에 부끄럽다'의 뜻이다.

예 음식을 많이 준비하기는 했지만 맛이 없어서 너무 창피했다.

▶ 청하는: '청하다'는 '해 달라고 부탁하다'의 뜻이다.

예 민수 씨는 친구에게 같이 사업을 해 보자고 청했지만 친구는 싫다고 했다.

풀이

② 주문하고: '주문하다'는 '상품, 배송, 서비스 등을 제공해 달라고 신청하다'의 뜻이다.

예 나는 인터넷으로 옷과 신발을 주문해서 배송이 오기를 기다리고 있다.

③ 번역하고: '번역하다'는 '어떤 언어로 된 글을 다른 언어로 바꾸다'의 뜻이다.

예 이 책을 한국어로 번역하고 있는데 생각처럼 쉽지 않다.

④ 파악하고: '파악하다'는 '정확히 이해하여 확실하게 알다'의 뜻이다.

예 똑똑한 히엔 씨는 내 상황을 정확하게 파악하고 있었다.

18 이 사람이 취직한 회사는 일본에 있는 미국 기업인데, 이 회사는 일본에 살고 있는 외국인의 여러 가지 경험을 중요하게 생각한다는 내용이므로 ㉠은 '다양한'이다. 그리고 취직을 한 다음에도 회사 일을 더 잘하기 위해 일본어를 계속 공부하고 있다고 했으므로 ㉡은 '수행하기'가 와야 자연스럽다. 그러므로 ①의 '㉠ – 다양한, ㉡ – 수행하기'가 정답이다.

▶ 전공하기도: '전공하다'는 '전문적으로 공부하고 연구하다'의 뜻이다.

예 나는 한국어 교육학을 전공하여 한국어 교사가 되었다.

▶ 현지인: 그 지역에 살고 있는 사람

예 고천 씨는 중국에서 현지인과 자연스럽게 대화할 정도로 중국어를 잘한다.

▶ 업무: 직장에서 맡아서 하는 일

예 안젤라 씨는 출근하면 오늘 해야 할 업무부터 확인한다.

▶ 수행하기: '수행하다'는 '해야 할 일을 적절히 해내다'의 뜻이다.

예 라흐만 씨는 업무를 잘 수행하여 이번에 과장으로 승진했다.

▶ 특별한: '특별하다'는 '일반적인 것과 아주 다르다'의 뜻이다.

　예 내가 자주 가는 카페의 커피 맛은 아주 **특별해서** 단골손님이 많다.

▶ 진출하기: '진출하다'는 '어느 분야나 방면으로 나아가 활동하다'의 뜻이다.

　예 많은 한국 가수들이 미국 무대에 진출하기 위해서 노력하고 있다.

19 김치 볶음밥을 만드는 방법에 대한 설명으로 '먼저 채소와 김치를 먹기 좋은 크기로 썰어 줍니다.(④)', '채소를 볶아 줍니다(②)', '계란프라이를 올리면(③)'이라는 표현의 사진은 모두 있으므로 김치 볶음밥을 만드는 방법과 거리가 먼 것은 ①이다.

▶ 둘이 먹다가 하나가 죽어도 모르는: '둘이 먹다가 하나가 죽어도 모르다'는 '음식이 아주 맛있다'는 뜻의 속담이다.

　예 우리 엄마가 해 주시는 음식은 너무 맛있어서 둘이 먹다가 하나가 죽어도 모를 정도이다.

▶ 식용유: 음식을 만드는 데 사용하는 기름

　예 튀김을 튀길 때 사용한 식용유는 다시 사용하지 않는 것이 좋다.

▶ 두르고: '두르다'는 '프라이팬에 기름을 고르게 바르다'의 뜻이다.

　예 프라이팬에 식용유를 두른 다음에 채소를 넣어 볶는다.

▶ 양념: 음식의 맛을 더 좋게 하기 위해 넣는 재료

　예 한국 음식을 만들 때는 대부분 양념을 먼저 만들어야 한다.

▶ 간을 맞추면: '간을 맞추다'는 '음식에 짠맛이 나는 소금이나 간장을 넣어 맛있게 하다'의 뜻이다.

　예 국을 끓일 때 간을 맞추는 일이 쉽지 않다.

▶ 완성됩니다: '완성되다'는 '일이 다 이루어져 완전해지다'의 뜻이다.

　예 드디어 우리 동네에 공원이 완성되어 누구나 쉽게 산책이나 운동을 할 수 있게 되었다.

▶ 뿌리거나: '뿌리다'는 '액체나 알갱이를 흩어지게 던지거나 끼얹다'의 뜻이다.

　예 음식 위에 깨를 뿌리면 맛도 좋고 보기에도 좋다.

풀이

① 튀기다: '튀기다'는 '음식물을 끓는 기름에 넣어 익히다'의 뜻이다.

　예 내 동생은 치킨과 기름에 튀긴 감자를 무척 좋아한다.

20 선거 포스터에서 사전 투표 시간과 선거일 투표 시간은 모두 오전 6시부터 오후 6시까지며, 이는 오후 6시 이후에는 투표를 할 수 없다는 의미이므로 ④의 '오후 6시 이후에 투표를 하려면 중앙선거관리위원회에 찾아간다.'가 옳지 않은 설명이다.

▶ 동시: 무슨 일이 일어나는 바로 그 시간

　예 대학수학능력시험은 전국에서 동시에 치르는 시험이다.

▶ 지방 선거: 지방 자치 단체장과 지방 의회 의원을 뽑는 선거

　예 한국에서는 4년에 한 번 <u>지방 선거</u>를 실시한다.

▶ 소중한: '소중하다'는 '매우 귀중하다'의 뜻이다.

　예 이 시계는 오래됐지만 나에게는 아주 <u>소중한</u> 시계이다.

▶ 사전 투표: 실제 투표일 전에 미리 하는 투표

　예 선거 당일에 투표하기 힘든 사람들은 미리 <u>사전 투표</u>를 할 수 있다.

21 직장인 1,000명을 대상으로 직장 생활을 하면서 가장 힘든 일이 무엇인지에 대한 설문 조사를 실시했다는 내용이므로 ③의 '직장 생활의 어려움'이 정답이다.

▶ 대상: 어떤 일의 상대나 목표가 되는 것

　예 다이어트를 하는 사람들을 <u>대상</u>으로 한 음식들이 인기를 끌고 있다.

▶ 대인 관계: 사람을 만나고 사귀는 일

　예 내성적인 사람은 <u>대인 관계</u>에 어려움을 겪을 수 있다.

▶ 응답: 부름이나 물음에 응하여 답을 함

　예 고향에 계신 부모님께 연락했지만 아무런 <u>응답</u>이 없어서 걱정이 된다.

▶ 대해야: '대하다'는 '다른 사람에게 어떤 태도로 상대하다'의 뜻이다.

　예 그 가게 주인은 손님들을 항상 친절하게 <u>대한다</u>.

▶ 차지했다: '차지하다'는 '일정한 부분을 이루다'의 뜻이다.

　예 한국의 음식이 맛있다고 대답한 외국인이 80%를 <u>차지했다</u>.

▶ 수당: 정해진 급여 외에 특별한 일에 따라 지급되는 보수

　예 야근을 하면 시간 외 <u>수당</u>을 받을 수 있지만 야근을 하고 싶어 하는 사람은 없다.

22 직장 생활을 하면서 가장 힘들고 어려운 일이 무엇인지를 묻는 설문에 대인 관계가 힘들어서 <u>스트레스</u>를 받는다는 응답이 40%로 가장 높게 나타났다. 그러므로 ③의 '직장 내 인간관계가 어렵기 때문에'가 정답이다.

▶ 잦은: '잦다'는 '자주 일어나는 상태에 있다'는 뜻이다.

　예 우리 회사는 다른 회사에 비해 출장이 <u>잦은</u> 편이다.

23 직장인들이 한 달에 한 번 받는 월급은 '기본급'과 '수당'으로 구성된다. 기본급은 일을 하고 받는 기본적인 급여를 말하고, 수당은 기본급 외에 가족 수당, 초과 근무 수당, 상여 수당 등 따로 받는 돈을 말한다. 그러므로 ④의 'ⓙ – 기본급, ⓛ – 수당'이 정답이다.

▶ 적금: 금융 기관에 일정 금액을 일정 기간 동안 저축하여 받는 저금

　예 2년 후 더 넓은 집으로 이사를 가기 위해서 <u>적금</u>을 넣고 있다.

▶ 세금: 국가나 지방 자치 단체가 필요한 경비로 사용하기 위해서 국민으로부터 거두어들이는 돈

　예 우리가 물건을 살 때 부가가치세라는 <u>세금</u>을 내게 된다.

24 한국 사람들은 온돌에 익숙해져 있어서 지금도 방바닥을 데우는 방법으로 난방을 하고 있는데 이제는 아궁이에 불을 때는 방식이 아닌 보일러를 이용해서 난방을 하고 있으므로 ③의 '한국은 지금도 아궁이에 불을 때는 방식으로 난방을 한다.'가 틀린 설명이다.

▶ 온돌: 아궁이에 불을 때면 불기운이 방바닥 아래를 통해 퍼지도록 하여 방바닥 전체를 덥게 만드는 난방 장치

　예 어렸을 때 우리 집에는 방마다 온돌이 깔려 있어서 겨울을 따뜻하게 보낼 수 있었다.

▶ 아궁이: 방이나 솥에 불을 때기 위해 만든 구멍

　예 예전에는 아궁이에 불을 때서 요리를 했다.

▶ 구들: 아궁이에 불을 때어 불기운이 방바닥 밑으로 퍼지도록 하여 방을 덥게 하는 장치

　예 잘 만들어진 구들은 아궁이에 지핀 불을 잘 빨아들인다.

▶ 때는: '때다'는 '아궁이에 불을 지피어 타게 하다'의 뜻이다.

　예 날씨가 추워지자 어머니께서 방에 불을 때셨다.

▶ 난방: 추위를 막기 위해 실내 온도를 인위적으로 올리는 일

　예 추운 지역에는 겨울을 따뜻하게 보내도록 난방 시설이 잘 갖추어져 있다.

25 사회통합프로그램, 조기적응프로그램, 다문화 가족 방문교육 서비스는 모두 이민자들이 한국에 잘 정착할 수 있도록 돕는 프로그램들이다. 사회통합프로그램은 한국에서 살아가는 데 필요한 한국어 능력을 높여 주고 한국 사회를 더 잘 이해할 수 있게 도와준다. 조기적응 프로그램은 한국에 처음 입국한 사람들이 한국 생활에 빠르게 적응할 수 있도록 돕는다. 다문화 가족 방문교육 서비스는 집합 교육에 참여하기 어려운 다문화 가족을 위해 교사가 직접 방문해서 한국어를 가르쳐 주고 다문화 가족 자녀의 학교생활이나 사회 적응에 필요한 도움을 주므로 ④의 '이민자들이 한국에 잘 정착할 수 있도록 돕는다.'가 정답이다.

> **풀이**

① 외국인의 한국어 능력을 향상시킨다. → 사회통합프로그램에 대한 설명이다.

② 다문화 가족 자녀의 학교생활을 돕는다. → 다문화 가족 방문교육 서비스에서 하는 일이다.

③ 한국 입국 초기에 필요한 정보를 제공한다. → 조기적응프로그램에 대한 설명이다.

26 제시된 교통 표지판은 '통행금지' 표지판이다. 통행금지는 일정한 장소를 지나다니지 못하게 막는다는 의미이다. 그러므로 ①의 '여기로 다니지 마세요.'가 정답이다.

▶ 공사 중: 토목이나 건축의 일을 하는 중

　예 여기는 공사 중이어서 위험하니까 반대편으로 돌아가세요.

② 위험하니까 조심하세요.	③ 공사 중이니까 조심하세요.	④ 여기에 차를 세우지 마세요.

27 한국의 전통 성년식에 대한 내용으로 남자는 20세가 되면 성인이 되었다는 의미로 상투를 올렸다. 그러므로 ③의 '상투를 올리고'가 정답이다.

▶ 의례: 상황에 어울리게 일정한 격식을 갖추어 치르는 행사나 예식

예 한국에는 성년식, 결혼식, 장례식, 제사 등에 대한 <u>의례</u>가 있다.

▶ 여겨서: '여기다'는 '마음속으로 어떤 대상을 생각하거나 판단하다'의 뜻이다.

예 나는 그 일을 대수롭지 않게 <u>여겼다</u>.

▶ 성인: 어른이 된 사람

예 <u>성인</u>이 되기 전에는 술을 마시거나 담배를 피울 수 없다.

▶ 치렀다: '치르다'는 '큰일을 해내거나 어려운 일을 겪다'의 뜻이다.

예 한국은 서울 올림픽을 성공적으로 <u>치렀다</u>.

▶ 상투: 옛날 남자 어른이 머리카락을 머리 위로 한데 뭉쳐서 감아 맨 것

예 성년이 되면 남자는 <u>상투</u>를 올렸다.

▶ 비녀: 여자의 머리를 한데 모아 뭉쳐서 풀어지지 않도록 꽂는 가늘고 긴 도구

예 성년이 되면 여자는 머리에 <u>비녀</u>를 꽂았다.

▶ 꽂았다: '꽂다'는 '빠지지 않게 찌르거나 끼워 넣다'의 뜻이다.

예 선생님은 학생들이 선물해 준 머리핀을 머리에 <u>꽂았다</u>.

▶ 의식: 일정한 격식을 갖추어 치르는 행사

예 옛날에는 어른이 되는 성년식이라는 <u>의식</u>이 매우 중요한 행사였다.

참고자료 한국의 전통 성년식과 관련 있는 표현

상투를 올리다	비녀를 꽂다

28 '발 없는 말이 천 리 간다.', '호랑이도 제 말 하면 온다.', '낮말은 새가 듣고 밤말은 쥐가 듣는다.'는 속담은 모두 말(言)을 할 때 조심해야 한다는 교훈이 있다. 반면에 '말 한마디에 천 냥 빚도 갚는다.'는 '어렵거나 불가능한 일이라도 말을 잘하면 해결할 수 있다'는 뜻으로 말을 중요하게 생각하는 한국인의 사고방식이 담겨 있는 속담이다. 그러므로 ③의 '말 한마디에 천 냥 빚도 갚는다.'가 정답이다.

▶ 리: 거리의 단위로 1리는 약 0.393km이다. (천 리는 약 393km이다.)

▶ 냥: 조선 전기에 사용된 돈의 단위

풀이

① 발 없는 말이 천 리 간다: 말은 순식간에 멀리 퍼져 나가기 때문에 말을 조심해야 한다는 뜻이다.

② 호랑이도 제 말 하면 온다: 호랑이도 자기에 대해 이야기하면 찾아온다는 말로, 어떤 사람이 그 자리에 없다고 그 사람에 대해 함부로 이야기해서는 안 되며 말을 조심해야 한다는 뜻이다.

③ 말 한마디에 천 냥 빚도 갚는다: 어렵거나 불가능한 일이라도 말을 잘하면 해결할 수 있다는 뜻이다.

④ 낮말은 새가 듣고 밤말은 쥐가 듣는다: 아무도 모를 것이라고 생각하여 내뱉은 말도 다른 사람의 귀에 들어갈 수 있으니 늘 말을 조심해야 한다는 뜻이다.

작문형

다음 내용을 포함하여 '내 고향의 명절'이라는 제목으로 글을 쓰시오.

- 여러분의 고향에는 어떤 명절이 있습니까?
- 여러분의 고향에서는 명절에 무엇을 합니까?

※ 작문시험 답안지에 제목은 생략하고 <u>본문만 쓰세요.</u>

	중	국	의		대	표	적	인		명	절	은		춘	제	로		한	국
의		설	날	과		같	은		날	이	다	.		춘	제		전	날		밤
에		폭	죽	놀	이	를		하	고		가	족	들	이		모	여		덕
담	을		나	누	며		물	만	두	를		먹	는	다	.		또		빨	간
봉	투	에		세	뱃	돈	을		넣	어		아	이	들	에	게		준	다	.

구술시험

(가)   (나)

01 (가) 그림은 어떤 날씨입니까?
이런 날씨에 주의해야 할 점은 무엇입니까?

▶ (가) 그림은 갑자기 비가 세차게 내리는 폭우입니다.
폭우가 쏟아질 때는 가능하면 외출을 피하고 집에 있는 것이 좋습니다. 그리고 집의 문과 창문을 모두 닫고 텔레비전 뉴스나 인터넷으로 날씨를 확인해야 합니다. 또 집 주변의 하수구 뚜껑이 쓰레기나 나뭇잎으로 막힌 곳은 없는지 살펴봐야 합니다. 혹시 물에 자주 잠기는 지역에 살고 있다면 안전한 곳으로 대피하는 것이 좋습니다.

02 (나) 그림은 어떤 날씨입니까?
이런 날씨에 주의해야 할 점은 무엇입니까?

▶ (나) 그림은 한꺼번에 눈이 아주 많이 내리는 폭설입니다.
폭설이 내릴 때는 집 앞 도로나 지붕, 옥상에 쌓인 눈을 바로바로 치워서 사고가 나지 않도록 예방해야 합니다. 염화칼슘이 있다면 집 앞에 염화칼슘을 뿌려 줍니다. 그리고 외출할 때 미끄러지지 않도록 운동화처럼 바닥이 넓은 신발을 신는 것이 좋습니다. 또한 출근할 때 자가용보다는 대중교통을 이용하는 것이 좋습니다. 만약 자가용을 이용해야 한다면 속도를 줄이고 안전거리를 확보하면서 운전해야 합니다.

03 고향의 날씨는 어떻습니까?
고향의 날씨와 한국의 날씨를 비교해서 이야기해 보세요.

▶ 한국은 봄, 여름, 가을, 겨울 사계절이 있어서 계절마다 날씨도 다르고 사람들의 생활 모습도 다릅니다. 하지만 제 고향은 한국과 달리 1년 내내 더운 여름 날씨입니다. 그리고 비가 자주 오는 우기와 비가 오지 않는 건기가 있습니다. 저는 한국에 와서 처음으로 겨울에 눈을 봤습니다. 아주 신기하고 예뻐서 사진도 많이 찍어 고향 가족에게 보내줬습니다. 저는 제 고향의 날씨보다 사계절이 있는 한국의 날씨를 더 좋아합니다.

04 _____ 씨는 인터넷을 자주 사용합니까? 주로 인터넷으로 무엇을 합니까?
인터넷의 단점은 무엇입니까? 그런 단점을 해결하기 위해 어떻게 해야 합니까?

▶ 네, 저는 인터넷을 자주 사용합니다. 모르는 것이 있으면 인터넷으로 검색도 하고 드라마나 영화도 봅니다. 또한 필요한 것이 있으면 인터넷으로 가격을 비교하여 제품도 구입합니다. 은행 일을 볼 때도 인터넷 뱅킹을 이용합니다. 휴대 전화로 사진이나 동영상을 찍어 고향에 계신 부모님께 보내 드리기도 합니다. 한국은 인터넷 속도가 빠르고 와이파이가 잘 되어 있어서 아주 편리합니다. 하지만 이렇게 편리한 인터넷도 잘못 사용하면 문제가 생길 수 있습니다. 인터넷을 너무 오래 사용하면 불면증에 걸리거나 시력이 저하되기도 하고 인터넷을 하면서 걷다가 교통사고가 날 수 있어 위험하기도 합니다. 그리고 사람들이 SNS로 연락하다 보니 직접 만나는 것을 피하게 되어 대인 관계에 문제가 생기기도 합니다. 그러므로 잠 자기 전에는 인터넷 사용을 자제하고 걸어 다니면서 인터넷을 하는 습관을 고쳐야 합니다. 편리한 인터넷도 잘못 사용하면 중독 현상이 나타날 수 있으므로 사용 시간을 잘 조절해서 인터넷을 사용하는 지혜가 필요합니다.

05 한국에서 지역 축제에 가 본 적이 있습니까? 무슨 축제였습니까?
그 축제는 어땠습니까? ＿＿＿＿＿＿＿ 씨가 가 본 축제에 대해 이야기해 보세요.

▶ 저는 지난 6월(유월)에 가족과 함께 강릉 단오제에 다녀왔습니다. 강릉 단오제는 강릉 지역에서 단오 때 행해 온 축제로 한국의 유명한 축제 중에 하나이며, 2005년에 유네스코 인류무형문화유산에 등재되었습니다. 강릉 단오제에 가면 풍요를 바라는 제사와 다양한 공연, 체험 행사 등을 볼 수 있습니다. 씨름 대회, 그네 대회도 열리고 밤에는 불꽃놀이도 볼 수 있습니다. 저는 그중에서 '창포 머리 감기'와 '난장'이 매우 인상적이었습니다. 창포 머리 감기는 창포물에 머리를 감아 보는 행사인데 샴푸가 없던 시절에 이렇게 머리를 감았다고 생각하니 참 재미있었습니다. 난장은 시장을 말하는데 음식이 아주 싸고 맛있어서 우리 가족 모두 만족스러운 식사를 했습니다. 내년에도 강릉 단오제에 다시 가 보고 싶습니다.

실전 모의고사 p.156

※ 작문형과 구술시험은 별도 표기하였습니다.

필기시험

객관식 (01~28번)

01	02	03	04	05	06	07	08	09	10
②	③	①	④	②	③	④	②	①	①
11	12	13	14	15	16	17	18	19	20
④	①	②	③	②	①	③	①	③	③
21	22	23	24	25	26	27	28		
②	①	④	②	④	①	②	④		

01 10도가 넘는 온도 차이로 감기 환자가 증가하고 있다는 의미이므로 '기온이 하루 동안에 변화하는 차이'의 뜻을 가진 ②의 '일교차'가 정답이다.

▶ 도: 섭씨 또는 화씨 온도의 단위(℃)
예 영하 16도의 기록적인 추위로 보일러 고장이 많이 발생했다.

풀이

① 습도: 공기 중에 수증기가 들어 있는 정도
예 장마철에는 습도가 높아진다.

③ 미세 먼지: 눈에 보이지 않을 정도로 크기가 작은 먼지
예 조사 결과에 따르면 수도권의 미세 먼지가 이미 심각한 수준인 것으로 밝혀졌다.

④ 호우 경보: 3시간 동안 강우량이 90mm 이상으로 예상되거나 12시간 동안 강우량이 180mm 이상으로 예상될 때 기상청에서 미리 발표하는 기상 경보
예 태풍으로 인해 호우 경보가 내려졌다.

02 연설을 마친 후보자에게 사람들이 크게 박수치는 것을 보고 이 후보자를 찬성하는 사람이 많은 것 같다고 추측하는 의미이므로 '어떤 사람이나 단체에 찬성하고 동의하여 도와서 힘을 쓰다'의 뜻을 가진 ③의 '지지하는(지지하다)'이 정답이다.

▶ 연설: 여러 사람 앞에서 자기의 주의나 주장, 의견을 진술함
예 사람들은 그의 연설을 듣고 감동을 받았다.

▶ 후보자: 어떤 직위를 얻으려고 일정한 자격을 갖추어 선거에 나선 사람

예 저 사람이 가장 강력한 차기 총장 후보자이다.

▶ 많은가 봐요: '-(으)ㄴ가/나 보다'는 '동사 + -나 보다', '형용사 + -(으)ㄴ가 보다'의 형태로 결합하며 말하는 사람의 추측을 나타낸다.

예 흐엉 씨가 오늘 많이 피곤한가 봐요.

풀이

① 개표하는: '개표하다'는 '투표함을 열고 투표의 결과를 검사하다'의 뜻이다.

예 시민들은 투표 결과가 궁금하여 12시가 다 되도록 개표하는 모습을 지켜보고 있었다.

② 당선되는: '당선되다'는 '선거에서 뽑히게 되다'의 뜻이다.

예 그 사람은 30살의 젊은 나이에 국회의원에 당선되었다.

④ 확인하는: '확인하다'는 '틀림없이 그러한가를 알아보거나 인정하다'의 뜻이다.

예 여행을 갈 때는 일정을 꼼꼼히 확인해야 한다.

03 환경 오염 문제를 해결하기 위해서는 가장 먼저 일회용품의 사용부터 줄여야 한다는 의미이므로 '어떤 일에 앞서서'의 뜻을 가진 ①의 '우선'이 정답이다.

▶ 환경 오염: 자원 개발로 인해 자연이 파괴되거나 각종 교통 기관이나 공장에서 배출하는 가스나 폐수, 농약 등으로 인해 동물과 식물, 인간의 생활 환경이 더럽혀지는 일

예 환경 오염을 막기 위해서 비닐봉투 대신에 장바구니를 사용하고 있다.

▶ 해결하기: '해결하다'는 '제기된 문제를 해명하거나 얽힌 일을 잘 처리하다'의 뜻이다.

예 부부 사이의 갈등을 해결하기 위해 상담 센터에서 상담을 받았다.

▶ 일회용품: 한 번만 쓰고 버리도록 되어 있는 물건

예 배달 문화가 발달하면서 일회용품의 사용이 늘고 있다.

풀이

② 마침: 어떤 경우나 기회에 알맞게

예 오늘 전화를 걸려고 했는데 마침 그 친구에게서 전화가 왔다.

③ 드디어: 무엇으로 말미암아 그 결과로

예 드디어 내 집을 마련했다.

④ 도대체: 전혀 알지 못하거나 아주 궁금해서 묻는 것인데

예 도대체 그 사람은 무슨 생각으로 그런 거짓말을 했을까?

04 친구들 사이에서 인기가 많은 사람은 재미있는 사람이므로 '현상이나 대상에서 즐거움을 느끼고 익살스럽게 표현할 수 있는 감각'의 뜻을 가진 ④의 '유머 감각'이 정답이다.

풀이

① 호기심: 새롭고 신기한 것을 좋아하거나 모르는 것을 알고 싶어 하는 마음

예 지우는 호기심이 많아서 궁금한 것을 못 참는다.

② 책임감: 맡아서 해야 할 임무나 의무를 중요하게 여기는 마음

　　예 주영이는 책임감이 강해서 자기가 맡은 일에 최선을 다한다.

③ 소극적: 스스로 나아가거나 상황을 개선하려는 노력이 부족하고 활동적이지 않음

　　예 그 사람은 매사에 소극적이다.

05 '물건이나 돈을 나중에 다시 돌려받거나 대가를 받기로 하고 얼마 동안 내어 주다'의 뜻을 가진 '대여할(대여하다)'과 의미가 비슷한 것을 고르는 문제로 '물건이나 돈을 나중에 돌려 주거나 대가를 갚기로 하고 얼마 동안 쓰다'의 뜻을 가진 ②의 '빌릴(빌리다)'이 정답이다.

▶ 육아: 어린아이를 기름

　　예 육아 문제로 고민하는 맞벌이 부부들이 많다.

▶ 빌릴: '빌리다'는 '남의 물건이나 돈을 나중에 다시 돌려주거나 대가를 갚기로 하고 얼마 동안 쓰다'의 뜻이다.

　　예 나는 친구에게서 책을 빌렸다.

　풀이

① 만들: '만들다'는 '노력이나 기술을 들여 목적하는 사물을 이루다'의 뜻이다.

　　예 어머니께서 내 생일에 잡채를 만드셨다.

③ 교환할: '교환하다'는 '서로 바꾸다'의 뜻이다.

　　예 어제 신발을 샀는데 신어 보니 작아서 오늘 교환하러 간다.

④ 구매할: '구매하다'는 '물건을 사들이다'의 뜻이다.

　　예 그 옷은 인터넷에서 다른 사람들과 공동으로 구매하면 훨씬 싸게 살 수 있다.

06 '어떤 단체에 들어가다'의 뜻을 가진 '가입했다(가입하다)'와 의미가 비슷한 것을 고르는 문 제이므로 '모임, 적금, 보험 등에 가입하다'의 뜻을 가진 ③의 '들었다(들다)'가 정답이다.

▶ 동호회: 같은 취미를 가지고 함께 즐기는 사람들의 모임

　　예 한국에는 동호회 활동을 하는 사람들이 많아지고 있다.

　풀이

① 가졌다: '가지다'는 '무엇을 손에 쥐고 있거나 몸에 지니다. 무엇을 자기 것으로 삼다'의 뜻이다.

　　예 친구가 공을 가지고 와서 함께 축구를 했다.

　　　너 이 연필 가질래?

② 나갔다: '나가다'는 '안을 떠나 어디로 가다'의 뜻이다.

　　예 우리는 축구를 하러 운동장으로 나갔다.

④ 되었다: '되다'는 '무엇이 바라는 대로 이루어지거나 바뀌다. 시간이 어떤 지점이나 기간 에 이르다'의 뜻이다.

　　예 얼음이 녹으면 물이 됩니다.

　　　가을이 되면 날씨가 시원해집니다.

☑ 밖에서 안으로 가거나 오다

   예 추운데 방으로 <u>들어가세요</u>.

☑ 어디에 담기다

   예 여권이 <u>든</u> 가방을 잃어버렸다.

☑ 어떤 일에 힘, 비용, 노력 등이 필요하게 되다

   예 돈이 아무리 많이 <u>들어도</u> 원하는 학교에 가고 싶다.

☑ 빛, 열, 물, 색 등이 어디에 미치거나 스며들다

   예 가을이 되면 단풍이 <u>든다</u>.

☑ 마음이나 기분에 잘 맞다

   예 선물이 아주 마음에 <u>들었다</u>.

☑ 생각, 느낌, 정 등이 생기거나 일어나다

   예 처음에는 많이 싸웠는데 지금은 그 친구와 정이 <u>들었다</u>.

☑ 나이가 많아지다

   예 나이가 <u>들면</u> 행동도 달라져야 한다.

☑ 잠이 시작되다

   예 어제는 12시가 지나서 잠이 <u>들었다</u>.

☑ 무엇을 손에 가지다

   예 가방을 <u>들고</u> 학교에 간다.

☑ 몸의 일부를 위쪽으로 향하다

   예 <u>고개를 들고</u> 제 말을 잘 들으세요.

☑ 어떤 사실을 예로 끌어대다

   예 예를 <u>들어</u> 설명하겠습니다.

07 왜 여행을 안 갔냐는 질문에 다리를 다쳐서 여행을 취소하는 것 말고 다른 방법이 없었다는 의미의 대답을 하고 있으므로 ④의 '취소할 수밖에 없었어요'가 정답이다.

▶ 취소할 수밖에 없었어요: '-(으)ㄹ 수밖에 없다'는 동사 · 형용사와 결합하며 다른 방법이나 가능성이 없거나 그렇게 하는 것이 당연하다는 뜻을 나타낸다.

   예 등록금이 비싸서 아르바이트를 <u>할 수밖에 없다</u>.

▶ 취소하다: '공식적으로 했던 약속이나 주장을 없었던 것으로 하다'의 뜻이다.

   예 머리가 너무 아파서 오늘 약속을 <u>취소했다</u>.

풀이

①~④의 기본형은 동사 '취소하다'이다.

① 취소해 놓았어요: '-아/어 놓다'는 동사와 결합하며 어떤 일을 끝내고 그 상태를 유지함을 나타낸다.

   예 저녁에 먹으려고 밥을 <u>해 놓고</u> 나왔어요.

② 취소할 뻔했어요: '–(으)ㄹ 뻔하다'는 동사와 결합하여 그 일이 일어나지는 않았지만 거의 일어날 것 같은 상황까지 갔음을 나타내며 항상 '–(으)ㄹ 뻔했다'로 사용한다.

> 예 휴대 전화를 보고 걷다가 넘어질 뻔했어요.

③ 취소한 줄 알았어요: '–(으)ㄴ/는 줄 알았다'는 동사와 결합해 현재의 상황을 말할 때는 '동사 + –는 줄 알았다', 동사의 과거 상황을 말할 때는 '동사 + –(으)ㄴ 줄 알았다'의 형태로 쓰인다. 형용사의 경우는 '형용사 + –(으)ㄴ 줄 알았다'의 형태로 쓰이며 어떤 사실을 그러한 것으로 알고 있음을 나타낼 때 사용한다.

> 예 인터넷에서 사진만 보고 치마가 짧은 줄 알았어요.
> (치마가 짧은 것으로 생각했는데 사실은 짧지 않았다.)

08 어제 자전거를 타다가 넘어져서 팔이 부러졌다는 의미이므로 ②의 '넘어져 가지고'가 정답이다.

▶ 넘어져 가지고: '–아/어 가지고'는 동사·형용사와 결합하고 앞의 내용이 뒤의 내용의 원인, 이유, 방법임을 나타낼 때 사용하며 주로 말하기에서 사용한다.

> 예 어제 저녁을 너무 많이 먹어 가지고 소화가 안 돼서 소화제를 먹었다.

▶ 부러졌어요: '부러지다'는 '단단한 물체가 꺾여서 둘로 겹쳐지거나 동강이 나다'의 뜻이다.

> 예 바람이 세게 불어서 가로수의 가지가 부러졌다.

풀이

①~④의 기본형은 동사 '넘어지다'이다.

① 넘어져야: '–아/어야'는 동사·형용사와 결합하며 앞의 내용이 뒤의 내용의 필수 조건이 될 때 사용한다.

> 예 여권이 있어야 해외여행을 갈 수 있다.

③ 넘어지기 위해서: '–기 위해서'는 동사와 결합하며 앞의 내용이 뒤의 행동의 목적이나 의도를 나타낼 때 사용한다.

> 예 나는 한국에 있는 대학원에 진학하기 위해서 한국어능력시험을 준비하고 있다.

④ 넘어질 뿐만 아니라: '–(으)ㄹ 뿐(만) 아니라'는 동사·형용사와 결합하여 앞의 것만이 아니라 뒤의 것까지 그러하거나 앞의 상황에 뒤의 상황까지 더해질 때 사용한다.

> 예 제주도는 아름다울 뿐만 아니라 맛있는 음식도 많다.

09 '나'가 대학에서 중국어를 전공해서 중국어를 잘 한다는 것을 '가'가 모르고 있는 상황이므로 ①의 '전공했거든요'가 정답이다.

▶ 전공했거든요: '–거든요'는 동사·형용사와 결합하며 말하는 사람은 알지만 듣는 사람은 모르는 것에 대해 이야기할 때 사용한다.

> 예 가: 왜 우산을 가져왔어요?
> 나: 몰랐어요? 밖에 비가 오거든요.

▶ 전공하다: '어떤 분야나 학문을 전문적으로 공부하거나 연구하다'의 뜻이다.

예 나는 대학에서 경영학을 <u>전공했다</u>.

풀이

①~④의 기본형은 동사 '전공하다'이다.

② 전공해도 돼요: '-아/어도 되다'는 동사와 결합하며 어떤 행위나 상태를 허락하거나 허용할 때, 또는 허락을 구할 때 사용한다.

예 가: 여기에서 사진을 <u>찍어도 돼요</u>?

　　나: 네, <u>찍어도 됩니다</u>.

③ 전공해야 해요: '-아/어야 하다(되다)'는 동사·형용사와 결합하며 어떤 일이나 상황에 대해 의무나 필요성이 있음을 나타낸다.

예 내일 시험이 있어서 오늘 꼭 <u>공부해야 해요</u>.

④ 전공해 봤어요: '-아/어 보다'는 동사와 결합하며 어떤 동작을 시도하거나 과거의 경험을 표현할 때 사용한다.

예 가: 한복을 <u>입어 봤어요</u>? (과거 경험)

　　나: 아니요, 아직 못 <u>입어 봤어요</u>.

　　가: 그럼, 한번 <u>입어 보세요</u>. (시도)

10 아이가 밤늦게 다니면 위험할 수 있으니까 집에 일찍 오도록 시켜야 한다는 의미이므로 ①의 '오게 하세요'가 정답이다.

▶ 늦게: '늦다'는 '일정한 시간에 이르지 못하다'의 뜻이다.

예 비행기 시간에 <u>늦어</u> 제주도에 못 갔다.

▶ 위험할: '위험하다'는 '다치거나 목숨을 위태롭게 할 만큼 안전하지 못하다'의 뜻이다.

예 계단에서 뛰는 것은 <u>위험하다</u>.

▶ 일찍: 늦지 않고 이르게

예 내일 아침에 <u>일찍</u> 일어나야 한다.

풀이

①~④의 기본형은 동사 '오다'이다.

② 오곤 했어요: '-곤 하다'는 동사와 결합하며 과거나 현재에 반복적으로 하는 일을 나타낸다. 과거에 반복되었던 일을 나타낼 때는 '-곤 했다', 현재에도 반복되는 일을 나타낼 때는 '-곤 하다'로 사용한다.

예 저는 어렸을 때 할머니 집에 자주 <u>가곤 했어요</u>. (과거에 반복되었던 일)

　　저는 방학이 되면 할머니 집에 <u>가곤 해요</u>. (현재에도 반복되는 일)

③ 올 정도예요: '-(으)ㄹ 정도로'는 동사·형용사와 결합하며 실제 그렇게 되지는 않지만 그렇게 될 것 같다고 표현할 때 사용한다.

예 눈이 <u>빠질 정도로</u> 친구 전화를 기다렸다.

④ 오기로 했어요: '-기로 하다'는 동사와 결합하며 미래의 계획에 대해 결정이나 결심한 사실을 나타낸다. 결심한 시점이 현재이면 '-기로 하다'를 사용하고, 결심한 시점이 과거이면 '-기로 했다'로 사용한다.

> 예 가: 이번 휴가 때 뭐 할 거예요?
>
> 나: 친구들과 제주도에 <u>가기로 했어요</u>. (결심한 시점: 과거)
>
> 예 가: 쇼핑하고 나서 밥을 먹을까요?
>
> 나: 좋아요. 제가 맛있는 식당을 알아요. 밥을 먹고 영화도 봐요.
>
> 가: 그래요. 밥을 먹고 영화를 <u>보기로 해요</u>. (결심한 시점: 현재)

11 종이컵, 플라스틱 등 일회용품 사용 증가 때문에 쓰레기 문제가 심각해지고 있다는 의미이므로 ④의 '로 인해'가 정답이다.

> ▶ 증가로 인해: '(으)로 인해'는 명사와 결합하여 주로 부정적인 일의 원인을 나타내며 뉴스, 사건, 사고 등에 많이 쓰인다.
>
> 예 <u>태풍으로 인해</u> 가로수가 쓰러지고 전기가 나가는 등 많은 피해가 발생했다.

풀이

① 보다: '보다'는 명사와 결합하며 앞의 것이 비교의 기준이 되는 대상임을 나타낸다.

> 예 저는 <u>딸기보다</u> 복숭아를 더 좋아합니다.

② 치고: '치고'는 명사와 결합하며 일반적으로 생각할 때 앞의 내용이 뒤의 내용에 대해 예외가 없거나, 뒤의 내용이 앞의 내용에 대해 예외적일 때 사용한다.

> 예 <u>한국 사람치고</u> 이 노래를 모르는 사람이 없다.
>
> (예외 없이 모든 한국 사람들이 이 노래를 알고 있다는 뜻이다.)
>
> 예 엘레나 씨는 <u>외국 사람치고</u> 발음이 좋은 편이다.
>
> (대부분의 외국인은 발음이 안 좋은데 엘레나 씨는 예외적으로 발음이 좋다는 뜻이다.)

③ 조차: '조차'는 명사와 결합하며 그 상황 이상의 것이 더해짐을 나타낼 때 사용한다.

> 예 종합평가에 불합격하는 것은 <u>생각조차</u> 하고 싶지 않아요.

12 '내일 중요한 회의가 있으므로 반드시 회의에 참석해 주시기 바랍니다.'와 의미가 같은 문장을 고르는 문제로 '내일 회의가 중요하니까 반드시 회의에 참석해 달라'는 의미인 ①의 '내일 중요한 회의가 있으니까 반드시 회의에 참석해 주세요.'가 정답이다.

> ▶ 있으므로: '-(으)므로'는 동사 · 형용사와 결합하며 앞의 내용에 대한 근거나 이유를 나타낼 때 사용한다. 주로 뉴스, 회의, 발표 등의 공식적인 상황에서 자주 사용하며 쓰기에서도 많이 사용한다.
>
> 예 요즘 일교차가 <u>크므로</u> 건강에 유의하시기 바랍니다.

13 '나도 너만큼 한국어를 잘했으면 좋겠다.'와 의미가 같은 문장을 고르는 문제로 '나도 너와 같은 정도로 한국어를 잘했으면 좋겠다'는 의미인 ②의 '나도 너처럼 한국어를 잘했으면 좋겠다.'가 정답이다.

▶ 너만큼: '만큼'은 명사와 결합하며 앞의 명사와 비교하여 그 정도가 비슷함을 나타낸다.

예 이번 영화는 지난번에 본 영화만큼 재미있었다.

14 '수영을 하기 전에 준비 운동을 꼭 해야 합니다.'와 의미가 같은 문장을 고르는 문제로 '준비 운동을 먼저 하고 수영을 하라'는 의미인 ③의 '준비 운동을 한 다음에 수영을 해야 합니다.'가 정답이다.

▶ 하기 전에: '-기 전에'는 동사와 결합하며 뒤에 오는 행동이 앞의 사실보다 먼저임을 나타낸다.

예 청소를 하기 전에 창문을 여는 것이 좋다.

▶ 한 후에: '-(으)ㄴ 후에'는 앞의 일이 끝나고 난 다음에 하는 일을 나타낸다. 앞의 일과 뒤의 일은 서로 연관이 있는 시간 순서를 의미한다. 큰 의미의 차이 없이 '-고 나서'와 바꾸어 쓸 수 있다.

예 손을 씻은 후에 밥을 먹어요. (= 손을 씻고 나서 밥을 먹어요.)

▶ 준비 운동: 본격적인 운동을 하기 전에 가볍게 움직여서 몸을 푸는 운동

예 어떤 운동이든지 시작하기 전에 준비 운동을 해야 한다.

▶ 한 다음에: '-(으)ㄴ 다음에'는 동사와 결합하며 어떤 행위를 먼저 한 후에 뒤의 행위를 함을 나타낼 때 사용한다.

예 지금 하는 일을 다 끝낸 다음에 밥을 먹으려고 해요.

15 '백화점에서는 파는 물건들은 다 좋아 보여요.'와 의미가 같은 문장을 고르는 문제로 '눈으로 볼 때 좋을 것이라고 짐작하다'는 의미인 ②의 '백화점에서 파는 물건들은 다 좋은 것 같아요.'가 정답이다.

▶ 좋아 보여요: '-아/어 보이다'는 형용사와 결합하며 사람이나 사물의 상황을 보고 짐작(추측)하거나 느낌을 말할 때 사용한다.

예 후엔 씨, 오늘은 정말 예뻐 보이네요.

16 '남은 음식을 상하지 않도록 냉장고에 넣어 주세요.'와 의미가 같은 문장을 고르는 문제로 '남은 음식을 냉장고에 넣는 목적이 음식이 상하지 않게 하는 것이다'는 의미인 ①의 '남은 음식을 상하지 않게 냉장고에 넣어 주세요.'가 정답이다.

▶ 상하지 않도록: '-도록'은 동사와 결합하며 앞말이 뒤의 행동의 목적을 나타낼 때 사용한다.

예 감기가 빨리 낫도록 따뜻한 물을 많이 드시고 푹 쉬세요.

17 친구가 소화가 잘되는 음식을 먹으라고 했으며, 밥에 물을 넣고 끓인 다음에 채소를 썰어 넣고 끓이면 된다고 했으므로 ③의 '야채죽'이 정답이다.

▶ 야채죽: 야채와 쌀을 넣고 오래 끓여 무르게 만든 음식

　예 흐엉 씨가 아프다고 해서 <u>야채죽</u>을 만들었어요.

▶ 끓인 다음에: '-(으)ㄴ 다음에'는 동사와 결합하며 어떤 행위를 먼저 한 후에 뒤의 행위를 함을 나타낼 때 사용한다.

　예 지금 하는 일을 다 <u>끝낸 다음에</u> 밥을 먹으려고 해요.

풀이

① 김치전: 김치를 썰어 넣고 부친 전

　예 비가 오면 빗소리 때문인지 <u>김치전</u>이 생각난다.

② 비빔밥: 고기나 나물과 여러 가지 양념을 넣어 비벼 먹는 음식

　예 전주는 <u>비빔밥</u>으로 유명한 도시이다.

④ 볶음밥: 쌀밥에 당근, 소고기, 감자 등을 잘게 썰어 넣고 기름에 볶아 만든 음식

　예 어제 친구와 학교 앞 식당에서 철판 <u>볶음밥</u>을 시켜 먹었다.

18 한국의 대표적인 명절인 추석의 다른 이름은 한가위이므로 ㉠은 '한가위'이다. 그리고 추석에 지내는 차례는 조상에게 감사하는 마음을 표현하는 것이므로 ㉡은 '감사하는'이 와야 자연스럽다. 그러므로 ①의 '㉠ – 한가위, ㉡ – 감사하는'이 정답이다.

▶ 대표적인: '대표적'은 '어떤 분야나 집단에서 무엇을 대표할 만큼 전형적이거나 특징적인 것'의 뜻이다.

　예 김치는 한국의 <u>대표적인</u> 음식이다.

▶ 조상: 자기 세대 이전의 모든 세대

　예 이 책을 보면 조선 시대 <u>조상</u>들의 지혜를 엿볼 수 있다.

▶ 차례: 명절을 맞아 낮에 간단하게 지내는 제사

　예 어머니께서는 <u>차례</u> 때 쓸 음식을 장만하셨다.

▶ 햇곡식: 그해에 새로 난 곡식

　예 <u>햇곡식</u>과 햇과일로 차례상을 차렸다.

▶ 햇과일: 그해에 새로 난 과일

　예 추석이 되면 사과, 배와 같은 <u>햇과일</u>을 먹을 수 있어서 좋다.

▶ 빚으면: '빚다'는 '가루를 반죽하여 만두, 송편, 경단 등을 만들다'의 뜻이다.

　예 우리 가족은 추석이 되면 모두 모여서 송편을 <u>빚는다</u>.

19 "오늘 서울 하늘은 대체로 맑고 미세 먼지 농도도 낮아 공기가 깨끗하여 야외 활동에 좋은 날씨로 예상됩니다."라고 했고 "낮 최고 기온은 20℃까지 올라가지만 밤에는 기온이 4℃까지 떨어져서 일교차가 크겠습니다. 큰 일교차에 대비하여 감기에 걸리지 않도록 옷차림을 잘 준비하셔야겠습니다."라고 했으므로 ③의 '날씨 맑고, 공기 깨끗 / 큰 일교차 주의'가 정답이다.

▶ 대체로: 요점만 말해서. 전체로 보아서. 또는 일반적으로
  예 우리 반 아이들은 그 의견에 대해 <u>대체로</u> 찬성하는 편이었다.

▶ 미세 먼지: 눈에 보이지 않을 정도로 입자가 작은 먼지
  예 이번 조사에서 수도권의 <u>미세 먼지</u>가 심각한 수준임이 밝혀졌다.

▶ 농도: 용액, 기체, 고체 혼합물에 있는 성분의 진한 정도
  예 자동차 매연으로 인해 대기 오염 물질의 <u>농도</u>가 점점 높아지고 있다.

▶ 야외 활동: 건물 밖에서 몸을 움직여 하는 모든 활동
  예 봄은 날씨가 따뜻해서 <u>야외</u> 활동을 하기에 좋다.

▶ 예상됩니다: '예상되다'는 '앞으로 일어날 것으로 미리 생각되다'의 뜻이다.
  예 이번 축제에 만 명 정도가 참가할 것으로 <u>예상된다</u>.

▶ 최고 기온: 어떤 기간 내에 가장 높은 온도
  예 오늘 대구의 낮 <u>최고 기온</u>은 35℃로 예상된다.

▶ 일교차: 하루 동안 기온, 습도, 기압이 변화하는 차이
  예 요즘 <u>일교차</u>가 심하니까 감기에 걸리지 않도록 조심해야 한다.

▶ 대비하여: '대비하다'는 '앞으로 일어날 일에 대응하기 위해서 미리 준비하다'의 뜻이다.
  예 우리 부모님께서는 노후를 <u>대비해서</u> 연금보험을 가입해 두셨다.

▶ 옷차림: 옷을 차려입은 모양
  예 휴일을 맞아 우리 가족은 가벼운 <u>옷차림</u>으로 나들이에 나섰다.

▶ 체감 온도: 사람의 몸이 느끼는 더위나 추위를 수량적으로 나타낸 것
  예 찬바람이 불면 <u>체감 온도</u>가 낮아진다.

▶ 열대야 현상: 밤이 되어도 방 밖의 온도가 25℃ 이상으로 무더위가 지속되는 현상
  예 며칠째 계속되는 <u>열대야 현상</u>으로 잠을 설치는 사람이 많다.

풀이

① 미세 먼지 주의보 / 노약자·아동, 야외 활동 피해야: 미세 먼지 주의보가 발령되어서 노약자와 아동은 야외 활동을 하지 않는 게 좋다.

② 낮에도 찬바람 불어 / 체감 온도 영하로 내려가: 낮에도 찬바람이 불고, 체감 온도도 영하로 내려가서 추워질 것이다.

④ 밤 사이 '열대야 현상' / 오후에 많은 비 내려: 밤에 열대야 현상이 일어나고, 오후에는 많은 비가 내릴 것이다.

20 약 봉투의 날짜가 3월 15일이므로 3월 15일에 약국에 방문했고(①), 1일 2회, 아침과 저녁으로 하루에 두 번씩 약을 복용해야 하며(②), 약 봉투에 7일분이라고 쓰여 있으므로 라흐만 씨는 일주일 동안 약을 복용해야 함을 알 수 있다(④). 또한 식사한 후 30분이 지나면 약을 먹어야 하므로 ③의 '이 약을 복용한 후에 식사를 하면 된다.'가 옳지 않은 답이다.

▶ 귀하: 편지글에서 상대편을 높여 이름 다음에 붙여 쓰는 말. 듣는 이를 높여 이르는 2인칭 대명사

예 그녀는 우편물 중에서 '박슬기 귀하'라고 쓰여 있는 편지를 발견했다.

▶ 용법: 사용하는 방법

예 약을 복용할 때는 용법을 잘 지켜야 한다.

▶ 식전: 식사하기 전

예 이 위장약은 식전에 먹어야 한다고 했다.

▶ 식후: 밥을 먹은 뒤

예 식후에 바로 커피를 마시는 것은 건강에 좋지 않다고 한다.

▶ 즉시: 일이 일어나는 그 순간 바로

예 무슨 일이 생기면 즉시 알려 주세요.

▶ 방문했다: '방문하다'는 '어떤 사람이나 장소를 찾아가서 만나거나 보다'의 뜻이다.

예 나는 내일 오후에 센터에 방문해서 상담을 하기로 했다.

▶ 씩: 수량을 나타내는 말 뒤에 붙어서 그 수량이나 크기로 나뉘거나 되풀이됨을 뜻하는 말

예 선생님께서 학생들에게 우유를 하나씩 나누어 주셨다.

▶ 복용한: '복용하다'는 '약을 먹다'의 뜻이다.

예 점심을 먹은 후 속이 안 좋아서 소화제를 복용했다.

▶ 동안: 어느 때로부터 다른 한때까지의 시간적 간격

예 우리는 시험 때문에 이틀 동안 밤을 새워서 정말 피곤했다.

21 중고 육아용품 구입 경험에 대한 설문 조사로 많은 사람이 육아용품을 중고로 구입하는 것에 대해 긍정적인 것을 알 수 있었다고 말하고 있으므로 ②의 '육아용품, 중고도 괜찮아'가 정답이다.

▶ 이하: 수량이나 정도가 일정한 기준보다 더 적거나 모자람. 제시된 기준 수량을 포함하여 그 아래의 경우

예 한국에 90일 이하로 체류할 경우에는 외국인 등록을 하지 않아도 된다.

▶ 육아용품: 어린아이를 기르는 데 필요한 여러 가지 용품

예 육아용품은 비쌀수록 좋은 물건이라고 생각해서 그런지 비싸도 잘 팔린다고 한다.

▶ 구입: 물건을 사들임

예 원유 가격 상승으로 인해 자재 구입 비용이 증가해서 걱정이다.

▶ 실시했다: '실시하다'는 '실제로 시행하다'의 뜻이다.

　예 우리 회사에서는 재택근무에 대한 찬반 투표를 <u>실시했다</u>.

▶ 응답했다: '응답하다'는 '부름이나 물음에 응하여 답하다'의 뜻이다.

　예 아무도 민수 씨의 질문에 <u>응답하지</u> 않았다.

▶ 비용: 어떤 일을 하는 데 드는 돈

　예 이번 여행에서 여행 <u>비용</u>을 줄이기 위해 숙소로 게스트하우스를 이용했다.

▶ 부담: 어떠한 의무나 책임을 짐. 금전적인 면에서 지게 되는 책임

　예 정부의 정책 때문에 국민들의 세금 <u>부담</u>이 늘었다.

▶ 물려받거나: '물려받다'는 '재물이나 지위, 기예, 학술 등을 전하여 받다'의 뜻이다.

　예 이링 씨는 부모님께 유산을 <u>물려받았다</u>.

▶ 긍정적: 어떤 생각이나 사실을 그러하거나 옳다고 인정하는 것

　예 모든 일에는 <u>긍정적인</u> 면과 부정적인 면이 존재한다.

▶ 공동 구매: 여러 명의 소비자가 모여 단체로 물건을 구매하는 일

　예 학교에서 <u>공동 구매</u>를 통해 교복을 저렴하게 구입했다.

▶ 부정적: 그렇지 않다고 단정하거나 옳지 않다고 반대하는 것

　예 메이 씨는 매사에 <u>부정적</u>으로 생각한다.

22 구입한 중고 육아용품이 마음에 들었다는 대답이 64.8%로 높게 나타났고, 구입 경험이 없는 사람들 중에 75%가 앞으로 중고 육아용품을 물려받거나 구입할 생각이라고 응답했으므로 ①의 '중고 육아용품 사용을 긍정적으로 생각하는 사람이 많았다.'가 정답이다.

> 풀이

② 만 9세 이상 자녀들의 부모 80%가 중고 육아용품을 구입해 봤다. → 만 9세 이하 자녀들의 부모 80%가 중고 육아용품을 구입해 봤다.

③ 구입 경험이 없는 응답자 중 25%가 중고 육아용품을 살 생각이다. → 구입 경험이 없는 응답자 중 75%가 중고 육아용품을 물려받거나 구입할 생각이 있다고 했다.

④ 육아용품 사용 기간이 짧아서 중고 육아용품을 산다는 사람이 가장 많다. → 비용을 줄일 수 있어서 중고 육아용품을 산다는 사람이 가장 많았다.

23 어떤 일의 정도가 지나친 것은 모자란 것보다 좋지 않다는 뜻을 가진 사자성어는 '과유불급(過猶不及)'이므로 ④의 '과유불급'이 정답이다.

▶ 지나친: '지나치다'는 '일정한 한도를 넘어 정도가 심하다'의 뜻이다.

　예 그 사람은 돈에 대한 욕심이 <u>지나쳐서</u> 문제이다.

▶ 모자란: '모자라다'는 '기준이 되는 양이나 정도에 미치지 못하다'의 뜻이다.

　예 할 일은 많은데 일손이 <u>모자란다</u>.

① 워라밸: work-life balance. 일과 개인 생활의 균형

　例 워라밸을 중시하는 문화가 생겨나면서 취미 생활을 즐기는 직장인들이 많아졌다.

② 소확행: 소소하지만(작지만) 확실한 행복

　例 퇴근 후에 샤워하고 맥주 한잔 하면서 드라마를 보는 게 나의 소확행이다.

③ 일석이조(一石二鳥): 돌 한 개를 던져 새 두 마리를 잡는다는 뜻으로, 동시에 두 가지 이익을 봄을 이르는 말

　例 이번 여행은 관광도 하고 공부도 하고 일석이조가 아닌가?

24 한국에서는 보통 선거, 직접 선거, 평등 선거, 비밀 선거의 4대 원칙이 있다(④). 대표적인 선거로는 국회의원 선거와 대통령 선거가 있는데, 국회의원 선거는 4년마다 실시하고 있으며(①), 대통령 선거는 5년에 한 번씩 실시한다(③). 또한 민주주의를 채택하고 있는 한국에서는 헌법을 통해 모든 권력은 국민으로부터 나온다고 규정하고 있으므로 ②의 '모든 권력은 대통령으로부터 나온다.'가 옳지 않은 설명이다.

> **참고자료　선거의 4대 원칙**
>
> ☑ 보통 선거: 만 18세 이상의 대한민국 국민은 누구나 선거에 참여할 수 있다.
> ☑ 평등 선거: 성별·재산·학력·권력 등의 조건에 관계없이 누구나 공평하게 1인 1표씩 투표한다.
> ☑ 직접 선거: 투표권을 가진 사람이 직접 투표하여 자신의 대표를 뽑는다.
> ☑ 비밀 선거: 어떤 후보나 정당에 투표했는지 다른 사람이 알지 못하게 한다.

25 환경을 보호하는 방법에는 여러 가지가 있다. 배기가스를 줄이고 차량 2부제를 실시하거나(①) 친환경 세제를 사용하고 대체 에너지를 개발하는 것이 필요하다(②). 또한 일회용품 사용을 줄여야 하며 쓰레기 종량제를 실시하고(③), 농약 사용은 줄이고 폐수는 무단으로 버리지 않아야 하므로 ④의 '농약 사용을 늘리고 폐수를 무단으로 버리지 않는다.'가 옳지 않은 설명이다.

▶ 배기가스: 물질이 연소하거나 합성 또는 분해될 때 생기는 가스. 일반적으로 내연 기관이 배출하는 기체를 말함

　例 자동차 배기가스가 대기 오염의 주요 원인이다.

▶ 차량 2부제: 차량 번호 끝자리가 홀수인 차량은 홀수 날짜에만, 짝수인 차량은 짝수 날짜에만 자동차를 운행하게 하는 제도

　例 공공 기관에서는 차량 2부제가 시행되고 있다.

▶ 친환경: 자연환경을 오염시키지 않고 자연 그대로의 환경과 잘 어울리는 일

　例 나는 환경을 보호하기 위해 친환경 제품을 사용하려고 노력한다.

▶ 대체 에너지: 기존의 에너지를 대신할 새로운 에너지. 액화, 원자력, 태양열 등을 이른다.
　예 세계 여러 나라에서 석유를 대신할 <u>대체 에너지</u> 개발에 힘쓰고 있다.
▶ 일회용품: 한 번만 쓰고 버리도록 되어 있는 물건
　예 환경 보호를 위해 <u>일회용품</u>의 사용을 규제해야 한다.
▶ 쓰레기 종량제: 쓰레기 배출량에 따라 수수료가 부과되는 제도
　예 한국은 <u>쓰레기 종량제</u>를 실시하고 있어서 종량제 봉투를 슈퍼에서 구입해서 사용해
　　야 한다.
▶ 농약: 농작물에 해로운 벌레, 병균, 잡초를 없애거나 농작물을 잘 자라게 하는 약품
　예 나는 <u>농약</u>을 사용하지 않고 키운 유기농 농산물을 구입한다.
▶ 폐수: 공장이나 광산 등지에서 쓰고 난 뒤 버리는 물
　예 이 강은 지금은 깨끗해졌지만 과거에는 공장에서 흘러든 <u>폐수</u>로 오염이 심했다.
▶ 무단: 사전에 허락이 없음
　예 이 책을 <u>무단</u>으로 복사해서 사용할 경우 저작권 문제가 발생할 수 있다.

26 한국에서는 집들이에 초대를 받았을 때 휴지나 세제를 선물한다. 휴지에는 '앞으로 모든 일
이 잘 풀리기를 바랍니다.'라는 뜻이 담겨 있고, 세제에는 '거품처럼 돈을 많이 벌어서 부자
가 되길 바랍니다.'라는 의미가 있다. 그러므로 ①의 'ㄱ – 휴지, ㄴ – 세제'가 정답이다.

27 전자 제품을 구입하면 보증서를 받는데 이 보증서에는 모델명, 구입 일자, 보증 내용, 보증
기간 등이 나와 있다. 제품 보증 기간은 제조사나 제품 판매자가 소비자에게 무료로 수리를
약속하는 기간을 말한다(③). 이때 보증 기간은 제품의 구입 일자를 기준으로 하며 제품 보
증서나 영수증으로 확인한다(④). 그러나 보증서가 있고 보증 기간 이내라도 항상 무상으로
수리를 받을 수 있는 것은 아니다. 보증 기간 내에 정상적으로 사용하다가 발생한 고장은
무상 수리가 가능하지만 사용 설명서의 주의 사항을 지키지 않는 등 고객의 실수로 인한
고장의 경우에는 수리 비용을 내야 한다. 그리고 보증 기간은 제품에 따라서 다른데 일반
전자 제품은 1년, 계절 제품은 2년이다(①). 그러므로 ②의 '보증서가 있으면 보증 기간 안에
는 언제나 무상으로 수리를 받는다.'가 옳지 않은 설명이다.

28 한국 민요 중에 가장 유명한 민요는 아리랑이다. 아리랑은 대략 50여 종이 있다고 하는데
지역과 시기에 따라 다양하게 불리었으며, 노랫말은 사랑, 이별, 시집살이 등 한국인의 한과
정서를 잘 나타낸다. 아리랑은 현대에 와서도 한국인들에게 많은 사랑을 받고 있다. 또한
이제는 한국을 넘어 전 세계인에게도 친근하게 다가가고 있다. 그러므로 ④의 '아리랑'이 정
답이다.
▶ 노동요: 일을 즐겁게 하고 공동체 의식을 높여서 일의 능률을 높이기 위해 부르는 노래
　예 예로부터 전해오는 수많은 <u>노동요</u>에는 우리 조상의 정서가 담겨 있다.

▶ 이별: 서로 갈리어 떨어짐

  예 나는 오늘 남자친구에게 <u>이별</u>을 선언했다.

▶ 시집살이: 결혼한 여자가 시집에 들어가서 살림살이를 하는 일

  예 예전에는 결혼하면 시어머니께 <u>시집살이</u>를 당하는 일이 많았다.

▶ 한: 몹시 원망스럽고 억울하거나 안타깝고 슬퍼서 응어리진 마음

  예 부모님이 살아 계실 때 잘해 드리지 못한 것이 마음의 <u>한</u>이 된다.

▶ 정서: 사람의 마음에 일어나는 여러 가지 감정

  예 부부 싸움을 자주 하는 부모 아래서 자라는 아이는 <u>정서</u>가 불안한 경우가 많다.

▶ 대변하기: '대변하다'는 '어떤 사람이나 단체를 대신하여 그의 의견이나 태도를 표하다'의 뜻이다.

  예 국회의원은 국민의 뜻을 <u>대변</u>할 줄 알아야 한다.

▶ 동질성: 사람이나 사물의 바탕이 같은 성질이나 특성

  예 남한과 북한이 통일이 되어 한 민족의 <u>동질성</u>을 회복해야 한다.

▶ 단결: 많은 사람이 마음과 힘을 한데 뭉침

  예 경제가 어려울수록 온 국민의 <u>단결</u>이 중요하다고 생각한다.

풀이

① 종묘: 역대 왕과 왕비의 위패를 모시는 사당

  예 종로에 가면 <u>종묘</u>가 있는데 이것은 조선 시대의 임금과 왕비들의 위패를 모시는 사당이다.

② 한글: 대한민국 고유의 글자. 세종대왕이 창제한 훈민정음을 가리키는 이름

  예 세종대왕이 창제한 <u>한글</u>은 과학적인 글자로 그 우수성을 인정받고 있다.

③ 판소리: 소리꾼이 고수의 북 장단에 맞추어 부르는 한국의 전통 노래

  예 <u>판소리</u>가 유네스코 인류무형문화유산으로 지정되었다고 한다.

작문형

다음 내용을 포함하여 '환경 오염'이라는 제목으로 글을 쓰시오.

> • 현재 가장 심각하다고 생각하는 환경 문제는 무엇입니까?
> • 이 환경 문제를 해결하기 위해서 내가 할 수 있는 노력은 무엇입니까?

※ 작문시험 답안지에 제목은 생략하고 <u>본문만 쓰세요.</u>

	나	는		대	기		오	염	이		가	장		심	각	하	다	고
생	각	한	다	.	미	세		먼	지	가		심	하	고		도	시	의
공	기	가		탁	하	기		때	문	이	다	.		그	래	서		나	는
항	상		대	중	교	통	을		이	용	하	고		가	까	운		거	리
는		걷	거	나		자	전	거	를		타	려	고		노	력	한	다	.

참고자료 **쓰기 요령**

☑ 환경 문제 중에는 대기 오염, 수질 오염, 토양 오염, 해양 오염 등이 있으므로 이중에 한 가지를 골라 구체적으로 씁니다.

　예 요즘 음식 배달이나 인터넷 쇼핑으로 인해 쓰레기가 증가하고 있다. 쓰레기 문제는 토양 오염을 일으킨다.

☑ 환경을 보호하기 위해 앞으로 해야 하는 노력이나 지금 하고 있는 노력을 씁니다.

　예 나는 쓰레기를 줄이고 자원의 재활용을 위해 쓰레기 분리수거를 철저히 하고 있다.

| (가) | (나) |

01 (가) 사진에서 이 사람은 무슨 일을 하고 있습니까?
한국에서 이 일을 하려면 무엇을 준비해야 합니까?

▶ 이 사람은 가르치는 일을 하고 있습니다. 다른 사람을 가르치려면 우선 한국어를 잘해야 하고 가르치려는 분야에 대한 전문 지식이 있어야 하므로 자격증을 준비해야 합니다.

02 (나) 사진에서 이 사람은 무슨 일을 하고 있습니까?
한국에서 이 일을 하려면 무엇을 준비해야 합니까?

▶ 이 사람은 편의점에서 아르바이트를 하고 있습니다. 편의점에서 아르바이트를 하려면 한국어를 잘해야 하고 한국 문화도 알아야 합니다. 그래서 한국어와 한국 문화를 열심히 공부하고 배워야 합니다.

03   _____ 씨는 한국에서 어떤 일을 하고 싶습니까?
그 일을 하려면 어떤 노력을 해야 합니까?

▶ 저는 한국에서 간호사가 되고 싶습니다. 왜냐하면 외국인이 한국의 병원에서 치료를 받을 때 의사소통이 잘 되지 않아 힘든 경우가 많습니다. 그래서 간호사가 되어 병원에서 아픈 환자들을 위해 일하고 싶고, 한국 병원에 치료를 받으러 오는 고향 사람들을 위해 한국어를 고향말로 통역해 주고 싶습니다. 그래서 저는 지금 한국어를 열심히 공부하고 있고, 간호사 자격증을 따기 위해서 학원도 다니고 있습니다. 간호사 자격증 시험 준비는 어렵지만 열심히 노력해서 꼭 한국에서 간호사로 일하고 싶습니다.

04   _____ 씨는 생활비를 절약하기 위해 어떤 노력을 하고 있습니까?
생활비를 아낄 수 있는 방법에 대해 말해 보세요.

▶ 한국은 제 고향보다 식비와 교통비가 비싼 편입니다. 그래서 저는 외식을 줄이고 집에서 음식을 만들어 먹으려고 노력합니다. 마트에 가서 장을 볼 때는 너무 많이 사지 않고 필요한 만큼만 음식을 삽니다. 그리고 교통비를 줄이기 위해서 가까운 곳은 걸어서 가거나 자전거를 타고 갑니다. 이렇게 하면 교통비도 절약할 수 있을 뿐만 아니라 운동도 할 수 있어서 좋습니다.

05 한국에서 복지 서비스를 이용해 본 적이 있습니까?
어떤 복지 서비스를 이용해 봤습니까? 그 서비스는 어떤 점이 좋았습니까?

▶ 저는 외국인 지원 센터의 통역 서비스를 이용해 본 적이 있습니다. 작년 겨울에 배가 아프고 소화가 잘 안 되어서 병원에 갔습니다. 직장 생활을 할 때는 한국어에 큰 문제가 없었는데 의사 선생님의 말씀은 잘 이해할 수가 없었습니다. 그래서 외국인 지원 센터에 연락해서 통역 서비스를 신청했습니다. 통역사가 바로 의사 선생님과 통화하여 제 증상을 설명하고 저에게는 의사 선생님의 이야기를 잘 설명해 주었습니다. 통역 서비스 덕분에 진료를 잘 마치고 처방전을 받아 약국에 가서 약을 산 후에 집으로 돌아왔습니다. 통역 서비스는 오래 기다리지 않고 바로 받을 수 있어서 특히 좋았습니다. 다른 외국 사람들도 이 서비스를 많이 이용했으면 좋겠습니다.

무언가를 위해 목숨을 버릴 각오가 되어 있지 않는 한
그것이 삶의 목표라는 어떤 확신도 가질 수 없다.

– 체 게바라 –

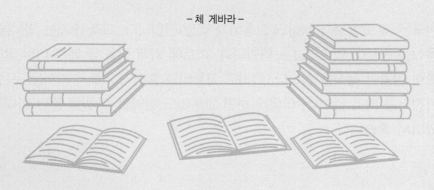

부록

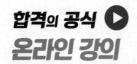

제 1 장 원고지 작성법

원고지는 글을 쓸 때 사용하는 종이를 말하는데, 중간평가에서는 작문형의 답안지가 100자 원고지 형식으로 제공되므로 작성법을 꼭 알고 있어야 합니다. 띄어쓰기에 어려움을 겪는 외국인 학습자들이 낯설고 어려운 원고지 작성법을 쉽게 이해할 수 있도록 예를 들어 자세히 설명하였습니다. 아래 설명을 읽고 예시를 따라 써 보면 도움이 될 것입니다.

1. 한 칸에 한 글자씩 쓰기

원고지에 글을 쓸 때는 한 칸에 한 글자씩 써야 합니다.

예 저는 책임감이 강하고 추진력이 있는

	저	는		책	임	감	이		강	하	고		추	진	력	이		있	는

2. 숫자 쓰기

숫자가 하나일 때는 한 칸에 한 글자를 쓰고, 숫자가 2개 이상일 때는 한 칸에 두 글자씩 씁니다.

예 저는 3년 전에 한국에 왔습니다.

	저	는		3	년		전	에		한	국	에		왔	습	니	다	.

예 12월 17일에 중간평가가 있습니다.

	12	월		17	일	에		중	간	평	가	가		있	습	니	다	.

예 이 원피스는 49,000원입니다.

	이		원	피	스	는		49	,0	00	원	입	니	다	.				

영어 알파벳을 쓸 때 대문자(A, B, C……)는 한 칸에 한 글자씩, 소문자(a, b, c……)는 한 칸에 두 글자씩 씁니다.

예 한국은 영어로 Korea라고 합니다.

	한	국	은		영	어	로		K	or	ea	라	고		합	니	다	.	

① 띄어쓰기를 할 때는 첫째 줄, 두 번째 칸부터 쓰는데, 이것을 '들여쓰기'라고 합니다. 들여쓰기를 할 때는 한 칸을 띄어 써야 하며, 두 칸을 띄어도 안 됩니다.

예 저는 책임감이 강하고

	저	는		책	임	감	이		강	하	고		○

저	는		책	임	감	이		강	하	고		추	×

		저	는		책	임	감	이		강	하	고	×

② 들여쓰기를 할 때 첫째 줄에서만 한 칸을 띄어 쓰고, 둘째 줄부터는 한 단락이 끝날 때까지 들여 쓰지 않습니다. 즉, 둘째 줄부터는 띄어쓰기와 관계없이 첫 번째 칸부터 써야 합니다. 띄어쓰기를 해야 하는 칸이 왼쪽 첫 칸이 되면 띄어쓰기를 하지 않습니다.

예 저는 책임감이 강하고 추진력이 있는∨사람입니다. 이런 성격 때문에 어떤 일을 하든지 다른 사람에 비해 짧은 시간 안에 맡은 일을 성공적으로 끝내는

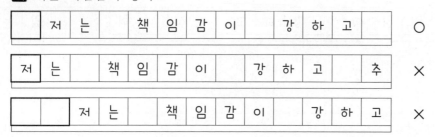

	저	는		책	임	감	이		강	하	고		추	진	력	이		있	는
사	람	입	니	다	.		이	런		성	격		때	문	에		어	떤		일
을		하	든	지		다	른		사	람	에		비	해		짧	은		시
간		안	에		맡	은		일	을		성	공	적	으	로		끝	내	는

③ 단위를 나타내는 명사 띄어쓰기

'삼 년, 일 층' 등의 단위를 나타내는 명사 '개, 권, 년, 명, 층, 마리, 개월, 시간' 등의 명사는 띄어 써야 합니다. 하지만 숫자와 같이 쓰는 경우에는 붙여서 씁니다.

예 한국에 온 지 <u>삼 년/3년</u> 됐다.

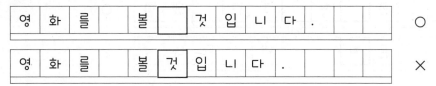

④ 틀리기 쉬운 띄어쓰기

㉠ -(으)ㄹ∨것입니다.

　　예 영화를 볼 것입니다.

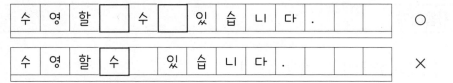

㉡ -(으)ㄹ∨수∨있다./없다.

　　예 수영할 수 있습니다.

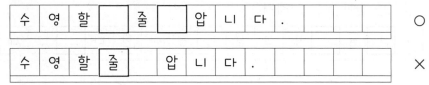

㉢ -(으)ㄹ∨줄∨알다./모르다.

　　예 수영할 줄 압니다.

㉣ -(으)ㄴ/ㄹ/는∨것∨같다.

　　예 어제 비가 온 것 같다.

어	제		비	가		온		것		같	다	.			○

어	제		비	가		온	것		같	다	.				×

예 지금 비가 오는 것 같다.

지	금		비	가		오	는		것		같	다	.	○

지	금		비	가		오	는	것		같	다	.		×

예 내일 비가 올 것 같다.

내	일		비	가		올		것		같	다	.		○

내	일		비	가		올	것		같	다	.			×

ⓜ −(으)ㄴ∨지∨(시간)∨되다.

예 한국에 온 지 3년 됐다.

한	국	에		온		지		3	년		됐	다	.	○

한	국	에		온	지		3	년		됐	다	.		×

5. 문장 부호 사용하기

① 문장 부호[, . ! ?]는 한 칸에 한 개씩 씁니다.

② 쉼표[,]와 마침표[.] 다음에 한 칸을 비우지 않고 씁니다.

예 나는 딸기, 귤, 망고를 좋아한다. 그래서

나	는		딸	기	,	귤	,	망	고	를		좋	아	한	다	.	그	래	서

③ 느낌표[!]와 물음표[?]는 한 칸에 한 개씩 쓰고 다음에 한 칸을 비웁니다.

예 아름답습니다! 다음에 또 오고 싶습니

아	름	답	습	니	다	!		다	음	에		또		오	고		싶	습	니

예 외국인입니까? 어느 나라에서 왔습니까

외	국	인	입	니	까	?		어	느		나	라	에	서		왔	습	니	까

④ 문장 부호를 다음 줄로 넘기지 않습니다.

예 저는 영화를 볼 겁니다.

	저	는		영	화	를		볼		겁	니	다	.

○

예 저는 영화를 볼 겁니다.

	저	는		영	화	를		볼		겁	니	다.

○

예 저는 영화를 볼 겁니다. 고향 친구와 가기로 했

	저	는		영	화	를		볼		겁	니	다
.	고	향		친	구	와		가	기	로		했

×

■ 6. 띄어쓰기 연습하기

① 저는 도시에서 살고 싶습니다.

② 나는 1992년 3월 28일에 태어났다.

③ 저는 도시에서 살고 싶습니다. 도시는 교통이 편리하고 일할 곳도 많기 때문입니다. 그리고 도시는 학교도 많고 병원, 마트, 극장 등 편의 시설도 많아서 생활이 편리합니다.

④ 나는 지난 휴일에 가족들과 함께 영종도에 갔다. 서울에서 영종도까지 한 시간 걸렸다. 우리는 영종도에서 배를 타고 작은 섬에 들어갔다. 그 섬에서 산책을 하고 바다낚시도 했다. 또 숯불에 고기를 구워 먹었다. 햇빛에 파란 바닷물과 하얀 모래가 반짝이는 것이 아주 아름다웠다. 가족이 모두 함께해서 더 즐거웠다! 기회가 된다면 다시 한번 가고 싶다.

7. 띄어쓰기 정답

① 저는 도시에서 살고 싶습니다.

② 나는 1992년 3월 28일에 태어났다.

③ 저는 도시에서 살고 싶습니다. 도시는 교통이 편리하고 일할 곳도 많기 때문입니다. 그리고 도시는 학교도 많고 병원, 마트, 극장 등 편의 시설도 많아서 생활이 편리합니다.

④ 나는 지난 휴일에 가족들과 함께 영종도에 갔다. 서울에서 영종도까지 한 시간 걸렸다. 우리는 영종도에서 배를 타고 작은 섬에 들어갔다. 그 섬에서 산책을 하고 바다낚시도 했다. 또 숯불에 고기를 구워 먹었다. 햇빛에 파란 바닷물과 하얀 모래가 반짝이는 것이 아주 아름다웠다. 가족이 모두 함께해서 더 즐거웠다! 기회가 된다면 다시 한 번 가고 싶다.

제2장 문어체 사용법

■ 문어체(文語體, literary style)
주로 글을 쓸 때 사용하며, 중간평가 작문형 시험에서 문어체를 사용해야 합니다.

1. 기본형

품사 \ 시제	과거	현재	미래
동사	-았/었/했다	-ㄴ/는다	-(으)ㄹ 것이다/-겠다
형용사	-았/었/했다	-다	-(으)ㄹ 것이다/-겠다
명사	-이었/였다	-(이)다	-일 것이다

'저'는 '나'로 씁니다.	
저는 → 나는	저를 → 나를
제가 → 내가	저도 → 나도
저에게 → 나에게	제 N → 내 N(예 제 책 → 내 책)

2. 연습하기

(1) 동사 · 형용사 · 명사 바꾸기

동사 \ 시제	과거 -았/었/했다	현재 -ㄴ/는다	미래 -(으)ㄹ 것이다
가다			
읽다			
만들다			
운동하다			
보지 않다			

형용사 ＼ 시제	과거 -았/었/했다	현재 -다	미래 -(으)ㄹ 것이다
좋다			
힘들다			
피곤하다			
맛있다			
춥지 않다			

명사 ＼ 시제	과거 -이었/였다	현재 -(이)다	미래 -일 것이다
학생			
친구			

(2) 문장 바꾸기

① -ㄴ/는다, -다

㉠ 저는 매일 7시에 회사에 가요.

→

㉡ 흐엉 씨는 김치찌개를 자주 먹습니다.

→

㉢ 나라마다 직장 문화가 달라요.

→

㉣ 저는 집에서 텔레비전을 보고 제 동생은 밖에서 놀아요.

→

② -았/었/했다

㉠ 저는 어제 일하지 않았습니다.

→

㉡ 어제 고향 친구가 저에게 선물을 보냈어요.

→

㉢ 제 고향은 중국인데, 작년에 한국에 왔습니다.

→

③ -(으)ㄹ 것이다, -겠다

　　㉠ 요즘 장마철이라서 내일도 비가 올 거예요.
　　　→

　　㉡ 이 해물탕은 정말 맵겠어요.
　　　→

　　㉢ 제가 내일까지 이 일을 끝내겠습니다.
　　　→

④ -이었/였다, -(이)다

　　㉠ 오늘은 일요일이에요.
　　　→

　　㉡ 이것은 제 휴대 전화가 아닙니다.
　　　→

　　㉢ 제가 어제 먹은 음식은 불고기였어요.
　　　→

(3) 글 전체 바꾸기

저는 베트남에서 온 후엔이라고 합니다. 저는 한국에 온 지 3년이 되었습니다. 지금 센터에서 한국어를 배우고 있습니다. 센터에 가면 한국어도 배울 수 있고, 고향 친구들도 만날 수 있어서 아주 즐겁습니다. 그리고 한국 음식도 제 입에 잘 맞고 맛있습니다. 그렇지만 힘든 일도 있습니다. 제일 힘든 것은 한국 친구들과 이야기할 때입니다. 친구들이 이야기하는 것을 저는 이해할 수 있는데, 친구들이 제 발음을 잘 알아듣지 못해서 속상할 때가 있습니다. 그리고 비자를 연장하는 일도 복잡합니다. 출입국·외국인청에 가면 사람들이 모두 저만 쳐다보는 것 같아 더 말을 못하게 됩니다. 그래도 저는 한국에서 계속 살고 싶습니다. 그래서 앞으로 더욱 열심히 한국어를 공부할 겁니다.

(1) 동사 · 형용사 · 명사 바꾸기

동사 \ 시제	과거 -았/었/했다	현재 -ㄴ/는다	미래 -(으)ㄹ 것이다
가다	갔다	간다	갈 것이다
읽다	읽었다	읽는다	읽을 것이다
만들다	만들었다	만든다	만들 것이다
운동하다	운동했다	운동한다	운동할 것이다
보지 않다	보지 않았다	보지 않는다	보지 않을 것이다

형용사 \ 시제	과거 -았/었/했다	현재 -다	미래 -(으)ㄹ 것이다
좋다	좋았다	좋다	좋을 것이다
힘들다	힘들었다	힘들다	힘들 것이다
피곤하다	피곤했다	피곤하다	피곤할 것이다
맛있다	맛있었다	맛있다	맛있을 것이다
춥지 않다	춥지 않았다	춥지 않다	춥지 않을 것이다

명사 \ 시제	과거 -이었/였다	현재 -(이)다	미래 -일 것이다
학생	학생이었다	학생이다	학생일 것이다
친구	친구였다	친구다	친구일 것이다

(2) 문장 바꾸기

① -ㄴ/는다, -다

㉠ 저는 매일 7시에 회사에 가요.

→ 나는 매일 7시에 회사에 간다.

㉡ 흐엉 씨는 김치찌개를 자주 먹습니다.

→ 흐엉 씨는 김치찌개를 자주 먹는다.

㉢ 나라마다 직장 문화가 달라요.

→ 나라마다 직장 문화가 다르다.

㉣ 저는 집에서 텔레비전을 보고 제 동생은 밖에서 놀아요.

→ 나는 집에서 텔레비전을 보고 내 동생은 밖에서 논다.

② -았/었/했다

  ㉠ 저는 어제 일하지 않았습니다.

    → 나는 어제 일하지 않았다.

  ㉡ 어제 고향 친구가 저에게 선물을 보냈어요.

    → 어제 고향 친구가 나에게 선물을 보냈다.

  ㉢ 제 고향은 중국인데, 작년에 한국에 왔습니다.

    → 내 고향은 중국인데, 작년에 한국에 왔다.

③ -(으)ㄹ 것이다, -겠다

  ㉠ 요즘 장마철이라서 내일도 비가 올 거예요.

    → 요즘 장마철이라서 내일도 비가 올 것이다.

  ㉡ 이 해물탕은 정말 맵겠어요.

    → 이 해물탕은 정말 맵겠다.

  ㉢ 제가 내일까지 이 일을 끝내겠습니다.

    → 내가 내일까지 이 일을 끝내겠다.

④ -이었/였다, -(이)다

  ㉠ 오늘은 일요일이에요.

    → 오늘은 일요일이다.

  ㉡ 이것은 제 휴대 전화가 아닙니다.

    → 이것은 내 휴대 전화가 아니다.

  ㉢ 제가 어제 먹은 음식은 불고기였어요.

    → 내가 어제 먹은 음식은 불고기였다.

(3) 글 전체 바꾸기

> 나는 베트남에서 온 후엔이라고 한다. 나는 한국에 온 지 3년이 되었다. 지금 센터에서 한국어를 배우고 있다. 센터에 가면 한국어도 배울 수 있고, 고향 친구들도 만날 수 있어서 아주 즐겁다. 그리고 한국 음식도 내 입에 잘 맞고 맛있다. 그렇지만 힘든 일도 있다. 제일 힘든 것은 한국 친구들과 이야기할 때이다. 친구들이 이야기하는 것을 나는 이해할 수 있는데, 친구들이 내 발음을 잘 알아듣지 못해서 속상할 때가 있다. 그리고 비자를 연장하는 일도 복잡하다. 출입국·외국인청에 가면 사람들이 모두 나만 쳐다보는 것 같아 더 말을 못하게 된다. 그래도 나는 한국에서 계속 살고 싶다. 그래서 앞으로 더욱 열심히 한국어를 공부할 것이다.

답안 작성 방법 안내

외국인등록번호	⓪	①	②	③	④	⑤	⑥	⑦	⑧	⑨
	⓪	①	②	③	④	⑤	⑥	⑦	⑧	⑨
	⓪	①	②	③	④	⑤	⑥	⑦	⑧	⑨
	⓪	①	②	③	④	⑤	⑥	⑦	⑧	⑨
	⓪	①	②	③	④	⑤	⑥	⑦	⑧	⑨
	⓪	①	②	③	④	⑤	⑥	⑦	⑧	⑨
		—								
	⓪	①	②	③	④	⑤	⑥	⑦	⑧	⑨
	⓪	①	②	③	④	⑤	⑥	⑦	⑧	⑨
	⓪	①	②	③	④	⑤	⑥	⑦	⑧	⑨
	⓪	①	②	③	④	⑤	⑥	⑦	⑧	⑨
	⓪	①	②	③	④	⑤	⑥	⑦	⑧	⑨
	⓪	①	②	③	④	⑤	⑥	⑦	⑧	⑨

시험지 유형 Ⓐ Ⓑ

과목 이름

※ 주관식(단답형) 답은 뒷면에 기입하십시오.

객 관 식

1	①	②	③	④
2	①	②	③	④
3	①	②	③	④
4	①	②	③	④
5	①	②	③	④
6	①	②	③	④
7	①	②	③	④
8	①	②	③	④
9	①	②	③	④
10	①	②	③	④

11	①	②	③	④
12	①	②	③	④
13	①	②	③	④
14	①	②	③	④
15	①	②	③	④
16	①	②	③	④
17	①	②	③	④
18	①	②	③	④
19	①	②	③	④
20	①	②	③	④

21	①	②	③	④
22	①	②	③	④
23	①	②	③	④
24	①	②	③	④
25	①	②	③	④
26	①	②	③	④
27	①	②	③	④
28	①	②	③	④
29	①	②	③	④
30	①	②	③	④

31	①	②	③	④
32	①	②	③	④
33	①	②	③	④
34	①	②	③	④
35	①	②	③	④
36	①	②	③	④
37	①	②	③	④
38	①	②	③	④
39	①	②	③	④
40	①	②	③	④

41	①	②	③	④
42	①	②	③	④
43	①	②	③	④
44	①	②	③	④
45	①	②	③	④
46	①	②	③	④
47	①	②	③	④
48	①	②	③	④

※ 감독자만 기입하십시오.

주관식1	주관식2	구술점수	감독 서명
⓪①②③④⑤	⓪①②③④⑤	⓪①②③④⑤	
	⓪①②③④⑤		
		⓪①②③	
		⓪①②③④⑤⑥⑦⑧⑨	

※ 객관식 답안은 OMR 카드에 작성합니다.

사인펜 사용

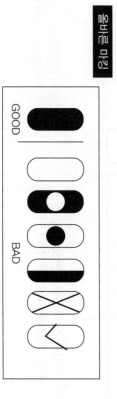

가는 부분: 주관식 작성용

굵은 부분: 객관식 작성용

올바른 마킹

GOOD BAD

잘못된 필기구 사용과 답안지의 불완전한 마킹으로 인한 답안 작성 오류는 본인에게 책임이 있음

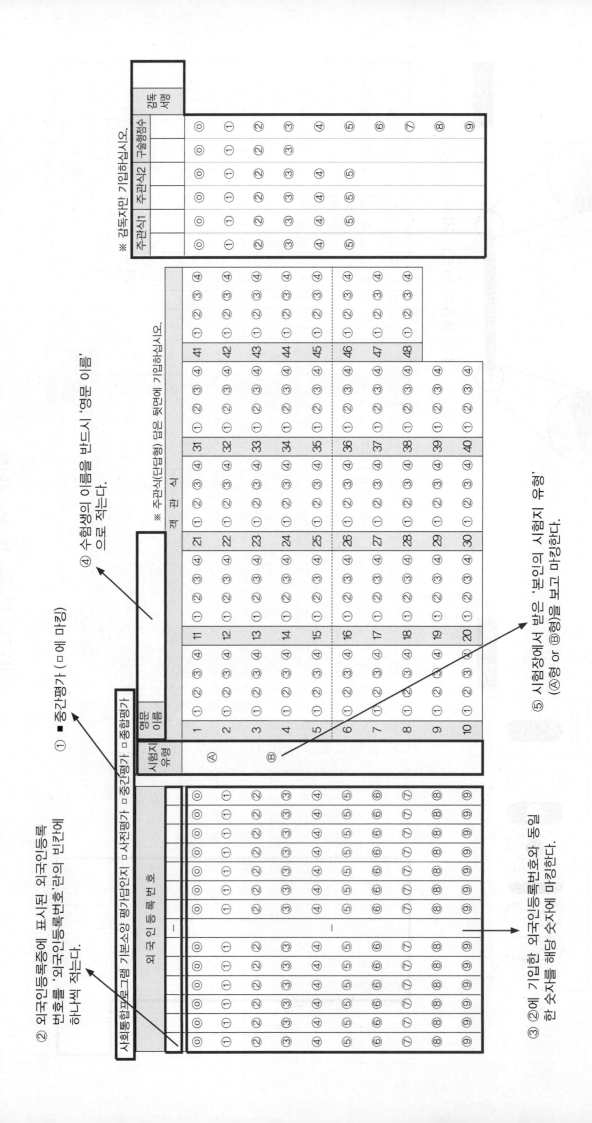

① ■ 중간평가 (□에 마킹)

② 외국인등록증에 표시된 외국인등록
번호를 '외국인등록번호' 란의 빈칸에
하나씩 적는다.

③ ②에 기입한 외국인등록번호와 동일
한 숫자를 해당 숫자에 마킹한다.

④ 수험생의 이름을 반드시 '영문 이름'
으로 적는다.

⑤ 시험장에서 받은 '본인의 시험지 유형'
(Ⓐ형 or Ⓑ형)을 보고 마킹한다.

※ 주관식(단답형) 답은 뒷면에 기입하십시오.

※ 감독자만 기입하십시오.

사회통합프로그램 기본소양 평가답안지 □사전평가 ■중간평가 □종합평가

사회통합프로그램 객관식 답안지 OMR

사회통합프로그램 기본소양 평가답안지 □ 사전평가 □ 중간평가 □ 종합평가

외국인등록번호

⑨	⑨	⑨	⑨	⑨	⑨		⑨	⑨	⑨	⑨	⑨	⑨	⑨
⑧	⑧	⑧	⑧	⑧	⑧		⑧	⑧	⑧	⑧	⑧	⑧	⑧
⑦	⑦	⑦	⑦	⑦	⑦		⑦	⑦	⑦	⑦	⑦	⑦	⑦
⑥	⑥	⑥	⑥	⑥	⑥		⑥	⑥	⑥	⑥	⑥	⑥	⑥
⑤	⑤	⑤	⑤	⑤	⑤	—	⑤	⑤	⑤	⑤	⑤	⑤	⑤
④	④	④	④	④	④		④	④	④	④	④	④	④
③	③	③	③	③	③		③	③	③	③	③	③	③
②	②	②	②	②	②		②	②	②	②	②	②	②
①	①	①	①	①	①	—	①	①	①	①	①	①	①
⓪	⓪	⓪	⓪	⓪	⓪		⓪	⓪	⓪	⓪	⓪	⓪	⓪

객관식

시험지 유형 답안 이름 Ⓐ Ⓑ

※ 주관식(단답형) 답은 뒷면에 기입하십시오.

문항	①	②	③	④	문항	①	②	③	④	문항	①	②	③	④	문항	①	②	③	④	문항	①	②	③	④
1	①	②	③	④	11	①	②	③	④	21	①	②	③	④	31	①	②	③	④	41	①	②	③	④
2	①	②	③	④	12	①	②	③	④	22	①	②	③	④	32	①	②	③	④	42	①	②	③	④
3	①	②	③	④	13	①	②	③	④	23	①	②	③	④	33	①	②	③	④	43	①	②	③	④
4	①	②	③	④	14	①	②	③	④	24	①	②	③	④	34	①	②	③	④	44	①	②	③	④
5	①	②	③	④	15	①	②	③	④	25	①	②	③	④	35	①	②	③	④	45	①	②	③	④
6	①	②	③	④	16	①	②	③	④	26	①	②	③	④	36	①	②	③	④	46	①	②	③	④
7	①	②	③	④	17	①	②	③	④	27	①	②	③	④	37	①	②	③	④	47	①	②	③	④
8	①	②	③	④	18	①	②	③	④	28	①	②	③	④	38	①	②	③	④	48	①	②	③	④
9	①	②	③	④	19	①	②	③	④	29	①	②	③	④	39	①	②	③	④					
10	①	②	③	④	20	①	②	③	④	30	①	②	③	④	40	①	②	③	④					

주관식 1

주관식 2

※ 감독자만 기입하십시오.

감독 사용	주관식1	주관식2	구술합격수	감독 사용
	⑤	④	③	②	①	⓪
	⑤	④	③	②	①	⓪
	⑤	④	③	②	①	⓪
	⑤	④	③	②	①	⓪
	③	②	①	⓪
⑨	⑧	⑦	⑥	⑤	④	③	②	①	⓪

절취선

사회통합프로그램 중간평가 작문형 답안지

외국인등록번호	성 명	감독관 작성 부분	확인

채점 관련하여 감독관이 작성하는 부분임

답안 작성 란 (※아래 원고지 부분에 작성하되 제목은 생략하고 바로 본문만 작성할 것, 수정 시 두 줄로 긋고 재기입 가능)

채점 관련하여 감독관이 작성하는 부분임

사회통합프로그램 객관식 답안지 OMR

사회통합프로그램 기본소양 평가답안지 □ 사전평가 □ 중간평가 □ 종합평가

※ 이 답안지는 연습용 모의 답안지입니다.

	외 국 인 등 록 번 호												
⓪	⓪	⓪	⓪	⓪	⓪		⓪	⓪	⓪	⓪	⓪	⓪	⓪
①	①	①	①	①	①	―	①	①	①	①	①	①	①
②	②	②	②	②	②		②	②	②	②	②	②	②
③	③	③	③	③	③		③	③	③	③	③	③	③
④	④	④	④	④	④		④	④	④	④	④	④	④
⑤	⑤	⑤	⑤	⑤	⑤		⑤	⑤	⑤	⑤	⑤	⑤	⑤
⑥	⑥	⑥	⑥	⑥	⑥		⑥	⑥	⑥	⑥	⑥	⑥	⑥
⑦	⑦	⑦	⑦	⑦	⑦		⑦	⑦	⑦	⑦	⑦	⑦	⑦
⑧	⑧	⑧	⑧	⑧	⑧		⑧	⑧	⑧	⑧	⑧	⑧	⑧
⑨	⑨	⑨	⑨	⑨	⑨		⑨	⑨	⑨	⑨	⑨	⑨	⑨

주관식 1

답안 이름

시험지 유형 Ⓐ Ⓑ

※ 주관식(단답형) 답은 뒷면에 기입하십시오.

객 관 식

1	① ② ③ ④	11	① ② ③ ④	21	① ② ③ ④	31	① ② ③ ④	41	① ② ③ ④
2	① ② ③ ④	12	① ② ③ ④	22	① ② ③ ④	32	① ② ③ ④	42	① ② ③ ④
3	① ② ③ ④	13	① ② ③ ④	23	① ② ③ ④	33	① ② ③ ④	43	① ② ③ ④
4	① ② ③ ④	14	① ② ③ ④	24	① ② ③ ④	34	① ② ③ ④	44	① ② ③ ④
5	① ② ③ ④	15	① ② ③ ④	25	① ② ③ ④	35	① ② ③ ④	45	① ② ③ ④
6	① ② ③ ④	16	① ② ③ ④	26	① ② ③ ④	36	① ② ③ ④	46	① ② ③ ④
7	① ② ③ ④	17	① ② ③ ④	27	① ② ③ ④	37	① ② ③ ④	47	① ② ③ ④
8	① ② ③ ④	18	① ② ③ ④	28	① ② ③ ④	38	① ② ③ ④	48	① ② ③ ④
9	① ② ③ ④	19	① ② ③ ④	29	① ② ③ ④	39	① ② ③ ④		
10	① ② ③ ④	20	① ② ③ ④	30	① ② ③ ④	40	① ② ③ ④		

주관식 2

※ 감독자만 기입하십시오.

	주관식1	주관식2	구술점수	감독 서명
⓪ ① ② ③ ④ ⑤				
⓪ ① ② ③ ④ ⑤				
⓪ ① ② ③ ④ ⑤				
⓪ ① ② ③				
⓪ ① ② ③ ④ ⑤ ⑥ ⑦ ⑧ ⑨				

절취선

사회통합프로그램 중간평가 작문형 답안지

외국인등록번호	성 명	

답안 작성 란 (※아래 원고지 부분에 작성하되 제목은 생략하고 바로 본문만 작성할 것, 수정 시 두 줄로 긋고 재기입 가능)

사회통합프로그램 객관식 답안지 OMR

사회통합프로그램 기본소양 평가답안지 □ 사전평가 □ 중간평가 □ 종합평가

외국인 등록번호

시험지 유형			
영문이름			

Ⓐ
Ⓑ

객관식

※ 주관식(단답형) 답은 뒷면에 기입하십시오.

주관식 1

주관식 2

※ 감독자만 기입하십시오.

주관식1	주관식2	구술점수	감독자서명

※ 이 답안지는 연습용 모의 답안지입니다.

절취선

사회통합프로그램 중간평가 작문형 답안지

외국인등록번호		성 명	

감독관 작성 부분

채점 관련하여 감독관이 작성하는 부분임

답안 작성 란 (※아래 원고지 부분에 작성하되 제목은 생략하고 바로 본문만 작성할 것, 수정 시 두 줄로 긋고 재기입 가능)

채점 관련하여 감독관이 작성하는 부분임

사회통합프로그램 객관식 답안지 OMR

사회통합프로그램 기본소양 평가답안지 □ 사전평가 □ 중간평가 □ 종합평가

외국인등록번호

| ⓪ | ① | ② | ③ | ④ | ⑤ | ⑥ | ⑦ | ⑧ | ⑨ |

(각 자리 마킹란)

객관식

시험지 유형	영역 이름	객관식

Ⓐ　Ⓑ

문항	①	②	③	④
1	①	②	③	④
2	①	②	③	④
3	①	②	③	④
4	①	②	③	④
5	①	②	③	④
6	①	②	③	④
7	①	②	③	④
8	①	②	③	④
9	①	②	③	④
10	①	②	③	④
11	①	②	③	④
12	①	②	③	④
13	①	②	③	④
14	①	②	③	④
15	①	②	③	④
16	①	②	③	④
17	①	②	③	④
18	①	②	③	④
19	①	②	③	④
20	①	②	③	④
21	①	②	③	④
22	①	②	③	④
23	①	②	③	④
24	①	②	③	④
25	①	②	③	④
26	①	②	③	④
27	①	②	③	④
28	①	②	③	④
29	①	②	③	④
30	①	②	③	④
31	①	②	③	④
32	①	②	③	④
33	①	②	③	④
34	①	②	③	④
35	①	②	③	④
36	①	②	③	④
37	①	②	③	④
38	①	②	③	④
39	①	②	③	④
40	①	②	③	④
41	①	②	③	④
42	①	②	③	④
43	①	②	③	④
44	①	②	③	④
45	①	②	③	④
46	①	②	③	④
47	①	②	③	④
48	①	②	③	④

※ 주관식(단답형) 답은 뒷면에 기입하십시오.

주관식 1

주관식 2

※ 감독자만 기입하십시오.

주관식1	주관식2	구술합격수	감독 사인

※ 주관식만 기입하십시오.

⓪	①	②	③	④	⑤
⓪	①	②	③	④	⑤
⓪	①	②	③	④	⑤
⓪	①	②	③	④	⑤
⓪	①	②	③		
⓪	①	②	③	④	⑤	⑥	⑦	⑧	⑨

사회통합프로그램 중간평가 작문형 답안지

외국인등록번호	성 명	감독관 작성 부분
		분류

채점 관련하여 감독관이 작성하는 부분임

답안 작성 란 (※아래 원고지 부분에 작성하되 제목은 생략하고 바로 본문만 작성할 것, 수정 시 두 줄로 긋고 재기입 가능)

채점 관련하여 감독관이 작성하는 부분임

사회통합프로그램 객관식 답안지 OMR

사회통합프로그램 기본소양 평가답안지 □ 사전평가 □ 중간평가 □ 종합평가

외국인등록번호

| ⓪ ① ② ③ ④ ⑤ ⑥ ⑦ ⑧ ⑨ | | | | | | — | | ⓪ ① ② ③ ④ ⑤ ⑥ ⑦ ⑧ ⑨ |

객관식

사용지 유형
응답 이름

Ⓐ
Ⓑ

※ 주관식(단답형) 답은 뒷면에 기입하십시오.

문번	①	②	③	④
1	①	②	③	④
2	①	②	③	④
3	①	②	③	④
4	①	②	③	④
5	①	②	③	④
6	①	②	③	④
7	①	②	③	④
8	①	②	③	④
9	①	②	③	④
10	①	②	③	④
11	①	②	③	④
12	①	②	③	④
13	①	②	③	④
14	①	②	③	④
15	①	②	③	④
16	①	②	③	④
17	①	②	③	④
18	①	②	③	④
19	①	②	③	④
20	①	②	③	④
21	①	②	③	④
22	①	②	③	④
23	①	②	③	④
24	①	②	③	④
25	①	②	③	④
26	①	②	③	④
27	①	②	③	④
28	①	②	③	④
29	①	②	③	④
30	①	②	③	④
31	①	②	③	④
32	①	②	③	④
33	①	②	③	④
34	①	②	③	④
35	①	②	③	④
36	①	②	③	④
37	①	②	③	④
38	①	②	③	④
39	①	②	③	④
40	①	②	③	④
41	①	②	③	④
42	①	②	③	④
43	①	②	③	④
44	①	②	③	④
45	①	②	③	④
46	①	②	③	④
47	①	②	③	④
48	①	②	③	④

주관식 1

주관식 2

※ 감독자만 기입하십시오.

	주관식1	주관식2	구술합계	감독 서명
	⓪ ① ② ③ ④ ⑤	⓪ ① ② ③ ④ ⑤	⓪ ① ② ③ ④ ⑤	
			⓪ ① ② ③ ⑤	
			⓪ ① ② ③ ④ ⑤ ⑥ ⑦ ⑧ ⑨	

절취선

사회통합프로그램 중간평가 작문형 답안지

외국인등록번호	성 명

감독관 작성 부분

답안 작성 란 (※아래 원고지 부분에 작성하되 제목은 생략하고 바로 본문만 작성할 것, 수정 시 두 줄로 긋고 재기입 가능)

절취선

사회통합프로그램 객관식 답안지 OMR

사회통합프로그램 기본소양 평가답안지 □ 사전평가 □ 중간평가 □ 종합평가

외 국 인 등 록 번 호

시험지 유형	답란 이름
Ⓐ	
Ⓑ	

※ 주관식(단답형) 답은 뒷면에 기입하십시오.

객 관 식

주관식 1

주관식 2

※ 이 답안지는 연습용 모의 답안지입니다.

※ 감독자만 기입하십시오.

	주관식1	주관식2	구술점수	감독 사인

※ 감독자만 기입하십시오.

절취선

사회통합프로그램 중간평가 작문형 답안지

외국인등록번호		성 명	

감독관 작성 부분

답안 작성 란 (※아래 원고지 부분에 작성하되 제목은 생략하고 바로 본문만 작성할 것, 수정 시 두 줄로 긋고 재기입 가능)

채점 관련하여 감독관이 작성하는 부분임

채점 관련하여 감독관이 작성하는 부분임

절취선

2025 시대에듀 사회통합프로그램 중간평가 실전 모의고사

개정6판1쇄 발행	2025년 01월 15일 (인쇄 2024년 08월 28일)
초 판 발 행	2019년 01월 03일 (인쇄 2018년 10월 19일)
발 행 인	박영일
책 임 편 집	이해욱
편 저	사회통합교육연구회
편 집 진 행	구설희 · 곽주영
표지디자인	조혜령
본문디자인	채현주 · 김기화
발 행 처	(주)시대고시기획
출 판 등 록	제10-1521호
주 소	서울시 마포구 큰우물로 75 [도화동 538 성지 B/D] 9F
전 화	1600-3600
팩 스	02-701-8823
홈 페 이 지	www.sdedu.co.kr

I S B N	979-11-383-7581-8 (13300)
정 가	16,000원

THE LAST
모의고사

사회통합프로그램

온라인 모의고사

응시 방법

01
시대에듀 합격시대
홈페이지 접속
(sdedu.co.kr/pass_sidae_new)

02
홈페이지 우측 상단
「쿠폰 입력하고 모의고사 받자」
클릭

03
도서 앞표지
안쪽에 위치한
쿠폰 번호 확인 후 등록

04
내강의실 →
모의고사 → 합격시대 모의고사
클릭 후 응시

www.sdedu.co.kr/pass_sidae_new

진정한 한국인이 되기 위한
합격의 공식

POINT 1 | 어휘력 향상을 위한 가장 효율적인 방법

어휘로 기초 다지기 문법으로 실력 다지기

- 체계적으로 익히는
  쏙쏙 TOPIK 한국어 어휘 초급 · 중급 · 고급

- 한국어 선생님과 함께하는
  TOPIK 한국어 문법 Ⅰ · Ⅱ

POINT 2 | 출제 경향에 맞추어 공부하는 똑똑한 학습법

핵심 이론 실전 모의고사 최신 기출문제 수록

- 영역별 무료 동영상 강의로 공부하는
  TOPIK Ⅰ · Ⅱ 한 번에 통과하기, 실전 모의고사, 쓰기, 읽기 전략 · 쓰기 유형 · 말하기 표현 마스터, 기출 유형 문제집

- 저자만의 특별한 공식 풀이법으로 공부하는
  TOPIK Ⅰ · Ⅱ 단기완성

POINT 3 빠른 국적 취득을 위한 남다른 전략

실전 모의고사 ➕ 최신 기출 유형 반영

• 법무부 공인 교재를 완벽 반영한
 사회통합프로그램 사전평가 · 중간평가 · 종합평가 실전 모의고사

• 1단계부터 3단계까지 빠르게 합격하는
 사회통합프로그램 단계평가 1 · 2 · 3 단계별 실전 모의고사

POINT 4 목적에 따라 공부하는 특별한 학습법

핵심 이론 실전 모의고사 최신 기출 유형 반영

• 법무부 공인 교재를 완벽 반영한
 사회통합프로그램 사전평가 단기완성, 종합평가 한 권으로 끝내기

• 어려운 면접심사 · 구술시험 · 작문시험의 완벽 대비를 위한
 귀화 면접심사&사회통합프로그램 구술시험,
 사회통합프로그램 중간평가 · 종합평가 작문시험 완전 정복

사회통합프로그램 시리즈의 새로운 소식!

1·2·3 단계평가와
중간평가·종합평가
작문시험 출간!